案解民间借贷——百姓身边的法律顾问

于苏甫艾力·亚森　著

法律出版社
LAW PRESS · CHINA
北京

图书在版编目(CIP)数据

案解民间借贷：百姓身边的法律顾问 / 于苏甫艾力·亚森著. -- 北京：法律出版社，2023
ISBN 978-7-5197-7234-5

Ⅰ. ①案… Ⅱ. ①于… Ⅲ. ①民间借贷－经济纠纷－案例－中国 Ⅳ. ①D925.105

中国版本图书馆 CIP 数据核字（2022）第 197799 号

案解民间借贷
——百姓身边的法律顾问
ANJIE MINJIAN JIEDAI
—BAIXING SHENBIAN DE FALU GUWEN

于苏甫艾力·亚森 著

责任编辑 张 颖
装帧设计 鲍龙卉

出版发行 法律出版社
编辑统筹 法律应用出版分社
责任校对 李慧艳
责任印制 刘晓伟
经　　销 新华书店

开本 710 毫米×1000 毫米 1/16
印张 17.5　字数 280 千
版本 2023 年 2 月第 1 版
印次 2023 年 2 月第 1 次印刷
印刷 三河市兴达印务有限公司

地址：北京市丰台区莲花池西里 7 号(100073)
网址：www.lawpress.com.cn
投稿邮箱：info@lawpress.com.cn
举报盗版邮箱：jbwq@lawpress.com.cn
销售电话：010-83938349
客服电话：010-83938350
咨询电话：010-63939796

书号：ISBN 978-7-5197-7234-5
定价：86.00 元
凡购买本社图书，如有印装错误，我社负责退换。电话：010-83938349

序　言

民间借贷是一种历史悠久、在世界范围内广泛存在的民间融资活动。改革开放以来，随着我国经济快速发展，民间借贷市场空前活跃，民间借贷也成了社会生活密不可分的一部分。但是，民间借贷在满足部分市场主体融资需求的同时，也直接导致了相关纠纷和案件数量的大幅上升，由此引起的各种矛盾甚至上升为一个社会问题。

随着《民法典》的出台，最高人民法院修改了民间借贷相关的司法解释，对人民法院审理民间借贷案件做了进一步规范。为了依法惩治非法集资等犯罪活动，有效防范化解重大金融风险，多部门联合出台、修改了有关惩治非法放贷、非法集资等违法犯罪行为的规定。因此，民间借贷行为的法律风险也有了新的变化，正逐渐面临刑事的风险。

作为普通公民，虽然不必精通法律知识，但必须要树立法律规范意识，才能在瞬息万变的现代社会中有效保护自己的合法权益，避免碰触法律红线。

本书作者是一位具有10多年法律实务经验的专职律师，在办案之余，仍矢志不渝地在专业上刻苦钻研，根据实践中积累的办案经验和案件素材，结合对民间借贷法律关系的深刻认识，编写了本书。非常值得称赞！

全书密切结合了《民法典》以及最新司法解释、法规，系统、全面、详细地介绍了近年来司法实践中出现的民间借贷领域常见的法律问题。本书主要有以下三个特点：

1. **贴近生活**。作者以典型案例为切入点，从专业角度拆解出了其中蕴含的法律问题。我注意到，作者在民事案件的举证责任方面，做了较深的研究。引用权威释义，提出了贴合审判实际、可操作性较强的见解。同时通过案件了解民间借贷，不仅能让读者对涉及民间借贷的相关法律知识有所了解，还能让读者对民间借贷行为本质有所领悟，对相关诉讼行为也会有准确认知。

2. **结构科学**。本书每一小节均由经典案例、案情分析、法条链接、知识拓展四个部分构成。针对每一篇经典案例，作者进行了专业的法律分析，罗列了法律依据，阐释了相关专业术语。特别是在“知识拓展”部分，为案例中出现的专业知识进行了通俗易懂的解释，增强了本书的综合性和可读性。

在本书的第九章，作者专设一章讲解了民间借贷中常涉的几种刑事犯罪。以假借民间借贷形式的诈骗犯罪、非法经营犯罪以及几种非法集资犯罪典型案例为范例，辨析了民间借贷与诈骗罪、非法经营罪、非法集资等犯罪行为的边界。我相信，这些内容不仅能让法官、检察官、警察和律师在办理此类案件时予以借鉴，同时也能让广大人民群众对非法经营罪、非法吸收公众存款罪、集资诈骗罪、虚假诉讼罪等犯罪行为有所领悟，对投融资行为的风险有理性认识，提高防范意识和能力。

3. **语言通俗**。作者在撰写本书的过程中，从专业角度分析的同时，还力求以最简练的文字提炼法律问题，在通俗的语言中让读者快速了解典型案例中涉及的法律知识，让不同文化水平的读者即使面对艰涩的法律术语也一样清清楚楚、明明白白，从中受益。

本书是兼具实用性、学术性、专业性和可读性为一体的法律读物。作者深入浅出地向读者朋友传递了真正有用的“干货”。本书的出版，会让广大人民群众快速提高民间借贷法律风险防范意识和能力，从他人的血泪教训中总结经验；也会对推进人民法院统一民间借贷案件司法裁判尺度有所裨益。

北京市律师协会监事长

北京市百瑞律师事务所主任

王志强

2023 年 1 月 5 日

目　　录

第一章　民间借贷的界定

第二章　民间借贷案件的受理与管辖

第三章 民间借贷的主体资格

第四章　民间借贷的合同效力和事实审查

第五章 民间借贷的债权担保

第六章 民间借贷的诉讼时效

第七章　民间借贷的责任认定

第八章　民间借贷的利率、利息和违约责任

第九章　民间借贷与常见的刑事犯罪

第一章　民间借贷的界定

一、明知借款人借款用于赌博，借贷关系是否有效？

——辛辛苦苦几十年，一赌回到解放前

经典案例

2021年3月，董某在一家娱乐中心参与赌博。在赌博过程中，将随身携带的资金输光，便向在赌场放贷的萧某借款。萧某每放一笔款都让董某出具借条，且在借条内容中未提到将借款用于赌博的事实。萧某在赌博中抽头渔利。当天，因董某输得多，未能偿还借款。

事后，经他人举报，公安机关立案侦查本案，娱乐中心老板等人因犯开设赌场罪、赌博罪被判刑。董某、萧某等其他参与者的行为因不符合刑事立案追诉标准，未被追究刑事责任。公安机关依法对上述人员作出了行政处罚。

在公安机关侦查过程中，当事人均未提供萧某放贷提供赌资、抽头渔利等违法事实的证据。所以，萧某只受到了行政处罚。

过了些时日，萧某持上述借条向董某催款，董某拒绝还款。萧某遂以民间借贷为由向人民法院起诉，要求董某归还借款，并支付利息。

在法院审理过程中，董某向法庭提交行政处罚决定书、证人证言、微信聊天记录等证据以证明上述借款用于赌博的事实，并拒绝偿还。董某的理由是否成立？

案情分析

赌博自古有之，历来为政府所严令规范，自夏始以至清，诸朝律法均有禁令，但赌博行为屡禁不绝。我国在刑事、行政和民事法律上一律禁止赌博行为。与此同时，向参与赌博的人员提供赌资的行为也是被国家禁止的非法行为。

《民法典》第一百五十三条规定："违反法律、行政法规的强制性规定的民事法律行为无效……"根据《最高人民法院关于审理民间借贷案件适用法律若干问题的规定》第十三条第（四）项的规定，出借人事先知道或者应当知道借款人借款用于违法犯罪活动仍然提供借款的，该借款合同无效。

本案中，原告萧某手上虽有董某出具的借条，但该借条并不能证明两人之间确有合法的借贷关系，因为原告萧某明知被告董某借款是为了参与赌博，仍出借给后者，为其提供赌资。萧某在主观上具有通过不正当手段争取钱财的恶意，客观上纵容了董某继续进行违法活动，显然违反了法律、行政法规强制性规定。因此，两人之间的借贷行为不属于合法的借贷关系，所谓的借贷关系依法不受保护。

法条链接

《民法典》第八条、第一百四十三条、第一百五十三条、第一百五十五条

《刑法》第三百零三条

《最高人民法院、最高人民检察院关于办理赌博刑事案件具体应用法律若干问题的解释》第一条、第二条、第三条、第四条、第五条、第六条、第七条、第八条

《最高人民检察院、公安部关于公安机关管辖的刑事案件立案追诉标准的规定（一）》第四十三条、第四十四条

《治安管理处罚法》第七十条

《最高人民法院关于审理民间借贷案件适用法律若干问题的规定》第十三条

知识拓展

民间借贷

民间借贷是指自然人、法人和非法人组织之间进行资金融通的行为，是一方（出借人）将金钱出借给另一方（借款人），借款人到期返还借款并按约支付利息的民事行为。

民间借贷中的所谓“民间”，是相对“官方”而言的，是指民众之间。在借贷法律关系中，民间与“官方”的区别，主要是从主体上界定的。民间借贷中的“民间”，是指自然人、法人和非法人组织。这是民间借贷与银行贷款的最主要区别。除此之外，民间借贷与银行贷款在融资特征、标的、范围等方面均有区别。

诉讼

诉讼是指国家审判机关即人民法院，依照法律规定，在当事人和其他诉讼参加人的参加下，依法解决讼争的活动。诉讼分为民事诉讼、刑事诉讼和行政诉讼。

民事诉讼是指公民之间、法人之间、非法人组织之间以及他们相互之间因财产关系和人身关系提起的诉讼。简单地说，它是一方当事人通过向具有管辖权的法院起诉另一方当事人，以解决争议的一种纠纷解决方式。它是一种公力救济方式，具有国家强制性和权威性，是当事人维权的最后一道屏障。

二、赌债欠条是否受法律保护?

——赌债非债

经典案例

魏某、姚某、马某、林某系同村村民。四人一起打扑克牌赌博，马某输给魏某 1 万元，魏某让马某打了一张欠条载明：“因日常生活开支用钱，今欠魏某 1 万元，欠款人：马某。”

后魏某向马某催款未果，将马某告上法庭。庭审过程中，通过马某的申请，林某、姚某等证人出庭作证证明该欠条所写的欠款本来是赌博中输给魏某的赌资。法官就1万元欠款形成的时间、地点、经过、交付方式等问题，向魏某详细发问时，魏某回答的内容模糊不清，关于资金来源、借款交付方式等问题，魏某无法给出合理的解释，而被告马某的辩解与证人证言相吻合。

该欠条是否受法律保护？

案情分析

在民间借贷中，只要双方当事人真实意思表示一致，同时不违反法律、行政法规强制性规定的，一般会认为这种借贷关系就成立，应当受法律保护。赌债是赌博的产物，由于赌博行为是非法的，因此所产生的赌债也不受法律的保护。也就是说，不产生法律上债之关系，用民间通俗的说法来说“赌债非债”。既然“赌债非债”，赢家便无要求输家偿还“赌债”之权利，输家亦无清偿“赌债”之义务。

因绝大多数人心里明白赌债产生基于非法的行为，为了让这种非法债务表面上合法化，赢家往往会采取一些规避法律的措施，如将赌债表述为一般的借款、欠款，隐瞒债务的来历。在审理民间借贷案件时，如果审判人员发现存在涉赌因素，应从严审查借贷关系的合法性。这种情况下，原告不仅要举证证明其与被告之间存在借贷关系以及款项的实际交付事实，也要证明该借贷关系的合法性。

如果民间借贷案件的被告对借款的合法性提出异议，原告就需要将借款形成的时间、地点、经过、借款资金的来源及借款的交付方式、约定的借款用途、还款期限、还款方式、利息、在场证人等有关细节详细说明，并给出合理的解释。

综上所述，“赌债非债”而不受法律保护。赌博系法令禁止，属于非法，同时违反公序良俗。赌博行为既属违法，赌博人员之间根本不产生债之关系。因此，本案中，魏某手中虽有马某出具的欠条，可该欠条属于以合法形式掩盖非法目的的无效合同，其因违反法律而不受法律保护。

法条链接

《民法典》第八条、第一百四十三条、第一百五十三条、第一百五十五条

《刑法》第三百零三条

《最高人民法院、最高人民检察院关于办理赌博刑事案件具体应用法律若干问题的解释》

《最高人民检察院、公安部关于公安机关管辖的刑事案件立案追诉标准的规定(一)》第四十三条、第四十四条

《治安管理处罚法》第七十条

《最高人民法院关于审理民间借贷案件适用法律若干问题的规定》第十三条

知识拓展

债权

债权是指按照合同约定或者依照法律的规定，在当事人之间产生的特定的权利和义务关系，也称为债权关系或者债的关系。也就是说，债权是请求他人为一定行为(作为或不作为)的民法上的权利。

债务

“债权”的对称，是指债的法律关系中，债务人依法对债权人所承担的为一定行为或不为一定行为的义务。例如，在买卖合同中，出卖人有将出卖的物品交付买受人的义务，这就是为一定行为的债务。又如，在出版合同中，作者有不再将稿件交付给第三人出版的义务，这就是不为一定行为的债务。债务的履行就是债权的实现，债务和债权共同构成债的内容。

三、名为借贷实为诈骗的案件，是到法院起诉还是到公安机关报案？

——致富十年功，诈骗一场空

经典案例

老施在朋友安排的酒局上认识了任老板。在聊天过程中，任老板得知老施女儿卫校毕业尚未就业，其一直寻思着给女儿找个稳定工作，便吹嘘自己认识县人事局、卫健委、公安局等单位的领导，自己人脉很广，可以帮助老施女儿安排工作，以此骗取老施的信任。老施一听，欣喜若狂，把此事拜托给任老板。后任老板以给老施女儿安排工作需要请客、送礼、疏通关系为由向老施索要 10 万元。任老板收到 10 万元现金后，向老施写下了收据，以稳住人心。收据写道："为了老施女儿安排工作，今收到 10 万元。3 个月之内让其女儿在县人民医院正式上班，保证正式纳入事业编制。若办不成事，翻倍还钱。"过了一个星期以后，老施主动找任老板求他为儿子办驾驶证，并给了任老板 3 万元，任老板跟上次一样给老施出具了收据。

但是任老板拿到钱后却迟迟兑现不了许诺，老施不停地催，任老板以各种借口让老施耐心等待。一年过去了，老施女儿的工作依然没有解决，儿子的驾驶证也没有任何消息。老施开始起了疑心，要求任老板还钱，但任老板以各种借口迟迟不予归还。无奈之下，老施找几个好朋友咨询此事。有人建议凭收据到法院起诉，要求任老板双倍返还收取的 13 万元。还有人说此事是诈骗，属于刑事案件，法院不予受理，应当到公安局报案。

此案是法院受理的民间借贷纠纷还是公安局立案侦查的刑事案件？

案情分析

民间借贷纠纷，是指出借人与借款人达成书面或口头的借贷协议，由借款人向出借人借款，因借款人不能按期归还借款而产生的民事纠纷。如果借款人到期未偿还，出借人可以向人民法院起诉。

诈骗罪，是指以非法占有为目的，采用虚构事实或隐瞒真相的欺骗方法，使受害人陷入错误认识并自愿处分财产，从而骗取数额较大的公私财物的行为，属于刑事犯罪，应由公安机关立案侦查。

任老板的行为显然是违法了。按照有关规定，事业单位新聘用工作人员，应当面向社会公开招聘，就业人员通过参加考试、资格审查、体检等一系列程序后才能上班，根本不用额外花钱，更不存在不通过法定程序找关系就解决编制的情况。同样，领取驾驶证也有法定的程序。考驾照，应该到正规的驾校学习培训，通过考试后按程序取得驾照。

以“安排工作”“走后门”“为办事疏通关系”“包办驾驶证”等为由骗取他人财产的行为触犯国家法律法规，构成犯罪。任老板利用老施为了女儿工作问题而着急的心理，以及让儿子考取驾照的畏难心理，为获取不义之财而向老施索要钱财，侵犯了他的财产权益。任老板的这种行为已构成诈骗罪。如果任老板已实施向公职人员行贿，伪造、买卖相关证件，或者组织考试作弊等其他行为的，可能又构成行贿罪、伪造国家机关证件罪、组织考试作弊罪等多种犯罪。这种情况下，老施的行为也可能构成犯罪，特别是在行贿、受贿案件中，如果老施为了向某一位公职人员行贿，将金钱交给任老板，让任老板帮忙交付的，一旦任老板照办，老施的行为构成行贿罪，任老板的行为构成介绍贿赂罪，接受钱财的公职人员构成受贿罪。

总之，本案不属于民事案件的受理范围，应当向公安机关报案。

法条链接

《民法典》第八条、第六百六十七条

《民事诉讼法》第一百二十二条

《刑法》第二百六十六条

《最高人民法院关于审理民间借贷案件适用法律若干问题的规定》第十三条

《最高人民法院关于在审理经济纠纷案件中涉及经济犯罪嫌疑若干问题的规定》第十一条、第十二条

知识拓展

民间借贷式诈骗

民间借贷式诈骗是指以非法占有为目的,采用虚构事实或隐瞒真相的欺骗方法,通过民间借贷的形式,使受害人将钱借给行为人,行为人从而获取了财物。

起诉

民事诉讼中的起诉,是指原告请求法院启动审判程序,对自己提交的民事争议案件进行审判并作出判决的诉讼行为。

在民事诉讼中,起诉的条件有:

(1)原告必须是与本案有直接利害关系的公民、法人或其他组织;

(2)有明确的被告;

(3)有具体的诉讼请求和事实、理由;

(4)属于人民法院受理民事案件的范围和属于受诉法院管辖。

刑事诉讼中的起诉,是指享有控诉权的国家机关和公民,依法向法院提起诉讼,请求法院对指控的内容进行审判,以确认被告人是否负刑事责任并依法予以刑事制裁的诉讼活动。

行政诉讼中的起诉,是指公民、法人或者非法人组织认为行政机关和法律法规授权的组织作出的具体行政行为侵犯其合法权益,依法定程序向人民法院提起诉讼的活动。

人民法院审理的各种案件,是指以公诉机关或者当事人的起诉为前提,如果没有人起诉,法院对任何案件都不主动审理。

上诉

上诉是指当事人对人民法院所作的尚未发生法律效力的一审判决、裁定或评审决定,在法定期限内,依法声明不服,并提请上一级人民法院重新审判的活动。

民事行政案件中,当事人对一审判决的上诉期限为 15 日,对裁定的上诉期限为 10 日。

刑事诉讼的上诉期限:不服判决的上诉期限为 10 日;不服裁定的上诉期限为 5 日。

四、名为借贷实为包养的协议，当事人基于民间借贷法律关系主张权利的，是否受法律保护？

——野花入房，家破人亡

经典案例

已婚富翁男甲与一未婚女子乙订立一份协议，约定："乙愿意与甲婚外同居一年，甲付给乙20万元，两年后赠送一套房屋。如果甲违约，足额支付约定的款项之外，还要承担5万元违约金；如果乙违约，则承担5万元违约金。"双方签字后，各执一份。乙为了安全起见，让甲写一份金额相同的借条。

按照上述协议，乙与甲同居一年后，甲没有按照约定足额付钱给乙。乙凭借条向法院起诉，该案是否可按照民间借贷纠纷处理？

案情分析

双方之间的协议表面上是借贷或附条件的赠与协议，但其约定以保持情人关系作为赠与的条件，且情人关系存续与否直接影响款项是否支付，此种情况为名义上的借贷协议，实为包养协议。该类协议违背善良风俗，违反社会公德和婚姻伦理秩序。乙虽然凭借条基于民间借贷法律关系主张权利，但是该借条所反映的债权债务关系依附于包养关系，民间借贷法律关系只是表象，实质是双方当事人用金钱维系不正当的情人关系。我国《民法典》明确规定"禁止重婚。禁止有配偶者与他人同居"，同时规定："家庭应当树立优良家风，弘扬家庭美德，重视家庭文明建设。夫妻应当互相忠实，互相尊重，互相关爱；家庭成员应当敬老爱幼，互相帮助，维护平等、和睦、文明的婚姻家庭关系。"因此上述行为既违反法律，又违反了社会主义公德，有损社会公序良俗，应予禁止。

根据《民法典》的规定，此类协议属于无效合同，在效力上应予以否定。就这一意义而言，原告起诉要求保护的财产权并非正常的民事权益，不应受法律保护，也不宜纳入通过民事诉讼保护的范畴。

基于此,《最高人民法院关于审理民间借贷案件适用法律若干问题的规定》第十三条规定,具有违背社会公序良俗情形的,人民法院应当认定民间借贷合同无效。同样,因非法同居、不正当两性关系等行为产生的所谓的“青春损失费”“分手费”等有损社会公序良俗的情感债务,当事人如果以民间借贷为由提出主张的,人民法院不予保护。

综上所述,本案是因“婚外情”引发的债务纠纷案件,即使当事人双方事先有约定作为借款处理,但是甲与乙无视我国的婚姻家庭制度,企图用金钱去维系不正当的情人关系,其行为违背了社会公德,损害了公序良俗。双方所订立的协议、借条都属于以合法形式掩盖非法目的的合同,法律均不予保护。

法条链接

《民法典》第八条、第一百四十三条、第一百五十三条、第一百五十五条、第一千零四十二条、第一千零四十三条

《最高人民法院关于审理民间借贷案件适用法律若干问题的规定》第十三条

知识拓展

公序良俗

公序良俗即公共秩序与善良风俗的简称。所谓公序,即社会一般利益,包括国家利益、社会经济秩序和社会公共利益。所谓良俗,即一般道德观念或良好道德风尚,包括社会公德、商业道德和社会良好风尚。

公民在民事活动中,应当遵守公共秩序,其行为应当符合善良风俗,不得违反国家的公共秩序和社会的一般道德。

民事活动

民事活动是指公民、法人或非法人组织为了一定的目的设立、变更、终止民事权利和民事义务的行为。比如,买卖、借款、租赁、医疗、保险、婚姻、继承等。

五、借款用于贩毒，借贷行为是否受保护？
——莫沾毒品，莫交毒友

经典案例

晁某系贩毒分子，殷某为吸毒分子，也是晁某的常客。2018 年 5 月和 8 月，为筹措贩毒资金，晁某向殷某借款两次，共 4 万元。晁某向殷某出具两份借条，均承诺 2018 年年底之前还清，借款年利率为 24%。借条上均未提及借款用于贩毒。2018 年 11 月，晁某因贩卖毒品罪被判处有期徒刑 3 年。2019 年 3 月，殷某因吸毒被公安局抓捕并作出强制隔离戒毒 2 年的决定。

晁某刑满释放后，殷某多次催债无果，遂于 2022 年 4 月，凭两份借条，向人民法院起诉要求晁某归还 4 万元借款及其利息。

晁某收到起诉状后，聘请代理律师，并向律师如实陈述借贷关系的真实背景，提供自己的刑事判决书。律师按照晁某提供的线索，向法院、公安局等部门调查取证后，向法庭提交晁某的刑事判决书、侦查机关的谈话笔录、殷某的强制隔离戒毒决定书等证据材料。其中一份讯问笔录中，公安机关讯问购买毒品资金的来源时，晁某供述向殷某借款的事实，另一份质证笔录中，殷某也承认该事实，并向公安机关提供晁某出具的借条的复印件。

法庭上，晁某通过上述证据材料证明殷某明知晁某将借款用于贩毒，仍向晁某提供借款的事实，并以“出借人事先知道借款用于违法犯罪活动仍然提供借款的，该借贷行为无效”为由不同意殷某的诉讼请求。

这种情况下，借贷关系是否成立？

案情分析

民间借贷是平等民事主体之间的经济互助行为，服务社会融资需求，对于促进经济发展起到有益作用。所以，正常的民间借贷行为受到法律保护。而非法借贷行为已经违背了民间借贷制度的立法目的，给社会稳定和人们的生命和财产安全带来危害。

因非法借贷而形成的债务属于民间借贷中的非法债务，关于非法借贷的范围目前尚无一致的认识，大致包括因非法行为转化产生的借贷和明知借款用于非法活动而借款形成的借贷。

出借人明知借款人是为了进行赌博、贩毒、走私等非法活动而出借的，这种借贷关系被认定是无效的民事行为。需要注意的是，出借人“明知借款用于非法活动”是构成非法借贷的必要条件，如果借款人不能证明出借人在出借款项时明知自己从事非法活动，则该借贷关系不构成非法借贷。

本案中，晁某和殷某之间有非法买卖毒品的特殊关系，殷某明知晁某把借款用于非法买卖，而愿意出借款项给并无正常职业的晁某。之所以殷某在明知的情况下，铤险出借，是因为殷某可以从中获利。因双方当事人在庭前被有关部门调查、处罚，特别是晁某被判刑，很多证据曾经被办案机关固定，所以比较容易证明殷某明知晁某为了进行非法活动而提供借款的基本事实。但是绝大多数此类的案件中不一定能够这么顺利查明真相。由于非法借贷的产生可能会涉及违法犯罪的嫌疑，往往有面临治安处罚甚至承担刑事责任的可能，涉案资金也被没收。因此，当事人一般都不会主动承认不法的事实，他们会持有借条或欠条，以民间借贷纠纷提起诉讼，而隐藏于背后的真实关系却难以被查实。所以多数非法借贷的借款人往往即使提出非法借贷的抗辩，也无法提供直接证据证明自己的主张，特别是对出借人“明知”的心理状态很难举证证明。

法条链接

《民法典》第八条、第一百四十三条、第一百五十三条、第一百五十五条

《刑法》第三百四十七条

《最高人民法院关于审理民间借贷案件适用法律若干问题的规定》第十三条

知识拓展

请求权

请求权是指法律关系的一方主体请求另一方主体为或不为一定行为的权利。债权是典型的请求权，债权人自己无法实现债权，只能请求债务人履行一定的给付义务才能实现债权。

抗辩权

抗辩权是指权利人行使其请求权时，义务人享有的拒绝其请求的权利。这里所说的抗辩权是狭义的，另外还有广义上的抗辩权，是指妨碍他人行使其权利的对抗权，至于他人所行使的权利是否为请求权在所不问，有人称为异议权。

答辩

答辩是指被告针对原告起诉的事实和理由向人民法院提出的辩解。答辩是当事人的诉讼权利，根据民事诉讼处分原则，当事人既可以答辩，也可以不答辩。如果当事人不答辩，不影响法院对案件的审理。

六、借款人起诉要求出借人受领还款的，法院是否受理？

——也有法院解决不了的事

经典案例

梁某通过签订一份借款协议向唐某借款50万元。双方约定的还款时间到期后，唐某没有受领还款。梁某向法院起诉要求唐某立即受领到期的借款本金及其约定的利息。法院应否受理？

案情分析

司法实践中,出借人起诉要求借款人还款是民间借贷纠纷的常态,而本案情形恰好相反,借款人作为原告主动起诉要求出借人受领还款,这种案件极为罕见。暂且不论出借人和借款人背后究竟存在何种动因,人民法院在立案审查时首先面临的问题就是,借款人的起诉是否符合受理条件?

首先,根据《民事诉讼法》的规定,提起民事诉讼的原告须与本案有直接的利害关系,且应当具有诉的利益。适格的原告不仅与案件具有直接利害关系,还应具有诉的利益。那么,民间借贷中的借款人对出借人是否享有强制受领给付的诉权?

本案中,如果单从利害关系当事人角度看,原告梁某系民间借贷关系中的借款人,确与本案所涉诉讼标的具有直接的利害关系,但从"诉的利益"评判标准来判断,并不意味着其就可以起诉要求出借人受领还款。当出借人拒不受领借款人的还款时,借款人唯一面临的风险就是,出借人未来有可能以借款人逾期给付为由要求其支付逾期还款利息或承担其他违约责任,但借款人完全可以以其他非诉讼方式来固定其积极履行还款义务,来排除支付逾期还款利息等违约风险。比如,通过银行转账方式把借款的本息转入唐某的账户,或者通过公证机关等第三方,向唐某发出通知书等方式固定其守约的事实。梁某也可以通过提存规则来直接消灭债务,借款人的权益不会因出借人的拒绝受领而实际受损,因此借款人要求出借人强制受领还款并无司法干预之必要,否则只会造成国家司法资源的浪费和当事人不应有的讼累。

其次,债权人对于给付的受领体现为一种权利行使的结果,债务人并不享有要求债权人必须受领的权利。债权人既可以选择受领,也可以放弃债权。基于诚实信用原则,债权人应承担协助债务人清偿债务的义务,但是该义务仅仅属于一种附随义务或间接义务,债务人无权因此认定债权人违约,更不能因此诉请实际履行,除非债权人拒绝受领的行为导致债务人损失,否则债务人不能起诉要求法院强制债权人受领给付。

综上所述,民间借贷中,出借人对于给付的受领应视为权利行使的结果,其可选择受领,亦可选择放弃。在出借人拒绝受领的情况下,借款人可以通过提存制度来消灭债务，或者通过其他非诉讼方式解决此事。借款人实无通过民事诉讼予以救济的必要性和实效性，也与诉的基本功能相违背。因此，借款人无权通过司法强制力要求出借人受领给付，也不存在诉的利益，法院强制要求出借人接受还款，显然与权利的本质相违背。其就此而提起的诉讼不属于法院受理的民事诉讼范围。故对于梁某的起诉，法院应当作出不予受理的裁定。

法条链接

《民事诉讼法》第一百二十二条、第一百二十六条、第一百二十七条

《民法典》第五百五十七条、第五百五十八条、第五百七十条、第五百七十一条、第五百七十二条、第五百七十三条、第五百七十四条、第五百八十九条

知识拓展

提存

提存是指债务人履行其到期债务时，因债权人无正当理由而拒绝受领，或者因债权人下落不明等原因无法向债权人履行债务时，可依法将其履行债务的标的物送交提存机关，以代替履行的制度。提存是代为履行的方法，提存之后，合同终止。

债务人已经按照约定履行债务，应当产生债务消灭的法律效力，但债权人拒绝受领或者不能受领，债务不能消灭。让债务人无期限地等待履行，承担债权人不受领的后果，显失公平。为此，法律上规定了提存制度。

有下列情形之一，难以履行债务的，债务人可以将标的物提存：

(1)债权人无正当理由拒绝受领；

(2)债权人下落不明；

(3)债权人死亡未确定继承人、遗产管理人或者丧失民事行为能力未确定监护人；

(4)法律规定的其他情形。

标的物不适于提存或者提存费用过高的，债务人依法可以拍卖或者变卖标的

物，提存所得的价款。

提存期间，财产收益归债权人所有，风险责任由债权人承担。

提存机关

提存机关是国家设立的接收提存物而进行保管，并应债权人请求将提存物发还债权人的机关。提存机关是提存的主体或中介。

我国的司法实践中，公证机关是有权办理提存的机关。除此之外，主管部门、银行、信托商行、仓库营业人也可以办理提存业务。人民法院在财产保全、执行等诉讼过程中，起到提存机关的作用。

第二章　民间借贷案件的受理与管辖

七、没有借条，能起诉吗？

——关系再好，借钱也要打借条

经典案例

老毕和晋某是同村农民。春天，晋某以农资款短缺为由向老毕借款5万元，并承诺收过麦子之后偿还，但是没有打借条。

老毕入夏以来不停地向晋某催款，结果晋某一直以“过一段时间再还”为由推托。直到年底，晋某迁到另一个县，从此以后不接老毕的电话。因没有借条或其他书面凭证，老毕担心晋某赖账，就到律师事务所咨询。没有借条能不能起诉？法院会不会受理？

案情分析

借条是借款合同的一种表现形式。而借款合同是《民法典》调整范围内的一种合同。我国《民法典》除了租赁期限6个月以上的租赁合同、融资租赁合同、居住权合同、保险合同、保证合同、建设工程合同、技术开发合同、技术转让和技术许可合同、建设用地使用权出让、赠与、抵押合同等一些合同要求必须采用书面形式之外，对其他合同的形式没有严格的要求。所以在自然人之间的借款合同中，既可以采用书面形式；也可以采用其他形式，包括口头形式。

在现实生活当中，大量的民间借贷案件当事人手上没有借条等书面的债权凭证。在没有借条的情况下，如果借款人事后反悔，不愿意履行债务，这就比较麻烦。那么，没有借条的民间借贷案件法院会不会受理？

《民事诉讼法》第一百二十二条对起诉条件规定如下：(1)原告是与本案有直接利害关系的公民、法人和其他组织；(2)有明确的被告；(3)有具体的诉讼请求和事实、理由；(4)属于人民法院受理民事诉讼的范围和受诉人民法院管辖。

法院的立案审查仅仅是形式审查，实质审查要在开庭审理时进行。只要起诉满足以上条件的，出借人就可以起诉。对没有借条的借款纠纷来说，以上条件中，最关键的就是满足“有具体的事实”这一要求。

《最高人民法院关于审理民间借贷案件适用法律若干问题的规定》中，关于民间借贷案件起诉条件的规定是：“出借人向人民法院提起民间借贷诉讼时，应当提供借据、收据、欠条等债权凭证以及其他能够证明借贷法律关系存在的证据。”而证据的种类包括：(1)当事人的陈述；(2)书证；(3)物证；(4)视听资料；(5)电子数据；(6)证人证言；(7)鉴定意见；(8)勘验笔录。

借条是能够证明债权债务关系的直接证据，但是证人证言也是法律规定的一种证据。如果出借人没有借条，但提供证人证言或者其他方式能够证实借贷关系存在，法院一般会受理的。所以在出借人没有借条的情况下，起诉的时候也可以提供其他形式的证据。比如，无利害关系的知情人出具证词，并让他出庭作证；提供银行、微信、支付宝转账凭证，短信、录音、录像、QQ、微信聊天记录等证据。

持有上述证据之一，可以起诉立案。但是案件被法院的受理只是保障公民诉讼权利的一种程序，不等于支持原告的诉求。起诉的实体内容待开庭审理时才查明裁决。

总之，民间借贷案件中没有借条也能起诉立案，但是没有借条很难证明双方存在债权债务关系，特别是单一证人证言难以证明当事人之间数额较大的借贷关系。虽然证人证言也是一种证据，但是证言的证明效力低于书证。所以为了避免不必要的损失，当事人在开庭审理之前要准备足够的证据来保护自己的合法权益。

法条链接

《民法典》第四百六十九条、第六百六十七条、第六百六十八条

《民事诉讼法》第六十六条、第六十七条、第一百二十二条

《最高人民法院关于民事诉讼证据的若干规定》第一条、第二条、第十四条、第十五条、第九十条

《最高人民法院关于适用〈中华人民共和国民事诉讼法〉的解释》第九十条、第九十一条

《最高人民法院关于审理民间借贷案件适用法律若干问题的规定》第二条、第九条

知识拓展

合同

合同是指民事主体之间设立、变更、终止民事法律关系的协议。

日常生活中最常见的合同是狭义的合同，即具有权利、义务内容的协议。合同在形式上有书面合同、口头合同和其他形式。

书面合同的主要内容包括合同当事人基本身份信息、合同标的、数量、质量、价款或者报酬、履行期限、地点和方式、违约责任、解决争议的方法等。

借款合同

借款合同是指借款人向贷款人借款，到期返还借款并支付利息的合同。

借款合同应当采用书面形式，但是自然人之间借款另有约定的除外。

借款合同的内容一般包括借款种类、币种、用途、数额、利率、期限和还款方式等条款。

字据

字据是指书面的凭证，如合同、契约、收据、借条、发票等凭证的总称。古语道"民凭字据官凭印"。

借条

借条又称为"借据"，"借据"是比较正式的名称，是指证明双方存在借贷合意

和借贷关系实际发生的最直接证据。借据作为一种经济现象，在我国留存已久。

借条一般记载借款人、出借人、借款数额、借期、利息、借款时间等信息。按照通常的交易习惯，借条是在出借人交付借款的同时出具的，在借款人实际归还借款后销毁，或者以出借人出具收条的方式予以作废。但随着民间借贷市场供需双方力量对比的失衡，有的时候，借款人在实际收到借款前就向出借人出具了借条，此种情况下的借条，则在内容上和性质上更接近借款合同了。

收条

"收条"又称为"收据"，是指收到别人或单位送到的钱物时写给对方的一种凭据，是表明收到他人交来的钱款或者其他物品的凭证。通常自然人之间的借贷会以收条方式表明借款人收到出借人支付的借款，而在企业作为借款人的情况下，则一般通过出具收据的方式，以方便会计入账。无论是收到钱，还是收到物品都可以开具"收条"，"收条"可以用来证实履行了交钱或物的合同义务。

收据或收条通常会载明付款人、收款人、收到款项的数额、时间等。在民间借贷中，收据或收条除了在借款人收到借款时出具，从而作为出借人主张款项支付的证据外；还可能在借款人归还借款的时候由出借人出具，从而作为借款人据以抗辩借款已经实际归还的证据。收据或收条从内容上和性质上看，与借款合同和借条不同，更强调款项的实际给付而不是双方之间的借款合意，或者表明借款已归还的事实。

欠条

"欠条"又称为"欠据"，民间借贷关系中的欠条一般是借款人单方向出借人出具，用以表明所借款项、借期、利息等内容的凭证。有的欠条并不记载债权人，而以实际持有欠条的人为债权人。与借款合同、借条等不同，欠条所表明的欠款内容可能并不仅仅因当事人之间的借款而形成，当事人之间基于买卖、承揽、股权转让、租赁、赔偿等其他基础法律关系而形成的债权债务，经双方对账、清算后，亦可形成欠条，明确尚欠款项数额和归还期限等内容。因此，在民间借贷案件审理中，当事人仅凭欠条起诉要求对方归还借款的，审判人员会对欠条形成的事实基础予以审查，综合判断查证借贷事实是否发生。

欠条和借条的区别

1. 欠条和借条形成的原因不同。借条主要是因借贷而产生。欠条形成的原因很多，可以基于多种事实而产生，如因买卖产生的欠款，因劳务产生的欠款，因企业承包产生的欠款，因损害赔偿产生的欠款等。

2. 人民法院进行合法性审查时适用的法律不同。比如，对于借条，法院主要审查借贷关系是否成立、利息是否合法等细节。对于欠条，法院主要审查欠条形成的原因，之前双方之间是否存在买卖等权利义务关系等内容。

3. 明确约定还款期的借条和欠条来说，诉讼时效是一样的；对没有约定还款期的欠条和借条适用的诉讼时效不同。欠条是对双方以往经济往来的一种结算，权利人应当在欠条出具之日起 3 年内向人民法院主张权利。也就是说，没有履行期限的欠条从出具之日起计算诉讼时效。借条如果没有明确约定还款期限的，那么出借人可以在任何时间索要，时效从债务人拒绝还款时起计算，最长诉讼时效不得超过 20 年，如果明确约定还款期限的，诉讼时效自还款期限届满时起计算。

借条、欠条与收条的区别

借条和欠条在大多数时候是债权的凭证，以证实债权债务的事实。收条是指收到别人或单位送到的钱物时写给对方的凭证。收条更多的是用来证明履行了交付钱或者物的合同义务。因此，如果没有其他辅助证据印证，仅凭收条单一证据难以证明借贷关系或者债权债务关系的存在。

八、被告的户籍所在地与经常居住地不一致的，原告应向哪个法院提起诉讼？

——被告在哪儿，到哪儿起诉

经典案例

孔某和严某的户籍所在地均为山东省莱西市。严某向孔某借款 10 万元，严某出具一份借条载明："今向孔某借到 10 万元，年利息为 10%，三年之内本息一并还清。借款人：严某。"

借款到期后，严某以行情不好手头无钱为由，一再拖延不还款，孔某多次找严某索款未果，无奈之下，向莱西市人民法院提起诉讼，要求被告严某偿还借款本金及其利息。

严某在答辩期内提出管辖权异议，并提交居住证，主张其在山东省商河县居住长达3年，该市为其经常居住地，要求将本案移送商河县人民法院审理。

在被告户籍所在地与经常居住地不一致的情况下，应该向哪个法院提起诉讼？

案情分析

本案涉及民间借贷纠纷案件的地域管辖问题。鉴于民间借贷纠纷属一般合同纠纷，故应适用《民事诉讼法》关于合同纠纷的诉讼管辖权的规定。即“因合同纠纷提起的诉讼，由被告住所地或者合同履行地人民法院管辖”。本案中，当事人对合同履行地没有约定，按照法律规定，以接受货币一方所在地为合同履行地。所以本案的关键之处在于如何确定“被告住所地”问题。

民事诉讼中一般将自然人被告的户籍所在地确定为“被告住所地”，但当事人户籍记载地址可能并非其实际居住地址。根据《民事诉讼法》及其司法解释的规定，被告户籍所在地与经常居住地不一致时，由经常居住地法院管辖。经常居住地是指离开户籍所在地至起诉时已连续居住1年以上的地方，但住院就医的地方除外。

司法实践中，据以认定“经常居住地”的证据大致有以下几类：(1)居住证或者当地管辖公安派出所出具的证明等；(2)村委会、居委会出具的证明等；(3)工作单位出具的证明、在当地开办企业的营业执照、当地的社保关系证明等；(4)不动产权属证书或者其他购房凭证；(5)房屋出租人出具的证人证言，房屋租赁合同、房租缴费收据等；(6)各种税费缴纳证明，如税款、水电费、物业费等的缴纳凭证；(7)其他证据，如同事、朋友的证人证言等。

在上述证据中，第一类证据来自公安机关，具有权威性和公信力，证明力较高，可以作为认定被告经常居住地的直接证据；第二类证据中的村委会、居委会等属于基层群众自治组织，他们出具的证明也有一定的证明效力。如果当事人仅提供后面五类证据之一的，法院一般不会单独将此作为认定被告经常居住地的依据，一般都会要求提供更多的证据来印证其可信性。

需要注意的是，民间借贷纠纷案件的借款人下落不明，出借人要起诉的，由借款人原住所地法院管辖。法院受理后，通过公告方式传唤借款人应诉。

综上所述，当事人住所地和经常居住地不一致时，应当由经常居住地法院管辖，其中“经常居住地”一般以居住证或公安机关出具的居住证明为判断依据。本案中的严某提供的居住证确定其经常居住地为商河县。因此，孔某应当向商河县人民法院提起诉讼。

法条链接

《民法典》第二十五条

《民事诉讼法》第二十二条、第二十四条、第三十七条

《最高人民法院关于适用〈中华人民共和国民事诉讼法〉的解释》第三条、第四条、第七条

《最高人民法院关于审理民间借贷案件适用法律若干问题的规定》第三条

知识拓展

管辖

民事诉讼中的管辖，是指各级人民法院之间和同级人民法院之间受理第一审民事案件的分工和权限。

管辖可以按照不同标准做多种分类，其中最重要、最常用的是级别管辖、地域管辖、裁定管辖。其中，地域管辖又包括一般地域管辖、特殊地域管辖、专属管辖和协议管辖；裁定管辖包括移送管辖、指定管辖和管辖权转移。

管辖权异议

管辖权异议是指当事人认为受诉人民法院对该案无管辖权，而向该法院提供的不服该法院管辖的意见或主张。

当事人提出管辖权异议，必须符合下列条件：(1)提出管辖权异议的主体必须是本案的当事人；(2)管辖权异议的客体是第一审民事案件的管辖权，当事人只能对第一审民事案件的管辖权提出异议，对第二审民事案件不得提出管辖权异议；(3)提出管辖权异议的时间须在答辩期内。

当事人提出管辖权异议后，受诉人民法院经审查，异议成立的，应作出裁定，

将案件移送有管辖权的人民法院。当案件属于共同管辖时,人民法院在移送前应征求原告的意见。管辖权异议不成立的,作出裁定,并送达双方当事人,当事人对裁定不服的,可以在10日之内向上一级人民法院提出上诉。裁定书生效后确定该案的管辖法院,当事人应按法院的通知参加诉讼。

九、借款合同中管辖约定不明的,如何确定管辖法院?

——约定不明,应从法定

经典案例

苗某向昕某出借59万元,双方在借款合同中约定:"借款人昕某在一年之内还清借款,如果没有按时还款,向当事人所在地人民法院提起诉讼。"苗某户籍所在地是铜川市耀州区,昕某户籍所在地是西安市雁塔区。

借款到期后昕某并未还款,苗某多次催要未果,遂将昕某诉至铜川市耀州区人民法院。昕某收到起诉状后在答辩期内向铜川市耀州区人民法院提出管辖权异议称:"本案的被告所在地、合同履行地均为西安市,所以本案应由西安市雁塔区人民法院管辖。"苗某以"双方约定当事人所在地的人民法院提起诉讼,我作为一个当事人,可以向本人所在地人民法院起诉"为由抗辩。双方除了借款合同和户籍证明之外,没有向法庭提交其他证据。此时,借款合同的诉讼管辖权如何确定?

案情分析

民间借贷合同纠纷属于合同纠纷,根据《民事诉讼法》第二十四条的规定,合同纠纷的诉讼管辖地为被告住所地或者合同履行地人民法院。因此,当事人对于诉讼管辖没有约定的情况下,原告享有选择权,既可以选择向被告住所地人民法院起诉,也可以向合同履行地人民法院起诉。如果对于诉讼管辖地有约定的,应当按照约定选择管辖法院。本案中，双方在借款合同中虽然约定“如果没有按时还款，向当事人所在地的人民法院提起诉讼”，但是这种约定等于没有约定，因为“当事人”既包括原告，也包括被告，没有确定性。因此，该约定并不能确定具体的管辖法院，属于对管辖约定不明，故不具有法律效力。

当事人对诉讼管辖权没有约定或者约定不明确的，则根据法定管辖来确定管辖法院。合同案件的管辖权为被告所在地或者合同履行地人民法院。本案中，双方对被告所在地为西安市雁塔区的事实没有异议。对于合同履行地问题，双方都没有提出异议，也没有提供这方面的证据，所以我们以接受货币一方所在地视为合同履行地。因此，铜川市耀州区不是本案被告住所地，因而铜川市耀州区人民法院对本案没有管辖权，本案应移送至西安市雁塔区人民法院审理。

法条链接

《民事诉讼法》第二十二条、第二十三条、第二十四条、第三十七条

《最高人民法院关于适用〈中华人民共和国民事诉讼法〉的解释》第十八条

《最高人民法院关于审理民间借贷案件适用法律若干问题的规定》第三条

知识拓展

级别管辖

级别管辖是指按照一定的标准，划分上下级人民法院之间受理第一审民事案件的分工和权限。级别管辖是在法院系统内部对各级法院的分工和权限所作的纵向划分，它解决的是哪些一审案件应由哪一级人民法院管辖的问题。

划分级别管辖须有一定的标准。从《民事诉讼法》的有关规定和司法实践来看，我国划分级别管辖主要依据以下四个标准：(1)案件的性质；(2)案件的繁简程度；(3)案件的影响范围；(4)案件争议标的金额的大小。

各级人民法院管辖的第一审民事案件如下：

1. 基层人民法院(县级人民法院)：除法律规定中级、高级、最高人民法院管辖的第一审案件除外，所有第一审民事案件均由基层人民法院管辖。

2. 中级人民法院：重大涉外案件、在本辖区有重大影响的案件、最高人民法院确定由中级人民法院管辖的案件。

3. 高级人民法院：在本辖区有重大影响的第一审民事案件。

4. 最高人民法院：在全国有重大影响的案件和认为应当由其审理的案件。

地域管辖

地域管辖是指按照人民法院的辖区和民事案件的隶属关系所划分的管辖。

1. 一般地域管辖，是指以当事人的所在地与人民法院的隶属关系来确定诉讼管辖，即当事人在哪个法院辖区，案件就由哪个法院管辖。我国《民事诉讼法》是以被告所在地管辖为原则，以原告所在地为例外来确定一般地域管辖。

2. 特殊地域管辖，又称“特别管辖”，是指以当事人所在地、诉讼标的所在地，或者民事法律关系发生、变更、消灭的法律事实所在地为标准来确定案件管辖法院的一种管辖制度。一般适用于种类复杂的民事诉讼案件。常见的特殊地域管辖如下：

(1)一般合同纠纷由被告住所地，或者合同履行地人民法院管辖。

(2)保险合同纠纷由被告住所地，或者保险标的物所在地人民法院管辖；如果保险标的物是运输工具或者运输中的货物，由被告住所地，或者运输工具登记注册地、运输目的地、保险事故发生地的人民法院管辖。

(3)票据纠纷由票据支付地，或者被告住所地人民法院管辖。

(4)因铁路、公路、水上、航空运输和联合运输合同纠纷提起的诉讼，由运输始发地、目的地，或者被告住所地人民法院管辖。铁路运输合同纠纷及与铁路运输有关的侵权纠纷，由铁路运输法院管辖。

(5)公司设立、确认股东资格、分配利润、解散等纠纷由公司所在地法院管辖。

(6)侵权行为提起的诉讼，由侵权行为发生地，或者被告住所地法院管辖。

(7)因铁路、公路、水上和航空事故请求损害赔偿提起的诉讼，由事故发生地，或者车辆、船舶最先到达地、航空器最先坠落地，或者被告住所地人民法院管辖。

(8)海事、海上纠纷：①船舶碰撞，或者其他海事损害事故请求损害赔偿提起的诉讼，由碰撞发生地、碰撞船舶最先到达地、加害船舶被扣留地，或者被告住所地人民法院管辖。②海难救助费用提起的诉讼，由救助地或者被救船舶最先到达地人民法院管辖。③因共同海损提起的诉讼，由船舶最先到达地、共同海损理算地或者航程终止地的人民法院管辖。

3. 专属管辖,是指法律规定某些特殊案件必须由特定的人民法院管辖。与特殊的地域管辖不同,专属管辖是一种排他性的管辖,不准许当事人以协议的方式选择管辖法院。

一般专属管辖包括以下三种:

(1)因不动产纠纷提起的诉讼,由不动产所在地人民法院管辖。

(2)因港口作业发生纠纷提起的诉讼,由港口所在地人民法院管辖。

(3)因继承遗产纠纷提起的诉讼,由被继承人死亡时住所地,或者主要遗产所在地人民法院管辖。

4. 协议管辖,又称"合意管辖"或者"约定管辖",是指双方当事人在合同纠纷或者财产权益纠纷发生之前或发生之后,以协议的方式选择解决纠纷的管辖法院。

协议管辖的具体适用条件为:

(1)当事人协议管辖的案件,仅限于合同,或者其他财产权益纠纷。

(2)协议管辖仅能就第一审案件约定管辖,第二审和再审程序均不存在协议管辖。

(3)当事人协议选择管辖法院的范围,包括被告住所地、合同履行地、合同签署地、原告住所地、标的物所在地等与争议有实际关联地的人民法院管辖。如果当事人选择了与合同没有实际联系地点的人民法院,该协议无效。

(4)必须以书面形式的协议选择管辖,既可以采取合同书的形式,如书面合同中的协议管辖条款,也可以采取信件和数据电文(如电报、电传、传真、电子数据交换和电子邮件)等可以有形地表现当事人双方协议选择管辖法院意思表示的形式。

(5)当事人选定的人民法院必须是明确的。根据管辖协议,起诉时能够确定管辖法院的,从其约定;不能确定的,依照《民事诉讼法》的相关规定确定管辖。如果当事人约定两个以上与争议有实际联系的地点的人民法院管辖,原告可以向其中一个人民法院起诉。

(6)协议管辖不得违反《民事诉讼法》关于级别管辖和专属管辖的规定。

十、出借人同时起诉借款人和保证人，且各方当事人住所地均不在同一辖区的，应如何确定案件的管辖法院？

——连带保证和一般保证的诉讼管辖可能不一样

经典案例

云某是陕西省眉县人，钱甲是陕西省礼泉县人。云某和钱甲签订一份借款合同。合同约定，云某向钱甲出借50万元，年利率14%，在双方签订合同后一个星期之内云某交付借款，还款期限为1年。双方没有进一步约定诉讼管辖地、合同履行地等更详细的内容。

第二天，云某不太放心，要求钱甲找个本地人提供担保。钱甲叫过来居住在眉县的弟弟钱乙让他写一份保证书，并附身份证复印件。保证书内容为“本人对哥哥钱甲向云某借的50万元提供保证，若哥无能力还款，本人承担责任”。后云某通过银行转账方式把50万元交付给钱甲。

借款到期后，钱姓兄弟均未还款，多次催款无果后，云某将钱甲和钱乙诉至钱乙户籍所在地的眉县人民法院，要求钱甲偿还50万元借款及其利息和逾期还款利息，钱乙对此款承担保证责任。

钱甲收到起诉状副本后提出管辖异议，认为其户籍所在地和常住地均为礼泉县，所以眉县人民法院对此案没有管辖权，要求将本案移送至礼泉县人民法院审理。

案情分析

出于降低借贷回款风险的考虑，出借人往往会要求借款人提供保证人。实践中，借款人和保证人住所地不在同一个地方的情况也很常见，那么，第三人提供保证的借款合同的管辖权如何确定？

保证，是指保证人和债权人约定，当债务人不履行债务时，保证人按照约定履行债务或者承担责任的民事行为。民间借贷保证有一般保证和连带责任保证两种方式。一般保证，是指借款人与保证人约定，当借款人到期不能履行借款债务时，由保证人承担保证责任的一种保证方式。这种保证的前提是，出借人首先向借款人主张债权，借款人不能履行债务后，保证人才承担责任。连带责任保证，是指当事人在保证合同中约定保证人与债务人对债务承担连带责任的一种保证方式。也就是说，债务人在主合同规定的履行期届满没有履行债务的，债权人既可以要求债务人履行债务，也可以要求保证人在其保证范围内承担保证责任。这种情况下，保证人没有先诉抗辩权。如果在保证期间内，债权人依法向连带责任保证人请求承担保证责任，保证人不得拒绝，这就是连带责任保证中，保证效力的积极方面。

当事人在保证合同中对保证方式没有约定或者约定不明确的，按照一般保证承担保证责任。当事人在保证合同中约定了保证人在债务人不能履行债务或者无力偿还债务时才承担保证责任等类似内容，具有债务人应当先承担责任的意思表示的，应当将其认定为一般保证；当事人在保证合同中约定了保证人在债务人不履行债务或者未偿还债务时即承担保证责任、无条件承担保证责任等类似内容，不具有债务人应当先承担责任的意思表示的，应当将其认定为连带责任保证。

对诉讼程序来说，一般保证合同中，出借人要起诉，要么只起诉借款人，要么将借款人和保证人一并起诉，不能避开借款人只起诉保证人；在连带责任保证合同中，出借人可以仅起诉借款人，或者保证人，也可以把借款人和保证人一并起诉。出借人仅起诉连带责任保证人，不起诉出借人的，应当由保证人住所地人民法院管辖。

本案中，钱乙虽然在保证书中没有明说自己是一般保证人还是连带责任保证人，但按照“若哥无能力还款，本人承担责任”的内容来看，他是一般保证人。

在他人提供保证责任的民间借贷案件中，存在民间借贷合同和保证合同两个法律关系。保证合同是民间借贷主合同的从合同，那么，因主合同而产生的诉讼及于从合同，在管辖上应当参照主合同进行确定。对此《最高人民法院关于适用〈中华人民共和国民法典〉有关担保制度的解释》第二十一条第二款和第三款规定：“债权人一并起诉债务人和担保人的，应当根据主合同确定管辖法院。债权人依法可以单独起诉担保人且仅起诉担保人的，应当根据担保合同确定管辖法院。”因此，出借人同时起诉借款人和保证人，且各方当事人住所地均不在同一辖区的，应当根据主合同即民间借贷合同来确定管辖法院。因此，本案应根据原告云某与被告钱甲之间的借贷关系来确定案件管辖。

那么，主合同的诉讼管辖地怎么确定呢？本案涉及民间借贷纠纷案件的地域管辖问题。当事人对诉讼管辖地没有约定，所以按照法律规定来确定。鉴于民间借贷纠纷属一般合同纠纷，故应适用《民事诉讼法》第二十四条关于合同纠纷案件管辖原则的规定，即"因合同纠纷提起的诉讼，由被告住所地或者合同履行地人民法院管辖"。所以，确定民间借贷纠纷案件地域管辖的关键就在于"被告住所地"和"合同履行地"的认定。本案当事人对合同履行地没有约定。这种情况下，以接受货币一方所在地视为合同履行地。

故被告钱甲对诉讼管辖权提出的异议成立，本案应当由陕西省礼泉县人民法院进行审理。

法条链接

《民法典》第二十五条、第五百一十一条、第六百八十六条

《民事诉讼法》第二十二条、第二十四条、第三十七条

《最高人民法院关于适用〈中华人民共和国民事诉讼法〉的解释》第三条、第六十六条

《最高人民法院关于适用〈中华人民共和国民法典〉有关担保制度的解释》第二十一条、第二十五条、第二十六条

《最高人民法院关于审理民间借贷案件适用法律若干问题的规定》第三条、第四条

知识拓展

裁定管辖

裁定管辖是指根据人民法院的裁定来确定诉讼管辖法院的管辖制度，主要目的在于补充法定管辖，以适应民事诉讼实践中某些特殊情况的需要。

我国《民事诉讼法》规定的裁定管辖有三种：移送管辖、指定管辖和管辖权

转移。

1. 移送管辖，是指人民法院受理案件后，发现本院对该案件无管辖权，而依法通过裁定方式将案件移送给有管辖权的人民法院审理的制度。

移送管辖是对错误管辖行为的一种纠正，其实质是案件的移交，而不是改变案件的法定管辖权。在诉讼实务中，移送管辖通常发生在同级人民法院之间，但有时也发生在上下级人民法院之间。

人民法院发现受理的案件不属于本院管辖的，应当移送有管辖权的人民法院，受移送的人民法院应当受理。受移送的人民法院认为受移送的案件依照规定不属于本院管辖的，应当报请上级人民法院指定管辖，不得再自行移送。

2. 指定管辖，是指上级人民法院依法以裁定方式指定其辖区内的下级人民法院对某具体案件行使管辖权。指定管辖制度的设置，旨在赋予上级法院一定的权力，以便在下级法院管辖出现困难或发生争议时，及时依职权指定案件的管辖法院。

3. 管辖权转移，是指依据上级人民法院的决定或同意，将案件的管辖权从原来有管辖权的人民法院转移至无管辖权的人民法院，使无管辖权的人民法院因此而取得管辖权。管辖权的转移通常在直接的上下级人民法院之间进行，是对级别管辖的变通和个别调整。

先诉抗辩权

“先诉抗辩权”又称“检索抗辩权”，是指一般保证的保证人在主合同纠纷未经审判或者仲裁，并就债务人财产依法强制执行仍不能履行债务前，对债权人可以拒绝承担保证责任的抗辩权。

有下列情形之一的，保证人不得行使先诉抗辩权：

1. 债务人住所变更，致使债权人要求其履行债务发生重大困难的；

2. 人民法院受理债务人破产案件，中止执行程序的；

3. 保证人以书面形式放弃先诉抗辩权的。

一般保证的保证人享有先诉抗辩权的本意不是消灭债权人对保证人的请求权，它的作用只是延缓保证责任的承担时间。如果依法强制执行债务人的财产，债务得到全部清偿，保证人就不需要承担保证责任；如果债务人没有可执行的财产，仍然由保证人承担责任。

即使一般保证的保证人享有先诉抗辩权，债权人也可以向债务人和保证人一并提起诉讼。但是人民法院在作出判决时，除有《民法典》规定的保证人不得行使先诉抗辩权的情形外,应当在判决书主文中明确,保证人仅对债务人财产依法强制执行后仍不能履行的部分承担保证责任。

十一、双方在借款合同中约定"如发生纠纷,双方可向各自住所地人民法院起诉"是否属于约定不明?

——当事人可以选择对自己最为便利的法院

经典案例

武汉市阿森公司与巴东县老林签订一份借款合同,阿森公司向老林借款50万元,还款期限为6个月。双方在合同上约定"履行合同中,如发生纠纷,双方应友好协商解决。若协商不成,双方可向各自所在地人民法院起诉"。借款到期后,老林未偿还。阿森公司在多次催款未果的情况下,遂向公司所在地武汉市江汉区人民法院提起诉讼。

老林收到民事诉状和开庭传票之后,向江汉区人民法院提出管辖权异议,认为虽然借款合同上双方约定"双方可向各自所在地人民法院起诉",但是按照约定内容,无法确定具体的管辖法院,属于管辖约定不明,不具有法律效力。在约定不明确的情况下,应根据法律规定来确定诉讼管辖地,即本案的诉讼管辖地应该是被告住所地或者合同履行地。因此,请求将本案移送到作为合同履行地和被告住所地的湖北省巴东县人民法院。

那么,本案的诉讼管辖地在哪儿?

案情分析

本案的关键在于确认协议管辖的效力问题。协议管辖是《民事诉讼法》规定的当事人行使处分权的一项重要内容。协议管辖制度体现了诉讼法上的当事人意思自治原则，尊重当事人对程序权利的处分权，使当事人选择对自己最为便利的法院。

首先，本案中，“双方可向各自住所地人民法院起诉”的约定实质是选择原告住所地人民法院管辖。本案属于民事案件，在民事案件中，谁起诉谁就是原告。所以，双方当事人之间的这种约定并非模糊到无法识别当事人意思表示的程度，双方的这种约定和阿森公司的选择管辖地法院的行为也不违背《民事诉讼法》诉讼管辖的规定。

其次，当事人在诉讼管辖条款中约定了两个以上与争议有实际联系的地点的人民法院，原告可以向其中一个人民法院起诉。如果原告向两个以上有管辖权的人民法院起诉的，由最先立案的人民法院管辖，从而排斥另一个人民法院的管辖。故老林的管辖权异议不能成立。

法条链接

《民事诉讼法》第二十四条、第三十五条、第三十六条

《最高人民法院关于适用〈中华人民共和国民事诉讼法〉的解释》第二十九条、第三十条

知识拓展

协议

协议是指有关国家、政党、企业、事业单位、社会团体或者个人，在平等协商的基础上订立的一种具有政治、经济或其他关系的契约。协议，在其所表示的意义、作用、格式、形式等方面基本上与合同是相同的。经济合同和以经济为内容的协议，都可以称为契约，两者都是确立当事人双方法律关系的法律文书。

协议和合同的区别

从本质上说，合同和协议没有什么区别，合同和协议的法律效力是一样的。《民法典》第四百六十四条第一款规定“合同是民事主体之间设立、变更、终止民事法律关系的协议”。从这一概念中可以看出，合同就是协议。根据逻辑学的原理，

协议是属概念,合同是种概念,即所有的合同都是协议,但并非所有的协议都是合同,所以说合同是具有特定内容的协议。

实际操作中,合同和协议只是名称的不同,只要不违反法律和公序良俗,当事人可以任意约定合同或协议的名称。即合同可以以不同的名称出现,如合同、合同书、协议、协议书、契约等,名字并不重要,关键是看内容。

第三章　民间借贷的主体资格

十二、未成年人借款是否有效？
——孩子说话不算数

经典案例

13岁的小李向其舅舅张某借款6000元，并出具借条载明："因急用，向舅舅张某借款6000元，特立此据。立据人：小李。"一年后，张某找小李还钱时，小李以"我还是个学生，身上没那么多的钱，待我长大挣钱后再给你还"为由拒绝还款。张某找小李的父母要求偿还小李借的钱，他们以"不知情，又没有在借条上签字"为由拒绝还款。如果张某向小李父母请求还款，或者等小李成年后向小李请求还款，这一请求会被支持吗？

案情分析

本案涉及的是民间借贷主体资格的问题。民间借贷，是指自然人、法人和非法人组织之间进行资金融通的行为。简单地说，是一方将金钱出借给另一方，另一方到期返还本金并支付利息的民事行为。对自然人而言，民间借贷主体有三种类型：自然人与自然人之间的借贷、自然人与法人之间的借贷、自然人与非法人组织之间的借贷。

上述案情中的借贷即发生在自然人与自然人之间。但小李这个"自然人"在借条上签字的行为是否有法律效力?

这里所述的"自然人"是指具有民事行为能力的公民。无民事行为能力人或者限制民事行为能力人不能独立作为民间借贷主体。13 岁的小李是属于限制民事行为能力的人。

民事行为能力,是指民事主体以自己独立的行为去取得民事权利、承担民事义务的能力。自然人的行为能力分三种情况:完全民事行为能力、限制民事行为能力、无民事行为能力。

限制行为能力人、无行为能力人的群体主要是未成年人和不能辨认自己行为的成年人。下面简单地讲解未成年人的民事行为能力。

不满 18 周岁的自然人为未成年人。他们的民事行为能力按年龄划分如下:

1. 不满 8 周岁的未成年人为无民事行为能力人,由其法定代理人代理实施民事法律行为。

2. 8 周岁以上的未成年人为限制民事行为能力人,实施民事法律行为由其法定代理人代理或者经其法定代理人同意、追认,但是可以独立实施纯获利益的民事法律行为或者与其年龄、智力相适应的民事法律行为。

3. 16 周岁以上的未成年人,以自己的劳动收入为主要生活来源的,视为完全民事行为能力人。

举例,未成年人在商店购买小额生活用品、学习用品等行为是有效的民事法律行为。但是他们向别人借款几千元、私自买卖贵重首饰、房屋、车辆等行为是无效的民事行为。

根据法律规定,向限制民事行为能力人出借,必须事先征得其法定代理人的同意,或者事后经其法定代理人追认,该借贷关系才具有法律效力。没有其法定代理人的同意,合同效力处于待定状态,法定代理人予以追认的,借款合同有效;法定代理人未予追认或未作表示的,则借款合同无效。

本案中,虽然小李在合同(借条)上签名,但是,对于 13 周岁的小李来说,借款 6000 元是与其年龄智力不相适应的。小李父母对小李出具的借条未予追认,那么该借条未能生效,所以小李及其父母不用还款。

法条链接

《民法典》第十七条、第十八条、第十九条、第二十条、第二十一条、第二十三条、第一百四十三条、第一百四十四条、第一百四十五条

《最高人民法院关于审理民间借贷案件适用法律若干问题的规定》第一条

知识拓展

监护人

监护人是指对无民事行为能力人和限制民事行为能力人的人身、财产和其他一切合法权益负有监护职责的人。包括：(1)法定监护人；(2)指定监护人；(3)遗嘱监护人；(4)委托监护人。

对未成年人而言，他们的父母是监护人，对不能辨认自己行为的成年人而言，他们的父母、配偶及成年子女是监护人。未成年人的父母已经死亡的，不能辨认自己行为的成年人没有父母、配偶及成年子女的，有监护遗嘱的，按照其遗嘱执行；没有遗嘱的，由其祖父母、外祖父母、成年兄弟姐妹作为监护人。

经未成年人的父母或者村民委员会、居民委员会等部门的同意可以从愿意承担监护责任的其他近亲属、朋友中指定监护人。

如果监护问题发生争议，监护人由村民委员会、居民委员会或者民政部门从其近亲属中指定监护人，如果不服指定监护，可以向人民法院起诉，由人民法院裁决。

近亲属

近亲属的概念，在不同的法律条文中有着不同法律范围。

《民法典》规定的"近亲属"包括配偶、父母、子女、兄弟姐妹、祖父母、外祖父母、孙子女、外孙子女。

《刑事诉讼法》规定的"近亲属"包括夫、妻、父、母、子、女、同胞兄弟姊妹。

《行政诉讼法》规定的"近亲属"包括配偶、父母、子女、兄弟姐妹、祖父母、外祖父母、孙子女、外孙子女和其他具有扶养、赡养关系的亲属。

诉讼行为能力

"诉讼行为能力"又称为"诉讼能力"，是指当事人可以自己实施诉讼行为，并

通过自己的行为,行使诉讼权利和承担诉讼义务的诉讼法上的资格。

公民的诉讼行为能力与其民事行为能力有着密切的联系,但在分类上,两者又不完全一致。公民的诉讼行为能力采用两分法:有诉讼行为能力和无诉讼行为能力。而公民的民事行为能力则采用三分法:完全民事行为能力、限制民事行为能力和无民事行为能力。在民事诉讼中,只有具有完全民事行为能力的公民才有诉讼行为能力。无民事行为能力和限制民事行为能力的公民都没有诉讼行为能力。

十三、借条上所载出借人名称与借条持有人姓名不一致,如何认定出借人?

——通过街坊邻居的证言也可以证明"我是我"

经典案例

王某向李某借款 50,000 元,并于当日出具一份借条载明:"向小李子借款五万元,借款人:王某。"事后,王某没有还款,李某诉至人民法院,要求王某归还 50,000 元借款。王某在法庭上以"出借人不是本案原告,因为原告身份证上的姓名是李某,而借条上写的是小李子"为由拒绝其诉讼请求,但对其主张没有提交证据。李某让其同村的几位证人出庭作证,证明:虽然他身份证上的姓名是李某,但在日常生活中,认识他的人都习惯称呼他为"小李子"。

那么,本案中谁的主张有理?

案情分析

本案属于自然人之间的借款合同纠纷。自然人之间的借款合同是实践性合同。简单地说,就是借款人表达借款意思,出借人交付借款方可生效。

本案中，借款人王某并未对实际借贷关系的内容提出异议，即并未提出“没有借款”、“已还清”或者“借条上本人未签名”等否认意见，仅对出借人的主体适格问题提出异议，但对自己的主张并没有提交相应的证据。故本案焦点问题涉及的是当事人的举证责任及证据的证明力问题。

根据《民事诉讼法》的规定，当事人对自己提出的主张，有责任及时提供证据。人民法院应当按照法定程序，全面地、客观地审查核实证据。

当事人的陈述也属于一种证据，一方当事人对自己的主张只有本人陈述而不能提出其他相关证据，对方又不予认可的，该陈述一般不被法院采信。

本案中的李某对其主张提交了借条、证人证言等证据证明自己是债权人。原告以证据证明案件基本事实后，被告若对此予以否认，按照举证责任的分配原则，被告对其主张负有举证的责任。被告未提供证据证明其主张的，可以推定原告的主张成立。

故本案中，在借条上的出借人名称与身份证上的姓名不一致的情况下，借款人不能提供相反证据证明借条持有人并非债权人的，应推定该持有人为债权人，即王某应当向李某还款。

法条链接

《民法典》第六百七十九条

《民事诉讼法》第六十七条

《最高人民法院关于适用〈中华人民共和国民事诉讼法〉的解释》第九十条、第九十一条

《最高人民法院关于民事诉讼证据的若干规定》第九十条

《最高人民法院关于审理民间借贷案件适用法律若干问题的规定》第二条

知识拓展

证据

证据是指司法机关或诉讼当事人在诉讼过程中依法证明案件事实的依据。

证据必须经过查证属实，才能作为认定事实的根据。

诉讼案件中的证据根据诉讼性质的不同，分为刑事诉讼中的证据、民事诉讼中的证据和行政诉讼中的证据。

证据的种类

《民事诉讼法》规定的证据的种类有八种：(1)当事人的陈述；(2)书证；(3)物证；(4)视听资料；(5)电子数据；(6)证人证言；(7)鉴定意见；(8)勘验笔录。

证据的“三性”

证据要具备“三性”，即客观真实性、关联性、合法性。

1. 客观真实性，是指诉讼证据必须是能证明案件真实的、不依赖于主观意识而存在的客观事实。

2. 关联性，是指作为证据的事实不仅是一种客观存在，而且它必须是与案件所要查明的事实存在逻辑上的联系，从而能够说明案件事实。

3. 合法性，是指证据必须由当事人按照法定程序提供，或由法定机关、法定人员按照法定的程序调查、收集和审查。

十四、借条上未记载出借人姓名，如何认定出借人？

——谁持有借条，谁就是债权人

经典案例

蔡某以“曹某偿还向我借款的6万元”为内容向法院起诉，并为自己的主张提交了两份借条。其中一张内容写明“因急需用钱，现借款5万元，借款人：曹某”，另一张内容写明“向蔡某借款1万元，借款人：曹某”。两份借条上均未载明日期。

曹某在法庭上辩称：“我没有欠蔡某6万元，只欠其1万元，5万元的借条是无效的。可以看出5万元借条上未记载蔡某的名字，因为我本来意欲向其他几个朋友借钱，预先准备好借条，但是均未借到。后来又拿着该借条，到蔡某家里向他借款。当时蔡某称‘我先跟家里人商量后再给你答复’并留下借条。过几天后,在路上遇到蔡某,我再提了借款事宜时,蔡某称‘家里人不同意,不能借给你5万元,只能借1万元’,并给我1万元现金,同时让我出具1万元的借条,5万元的借条落在蔡某的家里。”蔡某反驳称:“曹某先借款5万元,我出借后,他给我出具了5万元的借条,过了一个月后,他又向我借了1万元,并又出具了借条,借款共计6万元,均未归还。”

双方除了上述两份借条外,没有提交其他证据。那么,谁的主张能够成立?

案情分析

本案中有两个焦点问题:其一,5万元的借贷关系是否实际发生?其二,确定债权人的问题。

对于问题一,曹某持有否认的态度。《最高人民法院关于审理民间借贷案件适用法律若干问题的规定》第十五条第二款规定:“被告抗辩借贷行为尚未实际发生并能作出合理说明的,人民法院应当结合借贷金额、款项交付、当事人的经济能力、当地或者当事人之间的交易方式、交易习惯、当事人财产变动情况以及证人证言等事实和因素,综合判断查证借贷事实是否发生。”

本案中曹某虽然主张蔡某持有的借条原为他人准备的,但是曹某没有让见过该借条的“他人”出庭作证证明该借条的来龙去脉。并且,双方当事人虽然对两份借条的具体出具时间意见不一,但双方均认可5万元的借条出具在先,1万元的借条出具在后。按照习惯,曹某在出具1万元的借条时,应将5万元的借条收回,或者在1万元的借条上应备注载明“在此之前本人出具留在蔡某处的5万元的借条作废”之类的内容。但曹某没有这样做,因此,曹某应当承担由此造成的不利后果。

司法实践中,原告仅凭借条主张大额现金交付事实,且借条上借款人又未明确表示收款内容的,应当由原告承担对大额现金交付事实的举证责任,或者作出合理的说明。虽然法律对大额现金借贷的审理方式作出了原则性的规定,可并没有明确规定额度的参照标准。因我国各地的经济水平存在差距,各地法院在审理现金借贷时,根据所在地的经济发展水平以及当事人的承受能力与支配力来认定大额现金的具体额度。有些地方的高级人民法院、中级人民法院在内部出台指导性意见认定为几十万元以上的属于大额，而有些地方的标准是几百万元。总之，对于什么是大额借贷问题，一般由法官根据当地的经济水平和具体案情，在合理限度内自由裁量。在绝大多数地方，5 万元算不上大额借款。因此，除非出借人的经济能力特别差，大多数地方的法院不会对几万元现金出借，要求原告提供借条之外的证据来印证现金交付的事实。而且，本案最关键的一点是，曹某自称在先出具了 5 万元的借条，没有收到 5 万元借款的情况下，又出具了 1 万元的借条，可没有收回 5 万元的借条，这不符合民间借贷的交易习惯。因此，不能认定曹某对其抗辩作出的说明达到了“合理说明”的程度。

对于问题二，如果被告对债权人资格提出异议，被告应当对其主张提供证据证明，如果被告未能提供证据或者提交的证据不足以证明其主张的，可以认定借条持有人为债权人。在本案中，曹某虽然否认蔡某是 5 万元借条的债权人，但没有提供相应的证据予以证明，也没有第三人出来主张其为 5 万元的债权人。因此，在这种情况下，可以推定借条持有人为债权人。

因此，本案中，曹某对其借贷尚未实际发生的抗辩意见，未能作出合理的说明，又未能提供证据证明原告不是本案出借人的异议，由此产生的不利后果由其自行承担。故曹某应向蔡某归还 6 万元借款。

法条链接

《民事诉讼法》第六十七条

《最高人民法院关于民事诉讼证据的若干规定》第九十条

《最高人民法院关于适用〈中华人民共和国民事诉讼法〉的解释》第九十条、第九十一条

《最高人民法院关于审理民间借贷案件适用法律若干问题的规定》第二条、第十五条

知识拓展

推定

推定是指依照法律规定或者由法院按照经验法则，从已知的某一事实推断未知的另一事实存在，并允许当事人提出反证推翻的一种证据法则。前一事实称为前提事实，后一事实称为推定事实，一旦前提事实得到证明，法院径直根据前提事实认定推定事实，无须再对推定事实加以证明。这种推定是建立在严密的逻辑推理和人们日常生活经验的基础之上。可见，推定反映的是已知事实和未知事实、前提事实和推定事实之间的关系；推定有法律推定和事实推定之分。

法律推定

法律推定是指法律明确规定，某一事实被确认时，即应推断另一事实的存在，而被推断的事实在无反证或未被反证推翻的情况下，应作为案情予以认定的一种证据制度。

比如，民法上，失踪一定期限的人被推定为死亡；刑法上，在生效的判决书确定有罪之前，任何人被推定为无罪等。

事实推定

事实推定是法律推定的对称，是指法官根据已知的事实和日常生活经验法则推定出的另一事实是否存在。例如，根据某人在事故发生后的瞬间正驾驶着某辆汽车这一事实，可以推断事故发生时正驾驶着这辆汽车；根据被告在诉讼中销毁或隐匿证据这一事实，推断出示该证据必定于其不利；再如，一方当事人控制证据无正当理由拒不提交，对待证事实负有举证责任的当事人主张该证据的内容不利于控制人的，人民法院可以推定该主张成立。

十五、借条非借款人本人书写，只按指印，是否有效？

——指印可以辨认，可要清晰才行

经典案例

颜某向好友苏某借款5万元，借款时颜某主动提出一定要给苏某打借条，并说自己几乎不会写字，让苏某先写好借条后自己写名字按指印。在苏某写好借条，并念给颜某听后，颜某说自己的姓名也不好写，让苏某帮着写上，苏某没在意，就随手替颜某签了名，颜某在其姓名上按指印。后两家因琐事闹翻，苏某索要借款时，颜某以借条不是本人书写为由不承认借款。

指印能不能起到签名的作用？

案情分析

借条，在法律上实质就是一个借款合同，既然是合同就要遵循《民法典》的相关规定，《民法典》对合同内容的要求其实是很严格的，而对合同的形式要求是比较宽泛的，《民法典》第四百九十条第一款规定："当事人采用合同书形式订立合同的，自当事人均签名、盖章或者按指印时合同成立。在签名、盖章或者按指印之前，当事人一方已经履行主要义务，对方接受时，该合同成立。"该规定对合同生效的要件中有"自当事人均签名、盖章或者按指印时合同成立"的条件。这里用的"、"和"或者"是表达三种条件中任何一种都可以被选择。所以说，借条的成立是以签名为准的，按指印具有与签名或者盖章同等的法律效力。

本案中，如果颜某不承认借条上的指印是自己留下的，苏某可以申请法院对借条上的指印进行司法鉴定。

但是需鉴定的指纹不够清晰，或者清晰的纹线数量太少，就不具备鉴定条件。这是指纹鉴定同一比对原理的基本要求。所以就借条来说，借款人写下借条并签上自己的名字，同时按指印是一种双保险，可以进一步证明借款人的身份。如果只按指印，注意以下几点：

1. 应该使用专用的印泥或印油，防止印泥或印油在手指上堆积，避免捺印指纹的模糊和不清晰。印泥和印油为红色、蓝色、黑色均可。

2. 按指印用哪个手指头，法律暂无明确的规定。在生活实践中，民事合同上，习惯上是用右手食指。刑事案件中，习惯用右手拇指。如果右手手指有特殊情况，可用左手的食指、拇指、中指依次代替，最好在指纹捺印中注明捺的是哪一指头。

3. 在捺印过程中是将手指平放在要捺印的有关材料或文件上，从左至右用手指滚动捺印，要控制好捺印的力度，这样指纹的纹路才会清晰地留在材料或文件上，最好在捺印前确认印泥或印油在手指上遗留的程度。

法条链接

《民法典》第四百九十条、第六百六十七条、第六百六十八条

《民事诉讼法》第六十七条、第七十九条

《最高人民法院关于适用〈中华人民共和国民事诉讼法〉的解释》第九十条、第九十一条

《最高人民法院关于民事诉讼证据的若干规定》第一条、第三十条、第三十一条、第三十二条、第三十三条、第三十四条

知识拓展

司法鉴定

司法鉴定是指在诉讼活动中鉴定人运用科学技术或者专门知识对诉讼涉及的专门性问题进行鉴别和判断并提供鉴定意见的活动。

司法鉴定大致分为以下几类：

1. 法医类鉴定，包括法医病理鉴定、法医临床鉴定、法医精神病鉴定、法医物证鉴定和法医毒物鉴定。

2. 物证类鉴定，包括文书鉴定、痕迹鉴定和微量鉴定。

3. 声像资料鉴定，包括对录音带、录像带、磁盘、光盘、图片等载体上记录的声

音、图像信息的真实性、完整性及其所反映的情况过程进行的鉴定和对记录的声音、图像中的语言、人体、物体作出种类或者同一认定。

4. 环境损害司法鉴定，是新分类的一种司法鉴定，是指在诉讼活动中鉴定人运用环境科学的技术或者专门知识，采用监测、检测、现场勘察、实验模拟或者综合分析等技术方法，对环境污染或者生态破坏诉讼涉及的专门性问题进行鉴别和判断并提供鉴定意见的活动。

指纹鉴定

“指纹鉴定”又称“指印鉴定”，是指运用专门技术对指纹的异同进行鉴别和评定，属于物证类鉴定。

指纹是手指皮肤上特有的花纹，由皮肤上的隆起线构成。这些隆起线的起点、终点、分叉、结合被称为细节特征点。隆起线的这种细节特征有无数种排列，因此，每个人的指纹甚至一个指纹的每条隆起线都是独特的。所以指纹鉴定在刑事侦查中广泛运用。

民事指纹鉴定与刑事指纹鉴定在鉴定原理上没有差别。刑事案件中的指纹鉴定主要用于犯罪嫌疑人的人身认定。民事案件中的指纹鉴定主要是为了证明相关文书上留下的指印是否为案件当事人的。民事案件中，无论是指纹检材还是指纹样本，与刑事案件不同的是指纹遗留人是在明示的情况下按留的，它与刑事案件中侦查人员从犯罪现场发现取得的指纹是不同的。但是无论是刑事案件还是民事案件，指纹鉴定的技术辨别过程是相似的。

十六、他人代写的借条，怎样确定借款人

——代写借条对各方都有风险

经典案例

老牛向齐某借款3万元，因他不会写字，让其儿媳妇安某代写。安某以老牛的名义出具了借条，并在借条落款备注了“书写人安某”等字样。借款到期后老牛

不还钱，齐某为了和平解决此事，多次找老牛，可老牛躲着不跟齐某见面。齐某又请求村委会出面调解其与老牛之间的借贷纠纷。但老牛也不配合村委会的调解。无奈之下，齐某准备向法院起诉。因借条上老牛没有签名也没有按指印，齐某担心老牛反悔不承认借条。

那么，怎样确定本案的借款人？

案情分析

民间借贷中，出借人应当审查借款人的身份，并要求借款人当面书写借条。如果借款人将事先写好的借条交给出借人的话，就不排除该借条中借款人的签名系由他人代签的可能性。如果借款人让他人代写借条的，应当由借款人本人签名、按指印。在借条内容、姓名都是他人代写，出借人又没有按指印的情况下，出借人起诉的话，如果借款人不予承认，有一定的风险。这种情况下，法院一般要查明借款人和代写借条人在此借贷关系中的身份问题。如果出借人不知道代写人是谁，实际借款人又不承认借款，也没有其他证据协助证明，诉讼很难赢。

本案中，安某本来应当作为证人出庭作证证实借条形成的过程等案件事实，但是因她和被告有特殊关系，如果不愿意出庭，齐某也无可奈何，所以齐某将老牛诉至法院的同时，应将老牛儿媳妇安某作为被告或者第三人一并起诉。如果老牛对安某的代写、代借事实予以认可，则由老牛承担还款责任；如果老牛不予认可，借条书写人安某有义务向法庭说明代写借条一事，安某能够证明自己只是代写人，实际借款人是老牛，则由老牛承担还款责任。

法条链接

《民法典》第一百六十一条、第一百六十二条、第一百七十一条、第一百七十二条、第四百九十条、第六百六十七条、第六百六十八条

《民事诉讼法》第五十九条、第六十七条、第一百三十五条

《最高人民法院关于适用〈中华人民共和国民事诉讼法〉的解释》第七十三条、第九十条、第九十一条

《最高人民法院关于民事诉讼证据的若干规定》第一条

知识拓展

和解

和解是指双方当事人在自愿互谅的基础上,协商解决已经发生的争议并达成和解协议的解决纠纷方式。它是当事人自力救济的方式之一。双方当事人通过口头或书面的形式进行协商,互相妥协和让步,最终解决争议。和解解决纠纷最大的优点就是直接、高效、成本低,但如果和解书上没有以申请支付令方式强制执行的内容,或者和解书没有通过司法确认,在一方出现反悔的情况下,另一方不能直接依据和解协议请求法院强制执行,只能通过诉讼方式解决。

调解

调解是指争议当事人在人民法院、人民调解委员会及有关组织的主持下,对争议的实体问题自愿进行协商,通过第三方解决纠纷的一种方式。

调解的种类较多。根据调解的主体不同,有人民调解、法院调解、行政调解、仲裁调解等。

人民调解是在人民调解委员会主持下进行的调解;法院调解是在人民法院主持下进行的调解;行政调解是在基层人民政府或者国家行政机关主持下进行的调解;仲裁调解是在仲裁机构主持下进行的调解。在这几种调解中,法院调解属于诉内调解,其他都属于诉外调解。

经人民调解委员会调解达成调解协议后,双方当事人认为有必要的,可以自调解协议生效之日起30日内共同向人民法院申请司法确认,人民法院应当及时对调解协议进行审查,依法确认调解协议的效力。人民法院依法确认调解协议有效,一方当事人拒绝履行或者未全部履行的,对方当事人可以向人民法院申请强制执行。

仲裁

仲裁是指当事人在纠纷发生之前或者发生之后,依据他们之间订立的仲裁条

款或者仲裁协议,自愿将纠纷提交给双方选定的仲裁机构,并愿意受该仲裁机构所作裁判的约束,以解决争议的一种方式。我国《仲裁法》第四条规定,当事人采用仲裁方式解决纠纷,应当双方自愿,达成仲裁协议。没有仲裁协议,一方申请仲裁的,仲裁委员会不予受理。

仲裁实行一裁终局,不实行级别管辖和地域管辖。裁决书一经作出、调解书一经双方当事人签收,即发生法律效力。当事人应当履行裁决,一方不履行的,另一方可申请人民法院强制执行。

仲裁是一种便捷解决纠纷的方式,但是不能解决所有的纠纷,其适用范围是平等主体之间的合同纠纷和其他财产权益纠纷,而婚姻、收养、监护、继承这些具有人身权内容的纠纷,以及依法应当由行政机关处理的行政争议不能仲裁。

我们这里所讲的是商事仲裁,还有劳动争议和农业集体经济组织内部的农业承包合同纠纷的仲裁,由国家另行规定。也就是说,解决这类纠纷不适用《仲裁法》。这是因为劳动争议、农业集体经济组织内部的农业承包合同纠纷虽然可以仲裁,但它不同于一般的民事经济纠纷,因此只能另作规定予以调整。

十七、在夫妻关系存续期间,一方以个人名义借款,债权人可以要求夫妻共同还债吗?

——是否为夫妻共同债务,要看借款的用途

经典案例

鲍某以"因装修房子需要钱"为由向乔某借款6万元,并以自己的名义给乔某出具一份借条。借款到期后,鲍某以各种理由推脱不还,甚至不接乔某的电话。乔某找鲍某的丈夫翼某要求还款时,翼某以"给谁借的钱,谁出具的借条,找谁去要钱"为由拒绝还款。

乔某经委托律师收集到鲍某借钱的时候,鲍某与丈夫翼某的婚姻关系仍然存续,且鲍某借款后购买装修材料用于他们夫妻装修新房子的证据。

乔某可以要求夫妻俩一起还款吗?

案情分析

根据法律规定,男女双方在进行结婚登记之后,双方工资、生产、经营收益等都应该属于夫妻共同财产,除法律有特别规定和双方另有约定的除外。

夫妻对共同财产享有平等的所有权,双方享有同等的权利并承担同等的义务。婚姻关系不像按份共有制的合伙关系,也不像多劳多得、少劳少得的适用按劳分配原则的劳动关系。所以"我妻子是家庭主妇、钱是我挣的、所有财产属于我"等理由是不被法律支持的。《民法典》规定"夫妻对共同财产,有平等的处理权"。该规定的含义就是夫妻双方对共同所有的财产,享有平等的占有、使用、收益和处分的权利。也就是说,对于家庭共同事务的处理,应当按照夫妻双方的共同意愿。但夫妻双方在婚姻家庭的共同生活中,需要处理的日常事务繁多。这些事务由夫妻双方共同处理固然能够充分体现双方的共同意愿,但如事事均由双方共同为之,必然加大婚姻生活成本,造成生活上的种种不便。出于婚姻共同生活的便利和夫妻处理日常事务的需要,夫妻在日常家事中相互代理是确有必要的。所以,夫妻一方因家庭日常生活需要而实施的民事法律行为,夫妻双方互为代理人,无须对方授权,该民事法律行为的后果及于夫妻双方,所产生的债务当然为夫妻双方共同债务。因此,夫妻一方以个人名义为家庭共同生活所需所负的债务应该由夫妻一同偿还。

在本案中,鲍某向乔某借款时翼某不在场,亦未在借条上签字,但鲍某把借款用于夫妻双方共同生活的房屋装修上。故该借款应该由夫妻一同偿还。

法条链接

《民法典》第一千零六十条、第一千零六十二条、第一千零六十三条、第一千零六十四条、第一千零六十五条

《最高人民法院关于适用〈中华人民共和国民法典〉婚姻家庭编的解释》第二十五条、第三十四条、第三十七条

知识拓展

共有

共有是指两个或两个以上的自然人或法人对同一物共享所有权。可分为按份共有和共同共有两种形式。共有的内容可由共有人协商约定,如果没有约定或约定不明确时,可根据情况以下处理:

涉及婚姻、继承等家庭关系中,共有人对共有财产的分割没有约定的,按共同共有处理。

除上述情况外,共有人对共有财产的分割没有约定的,按照按份共有处理。

按份共有

按份共有是指两个或两个以上的共同共有人,按照各自所占份额对共有财产享有权利和承担义务的共有关系。按份共有人对共有的不动产或者动产享有的份额,没有约定或者约定不明确的,按照出资比例确定。比如,公司股东按股份分红是典型的一种按份共有行为。

共同共有

共同共有是指两人以上的共有人对共有财产不分份额地享有共同权利,承担共同义务的共有关系。共同共有财产关系一般发生在互有特殊身份关系的当事人之间,较为典型的是基于夫妻关系而发生的夫妻共同财产关系。夫妻一方死亡或者离婚时,除双方有特别约定或者一方有重大错误等情况外,夫妻共同财产,原则上平均分配。一方专用的生活用品为夫妻一方的个人财产,不属于共同财产,由该方个人支配、使用和处分,离婚时,这部分财产不参与分割。

十八、哪些债务属于夫妻一方的个人债务？

——明知借款用途不合法，不能主张夫妻共同偿还

经典案例

冯某将吕某、俞某夫妻二人诉至法院，要求夫妻俩共同偿还冯某先后借给吕某的25万元借款，并提交了以吕某名义出具的10份借条。吕某在法庭上答辩称："我承认以上借款，借款时我妻子毫不知情，我并未将借款用在夫妻日常生活中而是用于私事上，现在没有偿还能力。"吕某未向法庭提交证据。俞某答辩称："对于这些债务我不知情，我与吕某二人的工资足够支撑我们日常生活的开销，我们并不需要这么多的借款，原告应当知道这个情况。吕某的借款没有用于我们二人共同生活中，而是在外面单独挥霍，甚至将钱用于违法的事情上，其单位也因此开除了他，我是在吕某被处罚后才得知详情。原告冯某对吕某实施的上述违法事情是知情的并参与其中，且先后向吕某出借10次，因此我不承担这些债务。"并向法庭提交吕某因赌博行为被公安机关行政处罚的决定书、因赌博及其他违纪行为被原单位开除的决定书等相关证据。在公安机关的处罚决定书中有记载着冯某与吕某一起参与聚众赌博的事实。

上述债务属于夫妻共同债务还是一方个人债务？

案情分析

登记结婚后，共有共同财产和承担共同债务是夫妻共同共有制度的基本原则。但是也有例外的情形。具体如下：

1. 夫妻对婚姻关系存续期间所得的财产约定归各自所有的，夫或妻一方对外所负的债务，第三人知道该约定的，以夫或者妻一方的个人财产清偿。

2. 夫妻一方在婚姻关系存续期间以个人名义超出家庭日常生活需要所负的债务，不属于夫妻共同债务；但债权人能够证明该债务用于夫妻共同生活、共同生产经营或者基于夫妻双方共同意思表示的除外。

3. 夫妻一方在从事赌博、吸毒等违法犯罪活动中所负债务的，第三人主张该债务为夫妻共同债务的，人民法院不予支持。

4. 夫妻一方与第三人串通，虚构债务的，第三人主张该债务为夫妻共同债务的，人民法院不予支持。

本案中的冯某没有向法庭提交关于吕某的妻子俞某对这债务关系事先同意，或者事后认可的证据，也未向法庭提交该借款是用于夫妻二人日常生活开支的证据。反而俞某向法庭提交证据证明借款是吕某自己花完，甚至用于违法活动，以及证明冯某事先对此知情。因此，应当认定该借款是吕某个人债务，如果法院查明冯某事先知道或者应当知道俞某借款用于违法犯罪活动仍然提供借款的，应当认定为借款合同无效。

法条链接

《民法典》第一千零六十条、第一千零六十四条

《最高人民法院关于适用〈中华人民共和国民法典〉婚姻家庭编的解释》第三十四条

《最高人民法院关于审理民间借贷案件适用法律若干问题的规定》第十三条

知识拓展

权利

权利是指公民依法应享有的权能和利益，或者法律关系主体在法律规定的范围内，为满足其特定的利益而自主享有的权能和利益。权利是一个法律概念，即自身拥有的维护利益之权。它表现为享有权利的公民有权作出一定的行为和要求他人作出相应的行为。

义务

义务是指法律规定的对法律关系主体必须作出一定行为或不得作出一定行为的约束。与权利相对应。法律义务同基于道德、宗教教义或其他社会规范产生的义务不同，它是根据国家制定的法律规范产生，并以国家强制力保障其履行的。

违反法律义务就要承担法律责任。

权利和义务的一致原则

法律上的权利与义务具有不可分割的联系。没有权利就无所谓义务,没有义务也就没有权利。在某些法律关系中,每一个法律关系的参加者都可能同时享受权利和承担义务。

权利和义务的一致原则是民法法律体系中的基本和核心原则,是调整民事法律关系必须遵守的准则。其内容就是"没有无义务的权利,也没有无权利的义务"。

在我国,任何公民享有宪法和法律规定的权利,同时必须履行宪法和法律规定的义务。公民在民事活动中,既是权利的主体,又是义务的主体。权利的实现需要义务的履行,义务的履行确保权利的实现。例如,在买卖合同中,买受人有取得一定物品为自己所有的权利,同时有付给货款的义务;出卖人则有把一定物品转移给买受人的义务,同时享有取得货款的权利。

十九、超出家庭日常生活需要所负债务是否需要夫妻共同偿还?

——小额借款夫妻一方可以独自处理,可大额借款就得夫妻双方共同决定

经典案例

新林公司与云某签订一份借款合同约定:"云某因经营资金周转需要,向新林公司借款500万元,借款期限自2019年8月15日始至10月14日止,利息为按年利率24%计算。借款人逾期还款的,自逾期之日按照同期银行利息的四倍计收逾期利息,直至清偿完毕之日。"借款到期后,云某未向新林公司偿还借款本息。

新林公司于2019年年底,将云某及其丈夫桂某诉至法院,认为桂某与云某系夫妻关系,借款发生于两被告夫妻关系存续期间,应视为夫妻共同债务,故请求两被告共同偿还借款本息,支付逾期利息。

桂某和云某在1999年婚姻登记,夫妻俩均为公职人员身份。云某于2019年

国庆节回老家之后下落不明。新林公司起诉后，经法院公告送达传票后，云某仍然未到庭参加诉讼，因此该案缺席审理。

桂某在庭上辩称："本人不是本案借款人。收到法院相关诉讼材料之前，本人并不知晓此笔借款。对于如此巨大的一笔款项，本人从未见过，自始至终都没有听说过借款一事，也未与云某形成借款合意。因此，该笔借款不属于夫妻共同债务，本人不应当承担还款责任。原告新林公司在诉状中称，该借款是用于经营资金周转。而我们夫妻俩都是公职人员，均在上班，均有固定收入，没有任何其他经营或投资，最近也没有买房置地之类的大开支，根本无须如此巨额资金，这笔借款明显超出我们日常生活需求的。新林公司在云某没有明确借款用途的情况下就借给云某如此数额的资金不符合常理，按照常理，至少应通知作为丈夫的我，了解该笔借款用途，取得我的同意后再出借。显然，原告新林公司知道该借款并未用于夫妻共同经营或生活的，是与云某个人发生的个人债务。因此，原告新林公司事先未经我同意，事后向我主张还款是不合理的，无事实与法律依据，请求驳回对本人的诉讼请求。"

原告新林公司围绕其诉讼请求向法院提交了借款合同、银行转账凭证、民政局关于桂某和云某的婚姻登记证明等证据。被告桂某向法庭提交了夫妻俩的工作证明和工资证明。

桂某应否共同承担这笔债务？

案情分析

根据法律规定，夫妻双方共同签名或者夫妻一方事后追认等共同意思表示所负的债务，以及夫妻一方在婚姻关系存续期间以个人名义为家庭日常生活需要所负的债务，属于夫妻共同债务。夫妻一方在婚姻关系存续期间以个人名义超出家庭日常生活需要所负的债务，不属于夫妻共同债务；但是，债权人能够证明该债务用于夫妻共同生活、共同生产经营或者基于夫妻双方共同意思表示的除外。

家庭日常生活需要，是指通常情况下必要的家庭日常消费支出，包括衣食消费、日用品购买、子女教育支出等。日常家事代理制度已在现代婚姻关系案件处理中被广泛承认，即夫或妻互为各自代理人，夫妻可以代表另一方对家庭财产或其他日常生活事务进行处理。《民法典》第一千零六十二条第二款规定："夫妻对共同财产，有平等的处理权。”这里所指的“平等处理权”既包括对积极财产的处理，也包括对消极财产即债务的处理。也就是说，夫或妻在处理夫妻共同财产上的权利是平等的。因日常生活需要而处理夫妻共同财产的，任何一方均有权决定。该规定涵盖了夫妻日常家事代理权的实质内容，同时否定非日常生活需要的处分权和代理权。因此，在夫妻未约定分别财产制或者虽约定但债权人不知道的情况下，夫妻一方以个人名义为家庭日常生活需要所负的债务，应当认定为夫妻共同债务；如果超出家庭日常生活需要所负的债务，除非证明夫妻共同受益，否则应当认定为一方个人债务。

随着人们的生活水平不断提高，生活消费日趋多元，很多夫妻的共同生活支出不再局限于以前传统的家庭日常生活消费开支，还包括大量超出家庭日常生活范围的支出，这些支出系夫妻双方共同消费支配，或者用于形成夫妻共同财产，或者基于夫妻共同利益管理共同财产产生的支出，性质上属于夫妻共同生活的范围。根据法律规定，债权人需要举证证明“用于夫妻共同生活”的债务，就是指上述超出家庭日常生活范围的夫妻共同生活所负债务。

夫妻共同生产经营的情形更为复杂，主要是指由夫妻双方共同决定生产经营事项，或者虽由一方决定但另一方进行了授权的情形。判断生产经营活动是否属于夫妻共同生产经营，要根据经营活动的性质以及夫妻双方在其中的地位作用等综合认定。夫妻共同生产经营所负的债务一般包括双方共同从事工商业、共同投资以及购买生产资料等所负的债务。

根据“谁主张，谁举证”原则，债权人要举证证明该债务属于夫妻共同生活、共同生产经营所负债务，或者所负债务基于夫妻双方共同的意思表示。如果债权人不能证明的，则不能认定为夫妻共同债务。

本案中，如果云某将借款用于生产经营，生产经营的收益用于家庭生活，即便桂某未参与该经营，但因此享受利益，则对该债务亦应承担偿还责任。但是本案原告新林公司未提供这方面的证据，甚至是否存在“经营”一事都模糊不清。因此，这笔借款明显超出家庭日常生活需要，原告对该债务属于夫妻共同生产生活所负债务没有进行有效举证，又不能证明桂某对此借款合同的事先承认或者事后追认的事实，不应认定为夫妻共同债务。这笔借款应当由云某一人承担，桂某对该借款不应承担共同偿还责任。

法条链接

《民法典》第一千零六十条、第一千零六十四条

《民事诉讼法》第六十七条

《最高人民法院关于适用〈中华人民共和国民事诉讼法〉的解释》第九十条、第九十一条

知识拓展

合意

合意是指当事人双方意见一致。实际上"协议"一词常常也就是指"合意"。有些学者通常用"意思表示一致"或"合致"的表述来概括这种合意。

合意是合同成立的最基本的条件，通常是指合同双方当事人作出意思表示并达成了一致的一种状态。它是合同中最重要的组成部分，如果它被否定了，也就谈不上合同的内容、履行等。

日常家事代理权

日常家事代理权亦称家事代理权，是作为身份权的配偶权中的一项重要内容，它是指夫妻一方在因家庭日常事务而与第三人为一定的法律行为时，享有代理配偶方的权利。具体地说，夫妻一方代表家庭所为的行为，视为夫妻共同的意思表示，夫妻他方亦必须承担法律后果，夫妻双方对该行为承担共同的连带责任。

二十、债务人死亡，债务由谁来还？

——“子债父还、父债子还”有法律依据吗？

经典案例

2020年2月，秦某向其朋友金某借款，期限为2年。秦某和金某双方对借款一事协商一致后签订了一份借款合同，并在合同中约定了借款数额、利息、期限等详细内容。当日，金某将借款交付给秦某。2022年1月，秦某因心脏病突发而去世。

秦某去世时，他的妻子、成年的两个子女及其父母都健在。那么，这笔借款由谁来偿还？

案情分析

依法成立的合同受法律保护。秦某生前与金某签订借款合同，金某将借款交给秦某，因此该合同是依法成立的合同，应当受法律保护。虽然秦某已故，但因没有还款，金某的债权一直存在，那么金某如何才能实现自己的债权？“子债父还，父债子还”是封建社会的观念，在现代社会没有法律依据。但是继承人在继承死者遗产的同时，也负有清偿债务的义务。

夫或者妻一方死亡的，生存一方应当对婚姻关系存续期间的夫妻共同债务承担清偿责任。那么，本案中是由秦某的妻子作为夫妻共同债务人承担清偿责任还是由包括秦某妻子在内的继承人从遗产中偿还呢？

这种问题，根据不同情况应作出不同处理，具体如下：

如果这笔债务是夫妻共同债务，生存一方承担清偿责任。

如果债务属于死者的个人债务或者存在法律规定不是夫妻共有债务的情形，继承人在其继承遗产的范围内承担偿还债务的义务。例如，男方死亡时，夫妻全部财产的价值为80万元，那么死者留下的遗产应该是40万元，剩余的40万元的财产视为女方共同财产的份额。如果男方个人债务是 50 万元，并且该债务不是夫妻共同债务，而是死者个人债务，继承人只承担 40 万元的债务的清偿，不偿还超出遗产价值的 10 万元的债务，也不能动归女方所有的 40 万元共同财产的份额。

如果死者没有留下遗产，或者虽然留下遗产，但是继承人放弃继承遗产，继承人不用承担清偿死者债务的义务。

总之，死者的个人债务排除配偶用其个人财产偿还债务的义务，死者的个人债务只能在遗产范围内偿还。但是死者留下的夫妻共同债务不排除配偶用个人财产偿还和继承人在遗产范围内偿还债务的义务。也就是说，如果死者留下的债务是夫妻共同债务，应当首先用夫妻共同财产清偿。如果共同财产不足以清偿，可以用死者的遗产清偿。在这种情况下，包括配偶在内的继承人以所得遗产实际价值为限继续清偿死者留下的夫妻共同债务。

因此，金某按照上述原则，可以向秦某的继承人或者其妻子要求偿还，司法实践中，将全部继承人作为被告一并起诉是比较保险的办法。

法条链接

《民法典》第四百六十五条、第一千零六十条、第一千零六十一条、第一千零六十四条、第一千一百五十三条、第一千一百五十九条、第一千一百六十一条

《最高人民法院关于适用〈中华人民共和国民法典〉婚姻家庭编的解释》第三十六条

知识拓展

继承

继承是指自然人死亡后，由法律规定的人或遗嘱指定的人依法取得死者遗留的个人合法财产的法律制度。

继承分为法定继承和遗嘱继承两种形式。

遗嘱继承，又称"指定继承"，是按照被继承人所立的合法有效的遗嘱而承受

其遗产的继承方式。继承从被继承人死亡时开始,因此被继承人生前可以撤销、变更遗嘱,或者有权另行处理遗产。

法定继承,是指在被继承人没有对其遗产的处理立有遗嘱的情况下,由法律直接规定继承人的范围、继承顺序、遗产分配的原则的一种继承形式。法定继承又称为“无遗嘱继承”。

无论法定继承或者遗嘱继承,如果留遗嘱人有配偶且遗产是夫妻双方共有财产的,先留下配偶的共有财产份额,剩余部分按遗产分配。比如,一男子遗留了价值为 100 万元的遗产,如果他的配偶、两个孩子及父母都健在,50 万元的财产是其妻子共同财产中应得的份额,剩余 50 万元作为遗产分给包括配偶在内的五位继承人。

未经结婚登记以夫妻名义同居生活一方死亡后另一方无继承其遗产的权利。但是有共同财产的,其产权受法律保护。

继承人

继承人是指依照《民法典》的规定或被继承人所立遗嘱的指定,依法取得被继承人遗产的人。继承人分为法定继承人和遗嘱继承人。

法定继承人

第一顺序:配偶、子女、父母。

第二顺序:兄弟姐妹、祖父母、外祖父母。

继承开始后,由第一顺序继承人继承,第二顺序继承人不继承。没有第一顺序继承人继承的,由第二顺序继承人继承。

这里所说的子女,包括婚生子女、非婚生子女、养子女和有扶养关系的继子女。这里所说的父母,包括生父母、养父母和有扶养关系的继父母。这里说的兄弟姐妹,包括同父母的兄弟姐妹、同父异母或者同母异父的兄弟姐妹、养兄弟姐妹、有扶养关系的继兄弟姐妹。

被继承人的子女先于被继承人死亡的,由被继承人的子女的晚辈直系血亲代位继承。代位继承人一般只能继承他的父亲或者母亲有权继承的遗产份额。

第四章　民间借贷的合同效力和事实审查

二十一、签署以自己看不懂的文字起草的合同是否有效？
——有误解可以，但需在签字前解决

经典案例

老王将卓玛起诉至法院，要求卓玛偿还借款20万元及1年年利率为14%的利息。提供一份卓玛签字的借条及老王在银行转账给卓玛的转账凭证。在借条上载明“卓玛向老王借款20万元，还款期限为1年，年利率为14%”等内容。但卓玛辩称：“我向老王借款20万元是事实。因为之前我替老王办理了一件重要的事，老王为了答谢我说‘在银行存着也是存着，还不如你投资做生意赚点钱’，就自己主动将钱借给我的。借钱时我们没有约定利息，利息的事老王也一直没有说过。4个月前，我准备将20万元还给老王时，老王提了利息的事，那时我从老王处复印借条，找人给我翻译内容后发现，当时老王跟我口头说的内容和借条内容不一致。我可以听懂普通话，但是看不懂国家通用文字，只会写自己的名字。因此，这份借条是在重大误解中签订的，请求法院撤销借条中有关借款利息的约定。”卓玛没有向法庭提交证据。

老王对卓玛的答辩提出异议称：“卓玛签字之前，我详细地解释过利息问题，且用计算器给她算过1年的利息，卓玛确实看不懂通用语言文字，但她听懂并会说普通话。当时她充分理解借条内容之后才签字的。因此，卓玛以不知内容而签字借条的主张不能成立。并且在重大误解的情况下订立的合同有法定的撤销期

限，目前该期限已过。卓玛应当偿还借款的本金，同时要支付约定的利息。”

那么，谁的主张成立？

案情分析

本案中，对于出借人和借款人的主体资格、借款金额、借款是否交付、还款期限等方面双方都没有异议。卓玛不认识国家通用文字的主张老王也认可。因此没有必要讨论这些。那么，签署以自己看不懂的文字起草的合同是否有效呢？

第一，公民在民事活动中签订自己看不懂的语言文字的合同时，有权将合同翻译理解后，或者用两种文字起草后签字。但这种权利必须在签订合同之前行使。因为《民法典》第四百九十条规定：“当事人采用合同书形式订立合同的，自当事人均签名、盖章或者按指印时合同成立……”所以如果当事人有“看不懂合同内容”或者“对合同使用的文字，本人没有阅读能力”等异议的，应当在合同上签字之前提出。签字、按指印或盖章是合同当事人意思表示一致的主要表达形式，是人民法院确认合同是否生效的实质性标准。合同的当事人一旦签字、按指印或者盖章，表明其已理解、接受合同内容，则对双方当事人均产生法律约束力，必须严格遵守该合同的内容。因此，卓玛事后提出其看不懂通用文字的异议是不能成立的。卓玛是个成年人，是具备完全民事行为能力的人，应当负责其签字行为所造成的法律后果。

第二，因重大误解所订立的合同，是指一方当事人因自己的过错对合同的条款等内容发生重大误解而订立的合同。行为人因对行为的性质、对方当事人、标的物的品种、质量、规格和数量等的错误认识，使行为的后果与自己的意思相悖，并造成损失的，可以认定为重大误解。

因重大误解而签订的合同是因当事人主观认识上的错误而造成的，它与因受欺诈等外力的影响而签订的合同有所不同，但是这种签订行为确与当事人的真实意愿相违背，其效力属于可撤销，而不是无效，原理在于：首先，重大误解的主体是当事人本人，是因本人的过失、不注意、不谨慎、疏忽大意造成的，而不是由于相对人的欺诈、胁迫、误导。其次，该民事行为发生在双方当事人之间，不影响他人利益，与公共秩序无关。因此，将撤销权给予当事人，由当事人决定是否行使撤销权。当事人不行使的，受到损害的也仅仅是当事人自己。当事人享有的撤销权必须在法定期限内，向人民法院或者仲裁机构提出。

根据《民法典》的规定，可撤销合同中，重大误解的撤销期限为 3 个月。卓玛在庭审中提出其在 4 个月前将借条翻译后知道因重大误解之下签字的异议。根据卓玛的主张，她获悉这笔借款带利息的时间为 4 个月前，按照老王的主张，已过 1 年。就算按照卓玛的主张算起，请求撤销的时效也已过。

第三，借贷合同是出借人将一定数额的货币的所有权转移给借款人，借款人到期返还同数额货币并按约定支付利息的合同。自然人之间如果没有约定利息，可以不用支付利息。如果约定利息的，约定的利息没有超过法律规定的利率，那么借款人应当按照约定支付利息。根据现行有效的法律规定，民间借贷的年利率不超过 1 年期贷款市场报价利率 4 倍时，出借人向借款人按约定要求支付利息的，法院会支持。2022 年 9 月 20 日，中国人民银行授权全国银行间同业拆借中心公布的贷款市场报价利率（LPR）为：1 年期 LPR 为 3.65%，5 年期以上 LPR 为 4.30%。即目前民间借贷利率的司法保护上限为 14.60%。因此，老王要求卓玛支付 14% 的利息是符合双方的约定，也不违反法律规定。

此外，如果卓玛没有按约定的期限内还款，老王有权要求其支付逾期还款利息。如果这方面有约定从约定，没有约定，出借人主张借款人自逾期还款之日起按照借期内利率支付资金占用期间利息的，人民法院应予支持。但老王向法院起诉的请求里没有明确地要求逾期还款利息，对这一部分的损失，按照不诉不理原则，法院不会自行处理。

综上所述，卓玛拒绝支付利息的辩解不能成立，并且行使撤销权的时效已过，应该根据借条的约定还款并支付利息。

法条链接

《民法典》第一百四十三条、第一百四十七条、第一百五十二条、第四百九十条、第六百六十七条、第六百六十八条、第六百七十四条

《最高人民法院关于审理民间借贷案件适用法律若干问题的规定》第二十五条

知识拓展

合同无效

合同无效是指合同虽然已经成立,但因其严重欠缺有效要件,在法律上不按当事人之间的合意赋予其法律效力。

常见合同无效的原因如下:(1)无民事行为能力人签订的;(2)违反法律、行政法规的强制性规定的;(3)违背公序良俗的;(4)行为人与相对人恶意串通,损害他人合法权益的;(5)行为人与相对人以虚假的意思表示的;(6)提供格式条款一方不合理地免除或者减轻其责任、加重对方责任、限制对方主要权利的;(7)提供格式条款一方排除对方主要权利的;(8)合同中的免责条款造成对方人身损害的;(9)合同中的免责条款因故意或者重大过失造成对方财产损失的等。

以上是合同无效的原则性规定。具体司法实践中,还有很多无效的情节,比如,建设工程合同中,若存在非法转包、向无资质单位(人员)发包等情节,则合同无效;买卖人体细胞、人体组织、人体器官、遗体的合同无效;非法垄断技术或者侵害他人技术成果的技术合同无效等。

这里所称的"法律、行政法规"是指全国人大及其常委会制定的法律和国务院制定的行政法规的强制性规定,不包括管理性规定。

合同撤销

合同撤销是指因意思表示不真实,通过撤销权人行使撤销权,使已经生效的合同消灭。

可撤销的合同如下:(1)基于重大误解签订的合同;(2)一方以欺诈手段,使对方在违背真实意思的情况下签订的合同;(3)第三人实施欺诈行为,使一方在违背真实意思的情况下签订的合同;(4)一方或者第三人以胁迫手段,使对方在违背真实意思的情况下签订的合同;(5)一方利用对方处于危困状态、缺乏判断能力等情形,致使成立时显失公平的合同。

除此之外,未履行提示和说明义务的格式条款和以根本不存在的标的物作为合同目的而签订的合同等几种情况下也可以撤销合同。

有下列情形之一的,撤销权消灭:(1)当事人自知道或者应当知道撤销事由之日起1年内、重大误解的当事人自知道或者应当知道撤销事由之日起90日内没有行使撤销权;(2)当事人受胁迫,自胁迫行为终止之日起1年内没有行使撤销权;(3)当事人知道撤销事由后明确表示或者以自己的行为表明放弃撤销权。

当事人自民事法律行为发生之日起5年内没有行使撤销权的,撤销权消灭。

合同解除

合同解除是指在合同成立以后,当解除的条件具备时,因当事人一方或双方的协商一致,使合同权利和义务消灭的行为。

合同解除的类型:(1)单方解除或者约定解除;(2)法定解除。

单方解除:在合同一方当事人有逾期违约等违反合同规定的行为时,另一方当事人为避免更大的损失,在法定情形下,可以单方解除合同,并通知对方,或者向人民法院起诉请求解除合同。但是,一方单方解除合同,并不表示该解约行为必然会得到法律的支持,因为一方在行使单方解约权的时候,只是他认为对方违约且该违约行为已达到可以解除合同的程度。如果对方当事人认为自己没有违约且不同意合同解除的,应当通过法庭审理,最终判定是否有违约行为及是否构成合同解除。

约定解除:当事人双方通过协商同意将合同解除的行为。

法定解除:合同解除的条件由法律直接加以规定,其解除为法定解除。

有下列情形之一的,当事人可以解除合同:(1)因不可抗力致使不能实现合同目的;(2)在履行期限届满前,当事人一方明确表示或者以自己的行为表明不履行主要债务;(3)当事人一方迟延履行主要债务,经催告后在合理期限内仍未履行;(4)当事人一方迟延履行债务或者有其他违约行为致使不能实现合同目的;(5)法律规定的其他情形。

以持续履行的债务为内容的不定期合同,当事人可以随时解除合同,但是应当在合理期限之前通知对方。

法律规定或者当事人约定解除权行使期限,期限届满当事人不行使的,该权利消灭。

法律没有规定或者当事人没有约定解除权行使期限,自解除权人知道或者应当知道解除事由之日起1年内不行使,或者经对方催告后在合理期限内不行使的,该权利消灭。

合同解除后,尚未履行的,终止履行;已经履行的,根据履行情况和合同性质,当事人可以请求恢复原状或者采取其他补救措施,并有权请求赔偿损失。

合同因违约解除的，解除权人可以请求违约方承担违约责任，但是当事人另有约定的除外。

主合同解除后，担保人对债务人应当承担的民事责任仍应当承担担保责任，但是担保合同另有约定的除外。

合同的权利义务关系终止，不影响合同中结算和清理条款的效力。

贷款市场报价利率（Loan Prime Rate，LPR）

LPR是指商业银行对其最优质客户执行的贷款利率，其他贷款利率可在此基础上加减点生成。贷款基础利率的集中报价和发布机制是在报价行自主报出本行贷款基础利率的基础上，指定发布人对报价进行加权平均计算，形成报价行的贷款基础利率报价平均利率并对外予以公布。

简单地说，LPR就是我国综合实力较强的大中型银行通过自主报价的方式，确立一个最优贷款利率供行业定价参考。由中国人民银行授权全国银行间同业拆借中心计算并公布的基础性的贷款参考利率。每月20日（遇节假日顺延）9时30分公布贷款市场报价利率，公众可在全国银行间同业拆借中心和中国人民银行网站查询。

二十二、未成年人纯获利益的出借行为是否有效？
——小孩也有获利的权利

经典案例

15周岁的小徐和成年人翟某在逛街过程中遇到了小徐的舅舅李某，李某给小徐4万元现金，吩咐把钱转交给小徐母亲，请其代为保存1年。回家的路上，翟某向小徐提出借款要求，小徐想这笔钱妈妈也只是代舅舅保存，还不如借给翟某挣点利息。为此，翟某和小徐到一家律师事务所签订了一份借款合同，约定小徐向翟某借款4万元，期限为1年，年利率为12%，若逾期还款均按年利率14%计利息至还清之日。

翟某在借款到期后未按约还款，小徐遂诉至法院，请求判决翟某付清借款本金及约定利息和逾期还款利息。

翟某在庭审过程中承认双方之间的借贷关系。但是他认为，小徐为限制民事行为能力人，只能进行与其年龄、智力相适应的民事活动，小徐与被告之间的借款行为，应由其法定代理人代为进行或者征得其法定代理人的同意。因小徐签订合同时，尚未具备相应的民事行为能力，涉案借款合同无效，对当事人没有法律约束力，所以拒绝支付借款利息。

而庭审中，小徐的母亲李某作为法定代理人参加诉讼，并表示儿子签订合同时她不知情，事后才获悉，但是她支持小徐的诉讼请求。

本案诉争的借款合同是否有效？

案情分析

在通常情况下，未成年人与他人发生借贷关系，应当由其法定代理人（监护人）进行，或者经其法定代理人同意、追认后才有效，但 8 周岁以上的未成年人可以独立实施纯获利益的借贷行为。本案中的小徐在签订合同时 15 周岁，系限制民事行为能力的未成年人，按照常理，在与翟某订立借款合同并出借 4 万元资金时，应当由其母亲李某代理进行，或者经其母亲李某同意后才签订。小徐因在其母亲李某不知情的情况下签订合同，翟某的辩解似乎有些道理，然而，他忽视了未成年人小徐有纯获利益的权利问题。未成年人签订纯获利益的合同不必经法定代理人追认。况且，小徐的母亲李某表示支持小徐的诉讼请求，在这种情况下，对方当事人不得以未成年人属于限制民事行为能力为由主张该合同无效。

总之，本案诉争的借款合同合法有效，小徐的诉讼请求合法、合理，应当被支持。

法条链接

《民法典》第十七条、第十八条、第十九条、第二十条、第二十一条、第二十三条、第一百四十五条

《最高人民法院关于审理民间借贷案件适用法律若干问题的规定》第二十五条、第二十八条

知识拓展

监护人职责

监护是指依照法律规定，对无民事行为能力人或限制民事行为能力人的人身、财产及其他合法权益进行监督和保护的法律制度。其目的是保护无民事行为能力人和限制民事行为能力人的一切合法权利，保护正常的社会经济秩序。

监护人的职责包括人身监护和财产监护两个方面。

1. 人身监护包括：

(1)保护被监护人的身体健康，防止其受到不法人身侵害；

(2)照顾被监护人的生活，以保证未成年人的健康成长或精神病人的康复及生活；

(3)对被监护人进行管理和教育，约束被监护人的行为，防止其实施不法行为。

2. 财产监护包括：

(1)管理和保护被监护人的财产，必须是为了被监护人的利益，否则监护人不得处分被监护人的财产；

(2)代理被监护人进行民事活动，依法为被监护人取得民事权利，设定并履行民事义务；

(3)代理监护人参与诉讼活动。

纯获益行为

纯获益行为是指无须支付对价而获得利益的行为。《民法典》所称的纯获利益，是指限制民事行为能力人在合同中只享有权利或者利益，不承担任何义务，如接受奖励、赠与、报酬、还款等，对于这些纯获利益的合同，相对人不得以对方是未成年人为由对抗。

二十三、仅凭借条复印件能否证明债权?
——仅凭复印件难以实现债权

经典案例

段某与贺某系朋友关系。贺某向段某借款4万元,并出具了借条,段某向贺某交付现金,可几年后段某丢失了借条的原件。后两人因琐事发生纠纷不再来往。段某遂诉至法院,请求判令贺某返还借款4万元。但是段某以借条原件丢失为由未提供原件,只提供手机拍照的打印件。贺某不同意段某的诉讼请求和理由,辩称"其已将4万元以现金方式偿还给段某。在庭上之所以未出现借条原件,是因为贺某还款后,段某当场将借条原件撕毁,双方之间已经不存在借贷关系"。段某提供一份借条复印件,双方当事人都未提交其他证据。

在无法出示借条原件的情况下,借款人的诉求会被法院支持吗?

案情分析

出借人应就双方当事人之间存在借贷关系承担举证责任。一般情况下,证据材料传抄、复制、转述的次数越多失真的机会就越多。所以,通常情况下原始材料的证明价值大于传来证据材料的证明价值。在传来证据材料中,中间环节少的材料的证明价值大于中间环节多的。因此,在我国民事诉讼中,在当事人举证上实行的是"原件、原物优先规则",要求当事人举证原始证据。当然借条的复印件也属于证据,但是需要对方认可或者能够与原件核对,否则复印件是不能作为证据单独使用的。要注意的是,丢失原件并不是不能够维权,当事人可以调取借款时的转账记录、双方的电话录音、微信聊天记录、证人证言等证据证明借贷关系的存在。

本案中,原告除了借条复印件之外,没有提供其他辅助的证据来证实其主张,而且借款人贺某又不予认可。根据举证责任分配原则,原告举证证明借款事实后，如果被告主张已偿还的，应当由被告举证证明其主张。可本案中，原告仅凭复印件不能够证明债权，所以举证责任还是在原告身上。此外，借款方偿还借款后，出借方销毁借条原件的说法更符合生活常理，被告的这种陈述也属于一种证据，可以采信。

因此，在段某没有提供借条原件或以其他辅助证据来证明其债权，又未举出证据予以反驳贺某主张的情况下，段某的主张难以成立。

法条链接

《民事诉讼法》第六十七条、第七十三条

《最高人民法院关于适用〈中华人民共和国民事诉讼法〉的解释》第九十条、第九十一条、第一百一十一条

《最高人民法院关于民事诉讼证据的若干规定》第十一条、第六十一条、第八十七条、第九十条

知识拓展

书证

书证是指用文字、符号、图案等所记载和表达的思想内容来证明案件事实的证据。常见的书证包括合同书、各种公文书、私文书、会计凭证、租赁契约、结婚证、房产证、建筑图、信件、电报、车船票、各种运输单据、交通事故责任认定书等。

物证

物证是指以自己存在的外形、重量、质量、规格、损坏程度、物质属性、所处位置以及状态等标志和特征来证明待证事实的物品和痕迹。如双方当事人争议的房屋、汽车、珠宝、指纹、印记、血迹等。

二十四、借条被强行撕毁，其复印件能否作为认定案件事实的依据？

——不是所有复印件都不能作为证据使用

经典案例

程某和孟某系一家建材市场内相邻的个体户。2021年5月1日，孟某向程某借款4万元，程某交付现金后，孟某依约向程某出具借条一张，载明："今向程某借款4万元，在2021年年底归还。"另一位相邻个体户韦某在借条上作为见证人签名。到期后，孟某并未还款，于是程某拿着借条到孟某店铺里催要，双方产生冲突，孟某随即将借条夺走并撕毁。程某向"110"报警，民警到现场后了解了大概情况，并以经济纠纷不在公安机关管辖范围为由没有详细调查处理，但是作为报警原因把孟某撕毁借条的事实记录在出警材料上。

后程某拿着借条的复印件向人民法院起诉，主张该借条系被孟某夺走而撕毁，孟某并未还款，请求法院判令被告归还欠款，而孟某在立案阶段的调解过程中并不承认欠款一事，法院决定开庭审理。程某在开庭之前委托律师调取公安机关的出警记录、情况说明等材料。同时，申请借条上签名的证人韦某、催款过程中在场的店铺相邻森某和君某等出庭作证。庭审过程中，程某通过上述书证、证人证言、手机保存的借条照片等证据证明双方之间存在借贷关系以及多次催款的事实，之后，孟某改口称："双方之间曾经确实存在借款一事，但是已偿还。虽然被告已还清欠款，但是原告始终没有退回借条，所以被告摧毁借条。因债务已偿还，否决原告的诉讼请求。"但是孟某没有提供相应证据证实其反驳意见。

那么，在程某无法提供借条原件的情况下，借条的复印件能否作为认定案件事实的依据呢？

案情分析

根据证据的不同来源,可分为直接证据和间接证据。凡是能够单独证明案件主要事实的为直接证据。凡是只能证明案件事实的某一个侧面或者某一个环节,需要与其他证据结合使用才能证明案件事实的证据为间接证据。借条的复印件属于间接证据,虽然这种间接证据在效力上没有直接证据那么强,但是法律上并不否定证据复印件的证明效力。借条复印件不能单独作为有效证据采信的前提条件是无法与原件核对的情形。如果复印件之外,还有其他的间接证据也能够佐证其待证事实,而这些证据均真实有效,那么复印件的证明力也很强。

本案中,原告程某以借条复印件、证人证言等证据证实了借条的真实性,同时他提供的手机保存的借条照片也可以起到与借条复印对比核实的作用。当然,在日常生活中,借款人偿还借款后,出借人或者借款人撕毁借条原件的习惯比较普遍。本案中,被告孟某从此角度来抗辩称“之所以摧毁借条原件,是因为已经偿还债务”。但是公安机关出具的证据证明,孟某是强行摧毁借条的。凭孟某这种不合理的手段,可以推定其主观上具有恶意并采取了不正当手段。其辩解理由站不住脚,缺乏事实根据,有悖于常理,不具有可信性。

总之,在原告用证人证言、公安机关的材料等其他证据来印证借条复印件真实性的情况下,被告仍然对原告提交的复印件提出不予认可的抗辩缺乏合理性,不足以对抗原告所提出的事实和主张,故被告应当承担举证不能乃至败诉的法律后果。因此,对原告程某提供的借条复印件应当予以采信,原告的诉讼请求应当得到支持。

法条链接

《民法典》第七条、第四百六十五条

《民事诉讼法》第十三条、第六十七条、第七十三条

《最高人民法院关于适用〈中华人民共和国民事诉讼法〉的解释》第九十条、第九十一条、第一百一十一条

《最高人民法院关于民事诉讼证据的若干规定》第十一条、第六十一条、第八

十七条、第九十条

《最高人民法院关于审理民间借贷案件适用法律若干问题的规定》第十五条

知识拓展

当事人陈述

当事人陈述是指当事人在整个诉讼过程中有关言语行为的概称，如诉讼中的原告、被告和第三人就他们对案件事实的感知和认识所发表的陈词及叙述，依靠当事人陈述，可以反映案件事实的全部或部分面貌。

在民间借贷纠纷中，作为案件的亲历者，当事人就案件事实的陈述，包括与案件本身有直接利害关系的当事人在诉讼中向法官作出的与案件有关的法律事实或证据事实的陈述。关于法律事实的陈述，如借贷关系的发生、变更、消灭等；关于证据事实的陈述是当事人提出的用以证明某种证据真实与否的事实，如关于借据真实与否的陈述。

在民事诉讼中，并非所有的当事人陈述皆可作为证据，只有能够证明案件情况，对查明争议事实有法律意义的当事人陈述方可成为证据。此外，当事人陈述要作为认定案件的事实根据，还应当结合案件的其他证据；当事人拒绝陈述，不影响法院对案件的认定。

民事案件中的当事人陈述必须是向法院所作的陈述，当事人在法庭外所作的陈述一般不能作为当事人陈述予以对待，不能产生当事人陈述的效力。

证人证言

证人证言是指证人就其所了解的案件情况，以口头或书面形式向法院所作的陈述。证人是指知晓案件事实并向法院作证的人。

证人证言具有如下特点：

1. 证人与案件事实所形成的联系是特定的，因此，证人及证人证言是他人不可代替的。

2. 证人证言只能是证人就其所知晓的案件事实所作的陈述，而不包括对这些事实所作的评价，也不包括对案件所涉及的法律问题发表的看法。

3. 证人证言的真实性、可靠性容易受到主客观因素的影响。

勘验笔录

勘验笔录是指为了查明案件事实,法院对与案件有关的物证或者现场进行勘查、检验后制作的笔录。勘验笔录既是一种独立的证据,也是一种固定和保全证据的方法。

勘验工作中,为更好地完成勘验工作,人民法院可以要求鉴定人参与勘验;必要时,可以要求鉴定人在勘验中进行鉴定。人民法院对物证或者现场进行勘验时,应当制作笔录,记录勘验的时间、地点、勘验人、在场人、勘验的经过、结果,由勘验人、在场人签名或者盖章。

二十五、仅有银行转账凭证而没有借条的,如何认定借贷事实?

——“谁主张,谁举证”的意思不是“谁起诉,谁举证”

经典案例

贾某向法院起诉要求袁某归还20万元借款,并提交贾某向袁某的银行账户转账的凭证。袁某反驳称:“这20万元不是贾某借给我的钱,而是在我们俩另一笔经济来往中,贾某应归还我的钱。”但袁某对其主张没有提交证据。

能否确定贾某和袁某之间的借贷关系?

案情分析

自然人之间的借款合同为实践合同,出借人提供借款时,合同即生效。但是在生活中并未形成书面合同就进行借贷的情况也很常见。尤其是随着经济和网络的发展,通过银行转账、网络转账进行借贷的人越来越多。

通过银行或者网络转账这种单一行为本身不能证明双方之间一定存在借贷关系。比如,贾某可能给袁某打电话订购20万元的货物,货款以银行转账方式支付给袁某,或者袁某曾经向贾某借 20 万元现金,但是没有借据。一段时间后,袁某将此借款通过银行转账方式偿还给贾某等。但是按照“谁主张,谁举证”的原则,袁某对于其所主张的“另一笔经济来往”的事实应负相应的举证责任。

因此,实际上本案涉及的问题是举证责任的分配问题。即在原告仅依据金融机构的转账凭证提起民间借贷关系诉讼,而不能提供借款合同、借据、聊天记录、证人证言等表明双方当事人之间存在借贷关系合意的其他证据时,应该如何分配双方当事人的举证责任?

关于原告仅提供金融机构的转账凭证,是否可以认为尽到了举证责任的问题,司法实践中存在不同的观点,各地法院的做法也不一样。例如,有的法院对于原告仅凭银行、微信、支付宝转账凭证起诉主张民间借贷的案件,直接不予受理。关于这一问题,主要存在以下两种观点:

第一种观点认为,金融机构的转账凭证对款项的发生和流向具有一定的证明力,是出借人已经将借款支付给借款人的证据。《民法典》规定,自然人之间的借款合同,自贷款人提供借款时成立。转账凭证就是提供借款的证据。再说,法律对自然人之间的民间借贷关系的成立也没有提出必须采用书面合同的要求。因此,原告向法院提交金融机构的转账凭证,应当视为能够证明其与被告之间存在借贷关系和其已经实际履行将借款交付给被告的义务,因而应当认为尽到了原告提出存在民间借贷关系的举证责任。所以在被告对其反驳意见没有提供相应的证据来推翻原告所提供的转账凭证的证明效力之前,不能再要求原告继续提供借款合同、借据等其他证据来印证其主张。

第二种观点认为,款项的流动不是判断民间借贷关系发生的根本标准,因为发生偿还债务、赠送、支付货款、代他人转账、支付报酬等行为时,也会产生款项流动的结果。因此,民间借贷关系存在的基础首先应是双方当事人存在借款合意,仅提供金融机构的转账凭证尚不足以证明双方当事人之间存在借款合意的事实,不能证明民间借贷关系的成立,除被告认可双方存在借贷关系的情形外,原告应当进一步提供转账凭证之外的其他证据来证明双方之间存在借贷关系的事实。

最高人民法院为了规范在民间借贷纠纷中,金融机构转账凭证的证明效力和当事人的举证责任问题,在《关于审理民间借贷案件适用法律若干问题的规定》第十六条规定,原告仅依据金融机构的转账凭证提起民间借贷诉讼,被告抗辩转账系偿还双方之前借款或者其他债务的,被告应当对其主张提供证据证明。被告提供相应证据证明其主张后，原告仍应就借贷关系的成立承担举证责任。此外，根据该规定第九条规定，以银行转账、网上电子汇款等形式支付的，自资金到达借款人账户时，视为自然人之间的借款合同成立。

总之，根据上述规定，原告仅依据金融机构的转账凭证提起民间借贷诉讼，但被告抗辩该转账系偿还双方之前借款或者其他经济来往的，被告所持的抗辩内容，实际上是一个新的主张，即双方当事人之间还存在原告所主张的借贷关系之外的其他法律关系。因此，应当区分情况，分别确定双方当事人的举证责任。

在被告对原告所持的主张仅予以否认，而不能提供证据证明款项支付系原告向被告偿还的债务、货款，或者其他权利、义务关系时，被告承担举证不利的后果，则民间借贷关系成立。原告无须再提供转账凭证以外的其他证据来进一步印证其主张。

相应地，在被告举证证明转账凭证所反映的是双方之间存在其他借贷关系或者其他权利、义务关系的情况下，原告对于其起诉时所主张的借贷关系的存在，需要进一步提供证据来证明，从而使法官能够对双方当事人所举证据进行分析认定，对原告所主张的借款事实是否真实存在作出准确地判断。如果在被告用足够的证据证明其反驳意见后，原告不能进一步提供更充分的证据来证明其原主张的，由原告对此承担举证不利的后果，则民间借贷关系不能成立。

本案中，虽然袁某口头否认贾某提交的银行转账凭证的证明内容，但是袁某对自己的主张并未提交任何证据。一般情况下，袁某确实向贾某提供货物的话，可以提供出库单、货物运输证明，或者运输司机、卸货人员、送货人员的证言等证据来印证自己主张的买卖关系；如果转账记录记载的是袁某收回自己之前给贾某的借款，就算没有借据，也可以提供这20万元来源的证据、证人证言、当时双方对该笔借款的通话录音、微信聊天记录等证据，但是袁某也没有提供这方面的证据。故袁某应当承担举证不利的法律后果，向贾某偿还20万元借款。

法条链接

《民法典》第六百六十八条、第六百七十九条

《民事诉讼法》第六十七条、第七十八条

《最高人民法院关于适用〈中华人民共和国民事诉讼法〉的解释》第九十条、第九十一条、第一百零四条、第一百零八条

《最高人民法院关于民事诉讼证据的若干规定》第一条、第九十条

《最高人民法院关于审理民间借贷案件适用法律若干问题的规定》第二条、第九条、第十六条

知识拓展

举证责任

举证责任是指民事案件当事人,对自己提出的主张有收集或提供证据的义务;当事人因客观原因不能自行收集的证据,或者人民法院认为审理案件需要的证据,人民法院应当调查收集;行政案件中,被告(行政单位)对作出的具体行政行为负有举证责任;刑事案件中,人民检察院负举证责任;刑事自诉案件中,自诉人负举证责任。

举证责任分配

举证责任分配是指在诉讼中,举证责任在诉讼主体之间的合理分配,即举证责任在原告、被告及第三人之间的合理配置。民事诉讼中举证责任的分配规则分为一般规则和特殊规则:

1. 一般规则

"谁主张,谁举证"是民事诉讼举证责任的一般规则。对此,《民事诉讼法》第六十七条第一款规定,当事人对自己提出的主张,有责任提供证据。该规定的具体含义就是原告对自己的诉讼请求所依据的事实,被告对自己的抗辩或反诉所根据的事实,第三人对自己提出的请求、抗辩等,都应当提出证据。在作出判决前,当事人未能提供证据或者证据不足以证明其事实主张的,由负有举证证明责任的当事人承担不利的后果。

"谁主张,谁举证"不等于"谁起诉,谁举证"。也就是说,当事人各自有不同主张的,都应当由提出这一主张的当事人提供证据加以证明其主张。具体如下:

(1)主张法律关系存在的当事人,应当对产生该法律关系的基本事实承担举证责任;

(2)主张法律关系变更、消灭或者权利受到妨害的当事人,应当对该法律关系变更、消灭或者权利受到妨害的基本事实承担举证责任。

2. 特殊规则

特殊规则是指法律直接规定的特殊侵权诉讼案件中,由侵权人(被告)负责举证,证明其行为与损害结果之间不存在因果关系,或受害人有故意,或第三人有过错承担举证的一种规则。这种规则不同于“谁主张,谁举证”举证责任分配原则,所以又称“举证责任倒置”规则。比如,从事高度危险作业造成他人损害的侵权诉讼中,由侵权人就受害人故意或者重大过失造成损失的,或者不可抗力造成的事实承担举证责任,否则承担民事责任。又如,在建筑物等致人损害、饲养动物致人损害、高压电致人损害、产品缺陷致人损害等侵权诉讼中,由被告方提供其免责或者减轻责任的相关证据。

支付凭证

支付凭证通常包括银行转账单、转账记录以及借款人的收条等。支付凭证在民间借贷案件中有两种意义,一是证明出借人已将借款交付给借款人的事实;二是证明借款人已将款项归还给出借人的事实。

二十六、微信聊天记录能否作为证据使用?

——固定微信聊天记录要注意几点

经典案例

寇某向其朋友权某出借3万元,过了一段时间后,他们俩因琐事发生纠纷不再来往。对于3万元借款,寇某手上没有借据,也没有银行转账凭证,只有当时的微信聊天记录。寇某担心对方耍无赖不认账,向律师咨询,没有借条,只有微信聊天记录能够证实借款事实吗?

案情分析

随着技术的发展和网络信息的普及应用,人们之间的沟通交流媒介呈现多元化的趋势。在民间借贷关系中,借贷双方除了以传统的口头或书面形式来表示意思外,实践中已越来越多地出现以社交软件聊天记录、手机短信等证据形式来证明借款、还款等事实的情况。本案就是当事人以微信聊天记录来证明借贷事实的一个典型案例。

微信聊天记录作为电子数据,显然属于《民事诉讼法》规定的证据范畴,但是它具有的使用者身份隐蔽且信息易被篡改等特点,影响了其证明效力。虽然微信聊天记录可以作为证据使用,但并不是说所有的微信聊天记录都能作为证据最终被法院采纳。需满足证据的客观真实性,合法性,关联性的要求。具体如下:

1. 客观真实性

(1)当事人除提交微信聊天记录打印件,其他可以显示、识别的光盘等输出介质外,还必须出示当时使用的手机、计算机等原始载体,并确保当时使用的微信账号在法庭上能正常登录重现聊天记录,以便在法庭上向法官展示,或者开庭前对微信聊天记录进行公证,以证明聊天记录的客观真实性。这种情况下,如果对方对聊天记录的真实性提出异议的,需提交相反的证据,或指出该聊天记录存在无法弥补的瑕疵,或者申请鉴定。

(2)微信聊天记录必须是完整的而且是原始记录。如果不完整,且是断章取义、篡改的,不能反映当事人的真实意思表示。因此,原始载体上的聊天记录应当保证真实性、完整性和连续性,不能随意选择删除,否则完整性将被质疑,可能导致证据不被采信。

2. 合法性

最高人民法院相关规定提出,对以严重侵害他人合法权益、违反法律禁止性规定或者严重违背公序良俗的方法形成或者获取的证据,不得作为认定案件事实的根据。这一规定,明确了合法性是作为证据的最基本要素。此外,聊天记录的取得方式必须要合法。通过非法的方式获得的证据得不到法院的支持。比如,通过暴力手段,非法囚禁,欺骗,使用木马病毒、非法软件、窃听工具等方式取得的聊天记录，或者涉及他人隐私权、商业秘密、国家秘密等。

一般情况下，作为微信好友的双方是在明知且自愿的前提下进行聊天的。再说，借款人催要借款是保护自己合法权益范围内的活动。因此，在未侵犯他人合法权益的前提下取得的聊天记录一般符合合法性的要求。

3. 关联性

关联性包括主体关联性和内容关联性。首先，要证实微信聊天的相对方就是本案中的对方当事人，即要证明对方当事人是该微信号的使用者。其次，微信聊天记录应保留案件相关联的证据材料。如聊天内容是否与本案有关，能否反映双方的法律关系等。微信聊天内容不能含糊不清，必须要准确、直接指明与本案有关的事实，双方就所谈论的问题及表态均有明示。

综上所述，证据“三性”是人民法院审查判断证据证明力的基础。因此，微信聊天记录只有在满足证据“三性”的情况下，才可以作为证据使用，从而得到法院的支持。

法条链接

《民法典》第四百六十九条

《民事诉讼法》第六十六条、第六十七条、第七十四条

《电子签名法》第三条、第四条、第五条、第六条、第七条、第八条、第九条、第十三条、第十四条

《最高人民法院关于适用〈中华人民共和国民事诉讼法〉的解释》第九十条、第九十一条、第一百零四条、第一百零五条、第一百零六条、第一百零八条、第一百零九条、第一百一十六条

《最高人民法院关于民事诉讼证据的若干规定》第一条、第十四条、第十五条、第二十三条、第八十七条、第八十八条、第八十九条、第九十条、第九十三条、第九十四条

《最高人民法院关于审理民间借贷案件适用法律若干问题的规定》第二条、第九条

知识拓展

电子数据

电子数据是指通过电子邮件、电子数据交换、网上聊天记录、博客、微博客、手机短信、电子签名、域名等形成或者存储在电子介质中的信息。需注意的是，随着现代科技的发展，录音资料和影像资料往往可能存储在电子介质中从而产生此类证据应当界定为视听资料证据还是电子数据证据的疑问。为解决这一问题，《最高人民法院关于适用〈中华人民共和国民事诉讼法〉的解释》第一百一十六条第三款规定："存储在电子介质中的录音资料和影像资料，适用电子数据的规定。"

电子数据包括下列信息、电子文件：(1)网页、博客、微博客等网络平台发布的信息；(2)手机短信、电子邮件、即时通信、通讯群组等网络应用服务的通信信息；(3)用户注册信息、身份认证信息、电子交易记录、通信记录、登录日志等信息；(4)文档、图片、音频、视频、数字证书、计算机程序等电子文件；(5)其他以数字化形式存储、处理、传输的能够证明案件事实的信息。

电子签名

电子签名是指数据电文中以电子形式所含、所附用于识别签名人身份并表明签名人认可其中内容的数据。通俗点说，电子签名就是通过密码技术对电子文档的电子形式的签名，并非书面签名的数字图像化，它类似于手写签名或印章，也可以说它就是电子印章。

二十七、催款录音能否证明借贷关系？

——录音内容要明确证实借贷事实

经典案例

夏某和倪某是亲戚，又是好朋友。2021年4月，倪某提出向夏某借钱买房，出于亲情的考虑,夏某借给倪某15万元现金,倪某声称半年之内在银行办理贷款后归还,但是没有打借条。过了半年之后,在夏某多次催要之下,倪某只偿还了5万元。催款过程中,双方的关系慢慢恶化,之后夏某再去催要时,倪某更称“没有向他借过钱,若有证据就上法院告去”。后夏某在再次催要时私下录了音作为证据,于2022年1月,向法院提起了诉讼。但是录音上的内容主要是夏某的陈述,倪某很少说话表态,只说“该还的,我已给你还了”“你不过分,我也不会这样对待你,活该!”等模糊不清的内容。法庭上,倪某辩称:“我向夏某借款5万元,已偿还,录音内容也没有证明15万元借款的意思;夏某未经我同意私自录音,属于非法证据,应当不能采信。再者,夏某以剪辑方式重做了谈话内容,这不是我们俩完整的谈话。”对夏某的主张矢口否认。

那么,这种录音资料能够证明当事人之间的借贷关系吗?

案情分析

在现实生活中,由于民间借贷的双方当事人之间多有亲戚、朋友或邻里乡亲等关系,在借贷形式上表现出简单和随意性,不签订书面合同或者没有保管好借据的情形常会出现。一旦发生纠纷,出借人就都很难举出证明力很强的直接书证,此时的出借人往往采取以事后的录音资料来证明双方存在借贷关系。有些录音内容因无法证明完整的借贷关系,也不能提供其他有效的证据而败诉。

借条并非借贷关系的唯一凭证,无借条也有可能获得法院支持。录音资料也是《民事诉讼法》规定的八类证据之一——视听资料的一种。视听资料,是指录音、录像等设备所存储的信息证明案件真实情况的资料。作为证据类型的视听资料包括录音资料和录像资料两种形式。其中,录音资料是应用声、光、电和机械学等方面的科学技术,把正在进行的有关人员的演说、对话以及自然声响等声音如实地记录下来,然后通过播放再现原来的声迹,以证明案件真实情况的证据材料。

录音资料当然可以作为证据使用。录音资料对借贷事实的证明既具有直接准确形象等其他传统证据不可比拟的优越性,又有本身易被伪造、剪辑、篡改和合法性易受质疑的先天不足,录音资料的证据能力和采信规则该如何把握问题一直是司法实践中要经常面对的难题。所以,审查录音证据是否具有证明效力,要注意以下几点：

1. 录音资料的合法性问题

录音资料是否具有证据能力，与其合法性密切相关，即录音资料的取得方式、手段等是否合法。只有经过合法收集的证据材料才能作为证据使用，非法证据不具有证明力，这就是所谓的非法证据排除规则。谈到合法性，首先要谈私自录音问题。对于未经对方当事人同意而私自录音或通过其他方式取得的视听资料能否作为证据使用这个问题，在司法实践中一直有争议。最高人民法院于 1995 年 3 月 6 日，针对河北省高级人民法院冀高法〔1994〕39 号的请示中《关于未经对方当事人同意私自录制其谈话取得的资料不能作为证据使用的批复》（法复〔1995〕2 号，已废止）规定："证据的取得必须合法，只有经过合法途径取得的证据才能作为定案的根据。未经过对方当事人同意私自录制其谈话，系不合法行为，以这种手续取得的录音资料，不能作为证据使用。"

该答复在多年以来的司法实践中，作为录音资料的合法性标准引用。该答复将录音资料的合法性标准限定在"经对方当事人同意"的这一前提条件。对民事证据作出这样的规定显然过于严苛。如果我们对每一个录音资料证据提出"必须经过对方同意"的要求，几乎找不到合法的录音资料证据。事实上一方当事人同意对方录制其谈话的情形在实践中极其稀少，就使私录的录音资料几无"合法"的可能。绝大多数情况下，利益冲突的当事人不可能同意对方录音自己的谈话内容，虽然同意，大多数当事人不会说出对自己不利的内容。而最高人民法院通过总结审判实践经验，在 2002 年的《最高人民法院关于民事诉讼证据的若干规定》中完善和明确了非法证据的判断标准，将非法证据限定在"以侵害他人合法权益或者违反法律禁止性规定的方法取得的证据"的范围。2022 年 3 月 22 日修改的《最高人民法院关于适用〈中华人民共和国民事诉讼法〉的解释》第一百零六条作出"对以严重侵害他人合法权益、违反法律禁止性规定或者严重违背公序良俗的方法形成或者获取的证据，不得作为认定案件事实的根据"规定。2002 年以后，最高人民法院出台的司法解释以及大多数法院处理私自录音资料的做法虽然没有直接对最高人民法院法复〔1995〕2 号批复加以否定，但实际上已经认可了未经对方同意录制的视听资料在一定程度上可以作为证据使用，除非这些视听资料的取得方法侵犯了他人的合法权益或是违反法律的禁止性规定，体现了司法机关对当事人私自录音资料的合法性从宽掌握的理念。最终，于 2019 年 7 月 8 日，最高人民法院废止了法复〔1995〕2 号批复。但因“侵犯他人合法权益”的概念是十分抽象和广泛,其范围和标准难以确定,司法实践中对此仍有争议。但可以肯定的是,若该证据是以犯罪手段获得的、以法律明令禁止的方法或手段取得的,或是以违背善良风俗的手段或方法取得的,均不能作为证据使用。按照这个标准,以下三种情况的私自录制的录音资料法院不予采用:(1)私自录制行为违反法律的禁止性规定,比如,在对方当事人的住所、办公室、车辆等私人空间中安装法律禁用的窃听器等设备或非法拘禁、刑讯逼供、绑架等手段取得的录音资料;(2)私自录制行为侵害他人合法权益,比如,采用木马病毒、雇用“黑客”等方式窃取对方的电脑、手机上存储的资料;(3)窃取对方跟其他人谈话的内容,或者偷拍、私自录音的内容涉及对方或案外人的个人隐私等情况。

本案录音资料是夏某在催款过程中录制的,虽未经对方同意私自录制,但不存在侵犯对方隐私权或其他合法权益的情况,也没有违反法律禁止性的规定,应当认定为合法取得。

2. 录音资料的关联性问题

录音资料的内容与案件事实之间是否具有关联性,也关系到录音资料的证明效力。关联性问题上,首先,要确定录音资料上的声音是不是本案当事人。其次,要考虑谈话内容是否与本案争议焦点有关。

在民间借贷司法实践中出现的录音资料,大多数是一方未持有证明借款事实或还款事实的直接证据,为赢得诉讼,而通过当面对话、电话联系等方式使对方对借款或还款事项作出回应,并私自录制而成,以此为证据再提起诉讼。但由于对话的随意性,可能对方对借款或还款事实未予直接承认,甚至根本无明确的意思表示。在此情况下,该录音资料的关联性审查就显得非常必要。

虽然本案中的被告倪某没有否认录音资料中说话的人是他本人,但是录音中,倪某没有正面承认 15 万元借款的事实,甚至倪某说的“该还的,我已给你还了”等内容对夏某的陈述不利。所以无法确定该录音资料反映了 15 万元借款中尚未归还 10 万元借款的事实。

3. 录音资料的真实性问题

真实性审查的关键是需要对录音资料内容的客观性和完整性进行审查,这就要求当事人提供录音资料的原始载体。

现代技术让录音资料在复制上变得极为容易,其复制件往往与原始载体很难区分,并且复制件是否存在裁剪、拼凑、篡改等情况容易产生争议。本案被告倪某对原告夏某提供的录音资料的客观性虽无异议,但质疑录音中双方对话的完整性。在这种情况下,可通过司法鉴定的方法确定录音资料是否被裁剪、拼凑、篡改等情况。对于视听资料的鉴定究竟由谁申请问题,需要结合具体案情进行确定。根据民事证据规定,提供原始载体是提交视听资料一方的义务。如果其提交了视听资料的原始载体,就初步完成了对其主张提供证据的责任;对方否定,则对其反驳意见要完成自己的举证责任。具体而言:一是提供其他证据来否定视听资料的真实性;二是以当场适时比对的方式证明该视听资料存在瑕疵;三是提出鉴定申请。因此,针对一方当事人提交的视听资料的原始载体,对方当事人虽对其真实性提出异议,但只是简单地否认而没有提供证据证明其反驳,或者未能指出该视听资料存在无法弥补的瑕疵,又未向人民法院申请司法鉴定的,故可以认定该视听资料的真实性。

即使能排除本案中录音资料的伪造、修改的可能性,又能确认其合法性,但是录音内容不明确,无法证实夏某主张的 15 万元借款一事。所以,仅凭催款录音来证明借贷关系其实也有一点勉强,如果能够一并提供其他的证据会更好一些。

总之,因夏某无法提供其他证据来证实倪某借款的事,他的诉讼请求很难被法院支持。

俗话说:“亲兄弟,明算账,人情归人情,生意归生意。”无论关系多么密切的朋友、亲戚,借款时必须出具借条,写明双方的姓名、借款数额、用途、利息、违约责任以及具体的还款期限。最好找个与双方没有利害关系的人作为证人在借条上签字见证。这样,在发生纠纷后,出借方就可依据借条维护自己的合法权益。如果要以录音证据的方式证明借贷关系,录音内容必须明确,而且要以对方的陈述来证实借贷关系,特别是借款金额,是否还清等细节以对方明确承认的陈述来固定。如果当面催款需要录音录像的,最好带上与双方没有利害关系的两三名证人为好。

法条链接

《民法典》第四百六十九条

《民事诉讼法》第六十六条、第六十七条、第七十四条、第七十九条

《最高人民法院关于适用〈中华人民共和国民事诉讼法〉的解释》第九十条、第九十一条、第一百零四条、第一百零五条、第一百零六条、第一百零八条、第一百一十六条

《最高人民法院关于民事诉讼证据的若干规定》第一条、第十四条、第十五条、第二十三条、第八十七条、第八十八条、第九十条、第九十三条、第九十四条

《最高人民法院关于审理民间借贷案件适用法律若干问题的规定》第二条

知识拓展

诉讼参与人

诉讼参与人是指诉讼过程中，除了公安机关、人民检察院和人民法院以外所有依法参与诉讼的公民、法人和非法人组织。

诉讼参与人一般可分为两大类：一是当事人；二是其他诉讼参与人。三大诉讼的诉讼参与人如下：

1. 刑事案件的诉讼参与人包括：当事人（被害人、自诉人，犯罪嫌疑人、被告人，刑事附带民事诉讼的原告和刑事附带民事诉讼被告）和其他诉讼参与人（法定代理人、诉讼代理人、辩护人、证人、鉴定人和翻译人员）。

2. 民事案件的诉讼参与人包括：当事人（原告、被告、共同诉讼人、第三人）和诉讼代理人（法定代理人、委托代理人），以及其他诉讼参与人（证人、鉴定人、勘验人员和翻译人员）。

3. 行政诉讼参与人包括：当事人（原告、被告、共同诉讼人、第三人）、诉讼代理人（法定代理人、委托代理人）和证人、鉴定人、勘验人员和翻译人员。

当事人

当事人是指由于实体法上的权益发生纠纷，或与特定的法律事实有直接关系而进入诉讼，并受法院裁判拘束的人。

民事诉讼当事人，是指以自己的名义请求法院行使审判权解决民事纠纷或者保护民事权益的人及其相对人。一般来说，在民事诉讼中起诉和应诉的人叫作当事人。起诉的人为原告，应诉的人为被告。除此之外，有些案件中还有诉讼第三人。

由于民事诉讼的审级和诉讼程序的不同，当事人在诉讼中的称谓也不完全相

同。在第一审程序中，称为原告和被告；在第二审程序中，称为上诉人和被上诉人，其中既包括一审的原告和被告，也包括有独立请求权的第三人和被人民法院判决承担民事责任的无独立请求权的第三人；在特别程序中，称为申请人、被申请人等；在审判监督程序中，若适用第一审程序审理，分别称为原审原告、原审被告、原审第三人；若适用第二审程序审理，则分别称为原审上诉人、原审被上诉人、原审第三人；在执行程序中，则称为申请人和被申请人（或申请执行人和被执行人）。

视听资料

视听资料又称“音像资料”，是指借助电磁、光电、电子计算机设备等技术手段所记载和再现的声音、图像、数据等信息资料。《民事诉讼法》将视听资料定为诉讼证据的一种独立形式。

视听资料可分为录音、录像、电脑数据以及红外线、中子束、激光等测验仪器提供的资料。视听资料作为证据使用时，必须审查信息存贮、输出、转换等环节是否存在误差，资料内容有无人为篡改等情况。

二十八、没有借条只有微信、支付宝转账记录，能主张债权吗？
——在微信、支付宝上出借，务必保留转账凭证和聊天记录

经典案例

蓝某与荠某是商铺邻居。荠某因资金周转多次向蓝某借款。蓝某通过支付宝、微信转账等方式出借给荠某共计15万元。之后荠某未还款。

蓝某向荠某催收欠款无果后起诉至人民法院，要求荠某归还借款。

庭审中，蓝某通过微信、支付宝搜索手机号等方式当庭验证双方的微信和支付宝账户均为实名认证。并向法庭提交了支付宝和微信转账记录的信息截屏、支付宝账单截屏、微信账单截屏、借款前荠某通过微信向蓝某发信息请求借款的聊天记录、蓝某通过微信催款记录等证据材料。同时，蓝某当庭用当时使用手机登录微信、支付宝向法官展示转账记录和聊天内容。

荠某辩称"蓝某所称的转账款项不是借款，而是货款。在没有借条的情况下，不予认可蓝某的主张"，但是未向法庭提供任何证据。

蓝某的主张能否成立？

案情分析

随着互联网的高速发展，微信、支付宝、云闪付等移动支付方式逐渐渗透到人们的日常生活。将微信、支付宝转账记录作为证据起诉的民间借贷案件也逐渐增加。

本案中，蓝某提供了支付宝和微信转账记录，并证实原告、被告双方都进行了实名认证，同时提供聊天记录，进一步明确了借贷关系的存在。虽然被告荠某对转账款项的性质提出了不同的意见，但是未能提供相应的证据来证实其主张。因此，蓝某诉讼请求，应当被法院予以支持。

微信、支付宝转账等作为庭审证据，除了要证明对方的身份之外，最关键是要证明转账款项性质为借款。比如，保存好转账前后的聊天记录，主要证明对方提出借款请求的意思表示。通过网银、微信、支付宝、云闪付转账方式出借时，利用转账平台的"附言"等备注功能，写清楚转账性质，如"给某某出借"等内容。以便对方未还款或者否认借款时，作为出借的凭证。同时，微信、支付宝都有"申请转账电子凭证""申请电子回单"等功能，使用该功能可以获得平台官方出具的转账凭证。如果转账前没有保存上述有关双方成立借贷关系的内容，转账后，通过微信聊天等方式，明确对方借款的事实、数额、还款日期等，并保存好聊天记录。如果借款人没有按期还款，出借人可以在催讨时通过录音、短信、微信聊天记录等方式来明确借款的事实，并保全上述证据，使原来的转账记录这一孤证形成完整的借贷事实的证据链。

法条链接

《民法典》第四百六十九条、第六百六十七条、第六百六十八条

《民事诉讼法》第六十六条、第六十七条、第七十四条

《最高人民法院关于适用〈中华人民共和国民事诉讼法〉的解释》第九十条、第九十一条、第一百零四条、第一百零五条、第一百零八条、第一百一十六条

《最高人民法院关于民事诉讼证据的若干规定》第一条、第十四条、第十五条、第二十三条、第八十七条、第八十八条、第八十九条、第九十条、第九十三条、第九十四条

《最高人民法院关于审理民间借贷案件适用法律若干问题的规定》第二条、第九条、第十六条

知识拓展

诚实信用原则

“诚实信用原则”简称“诚信原则”，是指人民法院、当事人以及其他诉讼参与人在审理民事案件和进行民事诉讼时必须公正、诚实和善意。《民事诉讼法》第十三条第一款规定：“民事诉讼应当遵循诚信原则。”该款的规定表明诚实信用已被确立为我国《民事诉讼法》的基本原则之一。同时，诚实信用原则是民事实体法的一项重要原则。《民法典》第七条规定：“民事主体从事民事活动，应当遵循诚信原则，秉持诚实，恪守承诺。”

诚信原则在司法审判中主要适用于以下几种情况：

1. 避免具体规则可能导致的不公正裁决。在适用现行法律中的具体规定将导致明显不公正裁决时，若适用诚信原则能导正判决结果，此时法官应适用诚实信用原则，而不适用具体规定。

2. 对合同进行解释，填补合同漏洞。对当事人在合同中没有约定或约定不明确的地方，法官可依诚信原则来探求当事人的真实意思，使合同在维系当事人权益平衡的基础上履行。此外，根据诚信原则的要求，在合同出现漏洞无法体现合同各方之意思时，可以由法官解释合同，填补漏洞，此时法官的依据不仅是合同各方的意思自治，还有独立于合同各方意思的诚信要求，这就授予了法官相当大的自由裁量权。

3. 对法律进行解释，填补法律漏洞。法律在制定过程中，不可能对现实生活中错综复杂的一切事物，对适用法律的各种具体条件作出万无一失、详尽无遗的

规定，因此，应用法律处理案件的过程就是一个对法律规范进行解释的过程。法官可以从诚信原则的精神出发对现行的民事规范性文件进行解释，通过这种解释来确定各种法律规定的权利义务的内涵及外延，以使有关当事人履行义务、行使权利更加符合这个原则的要求。

当事人平等原则

当事人平等原则是指当事人在民事诉讼中享有平等的诉讼权利，人民法院审理民事案件应当平等地保障当事人行使诉讼权利。《民事诉讼法》第八条规定："民事诉讼当事人有平等的诉讼权利。人民法院审理民事案件，应当保障和便利当事人行使诉讼权利，对当事人在适用法律上一律平等。"《民法典》第四条规定"民事主体在民事活动中的法律地位一律平等"。

这是当事人平等原则的立法依据。诉讼权利平等原则包含如下三个方面的内容：

1. 当事人享有平等的诉讼权利

对于民事诉讼当事人，不分民族、种族、性别、职业、社会出身、政治面貌、宗教信仰、文化程度、经济状况、居住地点和期限，他们在诉讼中处于平等的地位，享有平等的诉讼权利。在民事诉讼中，不允许任何一方凌驾于法律之上，享有某些特权，拥有更多的诉讼权利。

2. 人民法院应当保障和便利当事人行使诉讼权利

保障当事人行使诉讼权利，要求法院在诉讼中为当事人行使诉讼权利提供机会，使当事人的诉讼权利能够充分行使，而不致发生障碍。便利当事人行使诉讼权利，就是在当事人行使诉讼权利存在实际困难时，人民法院应当尽量创造条件、提供方便，使其诉讼权利有可能实现。

3. 对当事人在适用法律上一律平等

适用法律平等的目的在于使当事人合法的实体权益得到公正的保护。对当事人在适用法律上一律平等，既是保护当事人具体的合法权益的需要，也是我国社会主义法制原则的根本要求。当然，平等保护并不完全否定基于合理立法目的的差别对待，如对明显处于弱势的一方当事人提供积极的援助，包括减免诉讼费用、提供法律援助等，使之与强势一方形成实质上的平等，这也是当事人平等原则的要求。比如，法院审判离婚案件过程中分配共同财产时，一般按照照顾子女、女方和无过错方权益的原则作出判决。

二十九、借款证明能否成为有效的合同形式？
——借条的形式不重要，主要看内容

经典案例

浑金公司向欧阳某借款5万元，承诺1年后归还，欧阳某通过手机银行把5万元转到公司账户之后，浑金公司当天向欧阳某出具了一份简单的借款证明，载明"本公司向欧阳某借款5万元属实"，该借款证明上写了日期，并加盖了公司的公章。后浑金公司一直未向欧阳某偿还5万元借款。2020年9月，欧阳某向法院提起诉讼，并向法庭提交了借款证明和转账凭证。但是浑金公司以该借款证明不是完整的借款合同为由否认借款一事，对此主张没提交任何证据。

借款证明能起借款合同或者借条的作用吗？

案情分析

我国法律对合同的形式兼采要式和不要式，以体现意思自治和鼓励交易。在诸多合同形式中，书面合同由于内容明确、具体，方便发生争议之后的举证，在民商事活动中被广泛采用。但是，书面合同的形式也不是固定统一的。欧阳某与浑金公司之间虽未签订书面的借款合同，但双方通过提供借款、出具借款证明等行为形成了事实上的借款合同关系，该借款合同系双方当事人真实意思表示，且未违反法律、行政法规的强制性规定，合法有效。因此，本案中的借款证明和转账凭证结合起来，可以作为一种有效的借款合同。借款证明能够证实借款合意，转账凭证能证明借款的金额、交付、借贷双方的名称、时间等事实，能够印证借款证明所反映的借贷关系。浑金公司未如期还款，欧阳某依据该借款证明向浑金公司主张权利并无不当，具有事实与法律依据，应当被支持。

法条链接

《民法典》第四百六十九条、第六百六十七条、第六百六十八条

《民事诉讼法》第六十六条、第六十七条

《最高人民法院关于适用〈中华人民共和国民事诉讼法〉的解释》第九十条、第九十一条

《最高人民法院关于民事诉讼证据的若干规定》第一条、第九十条

《最高人民法院关于审理民间借贷案件适用法律若干问题的规定》第二条

知识拓展

合同的形式

“合同的形式”又称“合同的方式”,是当事人合意的表现形式,是合同内容的外部表现,是合同内容的载体。《民法典》第四百六十九条第一款规定:“当事人订立合同,可以采用书面形式、口头形式或者其他形式。”

根据上述规定,将合同的形式可以分为书面形式、口头形式和推定形式。

1. 书面形式

书面形式是指以文字或数据电文等表现当事人的意思表示而订立的合同形式。合同书、信件、电报、电传、传真等可以有形地表现所载内容的形式。以电子数据交换、电子邮件等方式能够有形地表现所载内容,并可以随时调取查用的数据电文,视为书面形式。

书面形式又可分为一般书面形式和特殊书面形式:

(1)一般书面形式,是指用文字来进行意思表示,如书面合同,授权委托书,信件,数据电文(包括电报、电传、传真、电子数据交换和电子邮件),行为人协商同意的有关修改合同的文书、图表等。一般书面形式,或为当事人约定采用,或为法律、法规规定采用。如果法律有规定或者当事人约定应采用书面形式的,民事行为的当事人应当采用书面形式。

(2)特殊书面形式,是指当事人的意思表示获得国家有关机关承认的文字记载形式,包括公证形式、鉴证形式、见证形式。

2. 口头形式

口头形式是指当事人只用语言为意思表示订立合同，而不用文字表达协议内容的合同形式。它简便易行，在日常生活中经常被采用。集市上的现货交易、商店里的零售等一般都采用口头形式。

合同采取口头形式的，无须当事人特别指明。凡当事人无约定、法律未规定须采用特定形式的合同，均可采用口头形式。但在发生争议时，当事人必须举证证明合同的存在及合同关系的内容。由于举证困难，所以不能即时清结的合同和标的数额较大的合同，不宜采用这种形式。

3. 推定形式

当事人未用语言、文字表达其意思表示，仅用行为甚至沉默向对方发出要约，对方接受该要约，并作出一定的或指定的行为作为承诺的，合同成立。例如，宾馆在房间内摆放商品，并明码标价，客户开封消费该商品，买卖合同即成立。

推定形式具有广泛的应用领域。当事人未以书面形式或口头形式订立合同，但从双方从事的民事行为能够推定双方所订立合同意愿的，可以认定是以《民法典》第四百六十九条规定的“其他形式”订立的合同。

三十、借款人在借条下方注明已经归还的数额，但是出借人将注明的部分撕毁后起诉，怎么办？

——别以君子之心度小人之腹

经典案例

姚某和邱某系同村瓜农。邱某因缺农资款，遂向姚某借款6万元，为保证还款，邱某向姚某出具了一张借条。借条上载明出借人和借款人的基本信息、借款金额、借款用途、还款时间、出具借条的时间等内容。

约定的还款期满后，姚某遂向法院提起诉讼，要求邱某归还6万元借款，并向法庭提交了邱某出具的借条。法庭在查明借款事实时，邱某承认其向姚某借款的事实，但邱某抗辩称："其已经向姚某分三期归还了5万元，目前仅欠姚某1万元。每次归还时均在借条下方注明还款数额和尚欠剩余数额，由于姚某在起诉时将已经归还的注明部分撕毁了。所以，姚某起诉不实，请求法院驳回诉讼请求。"除了借条，双方均未提交其他证据。

法官在审理案件中发现，原告姚某提交的借条下方确有撕毁的迹象。那么，邱某的主张是否成立？

案情分析

本案中，虽然法官发现借条下方有撕毁的迹象，但是很难查明撕毁的原因。原告可以编造一个理由，只要能自圆其说，完全可以过这个关。被告邱某也未能提供相关证据证明其已偿还大部分借款的事实。

如果当事人用改写借据上的文字、篡改数字等手段做手脚的，通过司法鉴定能够揭穿作假事实。在本案中，即使能够认定借条下方被撕毁，但是仅凭这一事实也不能认定邱某已偿还5万元借款的主张。因为借据的形式有各种各样，法律对借据的外在形式、大小等具体的细节并没有详细的规定。再者，只要借条上存在出借人、借款人、借款金额、借款用途、还款时间，出具借条时间等法律规定的借款合同的基本要件，就是原告将借条所有边都进行了裁剪也不违反任何规定，同样也不影响借款合同的效力。

根据举证责任分配原则，对于借贷关系的成立、把借款交付给对方等方面的举证责任由出借人负担。本案中，姚某提供借条证明了双方之间的借贷关系的基本事实，邱某承认了借贷关系、收到借款等事实。根据法律规定，在诉讼过程中，一方当事人陈述的于己不利的事实，或者对于己不利的事实明确表示承认的，另一方当事人无须举证证明，所以通过邱某的承认，姚某也证明其交付借款的事实。如果借款人以已经偿还借款为由抗辩的，借款人应当对其主张提供相应的证据来证实。从本案案情来看，被告邱某陈述的事实有可能是真实情况，可惜，他未能提供相应的证据来印证自己偿还大部分借款的主张。相反，原告姚某尽到了自己的举证责任。

按理说，如果借款人归还部分借款的，应该收回原来的借条后重新出具借条；

如果还款时因某种原因无法收回借条，应当让出借人出具收条；借款全额归还后应收回借条原件，或者让出借人出具收款收据等还款凭证。

总之，当事人有责任对自己提出的主张或者反驳对方的主张提供证据加以证明，没有证据或证据不足的，要承担举证不能的法律后果。此案中，姚某向法庭提交了借条，以此证明借贷关系成立的事实，从而尽到了自己的举证责任。而被告邱某虽然陈述了自己不同的主张，但未能提供证据证实还款事实。总之，原告可能钻了法律的空子，庭审结果很可能对被告不利。

法条链接

《民法典》第六百六十八条

《民事诉讼法》第六十七条

《最高人民法院关于适用〈中华人民共和国民事诉讼法〉的解释》第九十条、第九十一条、第九十二条

《最高人民法院关于民事诉讼证据的若干规定》第一条、第三条、第九十条

《最高人民法院关于审理民间借贷案件适用法律若干问题的规定》第二条、第十五条

知识拓展

债

债是按照合同的约定或者依照法律的规定，在当事人之间产生的特定的权利和义务的关系。通常认为，债是特定当事人之间请求为一定给付的民事法律关系。

债不仅是借贷关系，也包括双方契约或者依照法律义务应履行的其他行为。比如，因侵权行为产生的履行义务、悬赏公告、竞猜彩票的兑现等也属于债范畴。

债可以通过清偿、抵销、免除等途径消灭。

债权人

债权人是债的主体之一，借贷关系中，有权请求他方为特定行为的权利主体。

债务人

债务人是债的主体之一，借贷关系中，对债权人负有偿还义务的人，即对债权人而言为特定行为的义务主体。

三十一、当事人在合同书上签字、盖章的效力，是否表明合同内容为当事人的真实意思表示？

——注意审查合同，管好公司公章

经典案例

古晋公司将童蔫公司起诉到法院要求偿还500万元借款，并支付约定的利息。为了支持其诉讼请求向法庭提交了1份协议书、1张银行转账凭证、1张收款证明书、3份催款通知书等证据。协议书的主要内容为：为营业资金周转，古晋公司向童蔫公司出借500万元，还款期为2年，利息为年利率15%等条款。银行凭证和收款证明书上记载古晋公司按约定交付500万元借款的事实。3份催款通知书拟证明借款到期后古晋公司多次催款的事实。协议书和收款证明上加盖公司公章，并法定代表人签字。催款通知书上加盖公章，没人签字。

童蔫公司在庭上答辩称："我们根本没有想到古晋公司会把我们公司告上法庭，收到诉状后感到很惊讶。因为我们之间有多年的合作和信任，但是根本不存在借贷关系。我们确实收到古晋公司的500万元，但是这笔款项并不是古晋公司借给童蔫公司的，而是古晋公司在童蔫公司新开发的一个项目中的投资款，当时我们约定古晋公司在童蔫公司新开发的一个项目中投资500万元，并在项目中古晋公司的股份比例为15%，项目以童蔫公司名义开发，2年后结算。当时我们签订协议时没有详细阅读该协议内容。协议书是由古晋公司起草的，刚好在我们的总经理繁忙时，古晋公司递交了协议书，但是总经理没有详细看过内容，只是大概核对了'500万元''15%''2年'等关键数字就签名、盖章。我们公司这次收到起诉状之后，详细阅读了协议书，协议书里面确实有借款内容，但是前后加进去了好多复杂的法律术语,所以没有足够地引起我们的注意。再者,协议书上的关键数字和我们口头约定的数额相同,但是性质不一样,协议书所反映的借款内容不符合我们当初协商一致的合作开发的目的。'收款证明书'和银行转账凭证的真实性我们公司予以认可,但其不能证明借贷关系。我公司从未收到过所谓的'催款通知书',古晋公司几次派人打听过项目的进展,查阅过账本,但是没有要求过还款。因两家公司之间有密切的业务来往,古晋公司经常来我们公司在一些程序性的材料上盖章,可能在此过程中在其他材料里夹进去该通知书蒙骗我们而盖了章。项目实施 1 年后,相关政策发生了变化,两家公司合作开发的项目开始亏损,2 年后彻底亏本了,古晋公司明知这一结果。合作经营的基本原则是共同出资、共同经营、共负盈亏、共担风险。因现在该项目亏本,古晋公司无法收回 500 万元投资款,所以以借贷关系为由起诉了,我们发现当初的'协议书'是一个陷进,古晋公司在此合作过程中的一系列行为都是彻头彻尾的欺诈行为,所以请求法院查明真相,驳回原告的诉讼请求,按照合作经营的法律关系来审理本案。"

童蔫公司为了证实其主张,向法庭提交了该公司所称项目的相关书面材料和账本,拟证明双方之间存在合作经营关系,而不是借贷关系,同时要证明双方合作开发的项目亏本的事实。因童蔫公司出具的任何一份证据中都没有表现出该项目是原告和被告合作开发的事实,古晋公司在质证阶段以"被告提交的材料上没有古晋公司签字或盖章,与原告和本案没有关联性"为由不予认可。

该协议能否表明原告、被告的真实意思表示?

案情分析

关于本案协议书内容是否表明童蔫公司真实意思表示的问题。《民法典》第四百九十条第一款规定:"当事人采用合同书形式订立合同的,自当事人均签名、盖章或者按指印时合同成立。在签名、盖章或者按指印之前,当事人一方已经履行主要义务,对方接受时,该合同成立。"这里的签字或盖章的效力是表明合同内容为签字或盖章当事人的意思表示,并据以享有合同权利、履行合同义务,尤其具有使合同相对人确信交易对方,从而确定合同当事人的作用。

本案中,协议书及收款证明书上均加盖童蔫公司的公章,同时法定代表人签名,催款通知书上加盖了公司的公章。应当认定均为童蔫公司真实意思的表示。其中,童蔫公司不认可催款通知书,并辩称公章是由古晋公司欺骗而加盖的。因本案没有涉及诉讼时效问题,催款通知书并不是重要的证据。本案的关键问题在于协议书内容所写的借款合意是否成立?

童蔫公司承认在协议书和收款证明书上确实由法定代表人本人签名和盖章。但认为是在没有详细审查协议内容的情况下签订的,所以主张该协议不是双方真实意思的表示。也就是说,签订合同时产生了重大误解。童蔫公司的法定代表人和其他决策者,作为具有完全民事行为能力的成年人,在签订合同之前应当审查核对合同的内容。根据法律规定,如果合同因重大误解而订立,或者一方以欺诈、胁迫的手段,使对方在违背真实意思的情况下订立合同的,当事人一方有权请求人民法院或者仲裁机构变更或者撤销。根据《民法典》的规定,可撤销合同中,自当事人知道或应当知道撤销事由之日起 1 年之内行使撤销权,其中重大误解的撤销期限为 3 个月。据童蔫公司的陈述可以了解,签订协议后童蔫公司留一份,2 年以来一直在保存。本案中,童蔫公司并没有在法定期限内行使其撤销合同或者变更合同内容的权利。再者,2 年来没有查阅自己持有的合同,更没有发现自己签订的是一份借款合同的辩解是没有说服力的。当然,童蔫公司在庭上陈述的辩解似乎有道理,甚至让人同情,但是仅凭一方当事人的陈述,难以否定书证的证明效力。无论如何,该企业的法律意识和管理制度存在严重的问题。

总之,童蔫公司的抗辩理由和提供的证据都不足以否定涉案协议的效力。故被告童蔫公司应当承担举证不利的法律后果,应偿还 500 万元借款,并如约支付借款利息。

法条链接

《民法典》第一百一十九条、第一百四十七条、第一百四十八条、第一百五十二条、第四百九十条、第五百零二条、第六百六十七条、第六百六十八条

《民事诉讼法》第六十七条

《最高人民法院关于适用〈中华人民共和国民事诉讼法〉的解释》第九十条、第九十一条

《最高人民法院关于民事诉讼证据的若干规定》第九十条

《最高人民法院关于审理民间借贷案件适用法律若干问题的规定》第一条、第十四条、第二十五条

知识拓展

利息

利息是指资金所有者由于借出资金而取得的报酬，它来自生产者使用该笔资金发挥营运职能而形成的利润的一部分，是货币资金在向实体经济部门注入并回流时所带来的增值额。在实际生活中，利息被人们看作收益。其计算公式是：利息 = 本金 × 利率 × 存期（借期）× 100%。

利息有两种计算方法：一种是单利法，另一种是复利法。

单利法，是指在计算利息的时候，只按照本金计算利息，不用将利息加入本金中进行重复计算的方法。单利计算较为简单。

复利法，是指在计算利息的时候，将利息加入本金中，重新计算利息的方法。

利率

利率是指一定时期内利息额同借贷资本总额的比率。利率是单位货币在单位时间内的利息水平，表明利息的多少。

利息和利率的区别

1. 形式不同。利息是不包含百分数的有理数，利率是百分数。

2. 性质不同。利息是消费者能够获得或支出的资金，利率只是一个数值。

利息 = 本金 × 利率 × 时间　利率 = 利息 ÷（本金 × 时间）× 100%

三十二、名为买卖实为借贷的关系，应按哪一性质处理？
——小心高利贷的各种陷阱

经典案例

宋某与根底林公司签订了1份借款合同，约定宋某向根底林公司借款500万元，借款期限为半年，借款利息为年利率15%。同日，宋某又与该公司签订了1份房屋买卖合同，房屋买卖价格仅为市场价值的60%。签订的当天，宋某把两套房屋的产权证交付给该公司。根底林公司没有把借款合同的1份交给宋某，只给了1份房屋买卖合同。但是宋某用手机悄悄地把借款合同拍照了。

因宋某经营亏损，无法按时偿还本金，仅支付了一部分利息。后根底林公司起诉宋某，请求法院确认双方签订的房屋买卖合同的效力，并判令被告宋某将涉案2套房屋过户至该公司名下，并提交了房屋买卖合同和付款凭证。

在开庭过程中，宋某向法庭提交借款合同的照片、支付利息的凭证、证人证言、涉案房屋的购房发票等证据证明双方之间的借贷一事，并证明涉案房屋的市场价远远高于买卖合同所约定的价格，同时抗辩称："双方之间的法律关系不是买卖房屋合同关系，而是借款合同关系，如果原告以未按时还款为由低价收回房屋，对原告显失公平，不符合民事活动自愿、公平的原则。请求法院按借贷合同关系处理本案。"根底林公司承认借款合同的真实性，但认为虽然双方之间本来存在借贷关系，可因被告宋某未按时还款，违反了借款合同的约定，该合同已失效，而房屋买卖合同发生法律效力。2份合同都是当事人自愿签订的，所以原告有选择权，原告认为双方之间的法律关系已变成房屋买卖合同关系，因此，坚持自己的诉讼请求，并不同意变更案由。

这种情况下，哪一份合同有效？

案情分析

民间借贷实践中，有些出借人为了避免借款人无力偿还借款，往往在签订民间借贷合同的同时，签订买卖合同；或事后补签具有财产转移内容的其他合同。大多数时候，这种合同以房屋买卖合同为名，约定借款人不能偿还借款本息的，则履行买卖合同。由于买卖合同中的房价低于市场价，出借人往往在诉讼中直接要求确认买卖合同的效力。此类案件中，如何认定合同的性质和效力、如何加以处理多份合同关系到当事人切身利益。对此，《最高人民法院关于审理民间借贷案件适用法律若干问题的规定》第二十三条第一款规定："当事人以订立买卖合同作为民间借贷合同的担保，借款到期后借款人不能还款，出借人请求履行买卖合同的，人民法院应当按照民间借贷法律关系审理。当事人根据法庭审理情况变更诉讼请求的，人民法院应当准许。"该规定在明确和统一此类纠纷的处理问题上具有积极意义。但在实际操作中，认定"名为买卖，实为借款"也不是一件容易的事。因出借人往往在合同上设置陷阱，或者向借款人只提供房屋买卖合同，而不给借款合同，被告方很难证明借贷法律关系的事实。

法律关系的性质界定，不应受制于当事人之间签订合同的形式和名称，而应由当事人的真实意思和合同的实质内容来确定，只要确认双方当事人就借贷问题达成了合意且出借方已经将款项实际交付给借款方，即可认定借贷关系成立。所以对于合同关系当事人意思表示的真实内容，应当综合全案证据作出判断，并予以综合考虑。

本案中，被告宋某提供的一系列证据证实本案当事人之间的关系是借贷关系而非买卖合同关系。这种情况下，人民法院应当向原告释明本案应按民间借贷法律关系审理，并要求原告变更诉讼请求。如果原告拒绝变更，人民法院应裁定驳回起诉。在这时，原告以民间借贷案由另行起诉，人民法院按照民间借贷法律关系审理作出的判决生效后，出借人可以申请拍卖该房屋，从中执行借款。

法条链接

《民法典》第五条、第六条、第六百六十七条

《最高人民法院关于审理民间借贷案件适用法律若干问题的规定》第二十三条

《最高人民法院印发关于修改〈民事案件案由规定〉的决定的通知》五、2.

知识拓展

判决

判决是指人民法院在对案件的事实依法定程序进行了全面审查的基础上,依据法律、法规的规定,对双方当事人之间的实体问题所作的结论性的判定。

判决的同时要制定相应的判决书,判决书中除记载当事人身份之外,正文应当写明:(1)案由、诉讼请求、争议的事实和理由;(2)判决认定的事实、理由和适用的法律依据;(3)判决结果和诉讼费用的负担;(4)上诉期限和上诉的法院。判决书由审判人员、书记员署名,加盖人民法院印章。判决书生效后,即具有强制履行等法律效力。判决一经作出,非经法定程序,不得随意更改。另外,人民法院审理案件,其中一部分事实已经清楚的,可以就该部分先行判决。

对于未发生法律效力的一审判决,当事人可以提出上诉。其中,在民事诉讼和行政诉讼中,当事人不服地方人民法院第一审判决的,有权在判决书送达之日起 15 日内向上一级人民法院提起上诉;在刑事诉讼中,不服判决的上诉和抗诉的期限为 10 日,从接到判决书的第二日起算。

裁定

裁定是指人民法院在审理案件过程中,对诉讼程序问题和部分实体问题所作出的处理决定,分为书面裁定和口头裁定两种。

裁定适用于下列范围:(1)不予受理;(2)对管辖权有异议的;(3)驳回起诉;(4)保全和先予执行;(5)准许或者不准许撤诉;(6)中止或者终结诉讼;(7)补正判决书中的笔误;(8)中止或者终结执行;(9)撤销或者不予执行仲裁裁决;(10)不予执行公证机关赋予强制执行效力的债权文书;(11)其他需要裁定解决

的事项。

其中,对上述前三项裁定,当事人可以提出上诉。当事人不服地方人民法院第一审裁定的,有权在裁定书送达之日起10日内向上一级人民法院提起上诉。最高人民法院的裁定以及依法不准上诉或者超过上诉期没有上诉的裁定,是发生法律效力的裁定。裁定书由审判人员、书记员署名,加盖人民法院印章。口头裁定的,记入笔录。

判决、裁定和决定的区别

1. 裁定与判决的区别

(1)适用的事项不同。裁定解决的是诉讼过程中的程序性问题;判决解决的是当事人双方争执的权利义务问题,即实体法律关系。

(2)作出的依据不同。裁定依据的法律是程序法,如《民事诉讼法》等,可以在诉讼过程中的任何阶段作出;但是判决根据的法律是实体法,如《民法典》等,判决只能在案件审理的最后阶段作出。

(3)裁定可以采用书面形式或者口头形式,但是判决必须采用书面形式。裁定中只有不予受理、对管辖权有异议的和驳回起诉的裁定,可以上诉,其他的裁定一经作出,即发生法律效力;但是判决全部都可以上诉。

(4)上诉期限不同。判决的上诉期限为15日,裁定的上诉期限为10日。

2. 判决与决定的区别

(1)判决用于处理案件的实体问题;而决定用于某些特定事项。

(2)判决在案件审理的最后阶段作出;而决定在案件审理过程中的任何阶段都可以作出。

(3)判决必须采用书面形式;而决定既可以采用书面形式,也可以采用口头形式。

3. 决定和裁定的区别

(1)决定用于处理某些特定事项;裁定用于处理程序性的问题。

(2)决定的主要作用在于排除诉讼中的障碍;裁定的主要作用在于指挥诉讼活动,推进诉讼的进程。

三十三、因货款结欠而出具欠条所发生的纠纷，能否按民间借贷纠纷审理？

——没有按时支付货款，也要承担逾期付款利息

经典案例

从2021年4月开始，熊某向银金鑫公司分批购买建材。2021年10月23日，经双方结算，熊某欠金银鑫公司货款5万元，当时熊某无钱支付，因此熊某向银金鑫公司出具了1份欠条，欠条中承诺称："今欠银金鑫公司5万元，2021年年底之前偿还，如果没按时还款，按同期贷款利率计算利息。"之后，熊某没有在年底还清欠款，仅从2022年1月开始向金银鑫公司分几期归还了4万元欠款及其利息。金银鑫公司于2022年9月，向法院提起诉讼，要求被告熊某归还借款1万元及其逾期利息。熊某对双方之间的买卖关系，欠条的真实性均未提出异议，但是他辩称："本案是买卖合同纠纷，而非民间借贷纠纷，因此，应当以买卖合同案由审理，且不计利息。"熊某未提交证据。

金银鑫公司向法庭提交供货协议、结算单、欠条等证据，并反驳称："本案性质无论是买卖合同关系还是借贷关系，双方多次确认过被告熊某欠金银鑫公司5万元货款的事实。在此基础上，被告熊某自愿出具欠条；关于逾期利息约定是由被告自愿提出的，不违反法律规定。再者，熊某分期归还4万元及其逾期利息的行为实际上进一步证明欠条的真实性和自愿履行合同的事实。因此，被告熊某的辩解是没有理由的，是故意拖延时间，损害原告的利益，请求法院依法支持原告的诉讼请求。"

因买卖关系所欠的货款转为借款引起纠纷能否直接按民间借贷纠纷处理？

案情分析

本案中，双方当事人对原告、被告之间存在债权债务关系的事实并无异议。

但是对案件性质和逾期利息问题有分歧。下面分别讨论：

1. 案件性质问题

现实中，借条、欠条因其内容直观明了，可以大大减轻当事人的举证责任，故常被用作民间借贷关系或其他法律关系结算的证据。因此，有些当事人因买卖、承揽、股权转让、合伙纠纷、损害赔偿等形成的债务也愿意以民间借贷的形式来确认。有些情况下，还有当事人以民间借贷为假象试图实现非法目的，双方为了把非法资金转为合法资金，而通过法院的判决书、调解书等法律文书掩盖洗钱或者其他非法目的。有些案件虽然不存在欺诈等违法行为，但是以民间借贷案由审理，会导致错判。因此，《最高人民法院关于审理民间借贷案件适用法律若干问题的规定》第十四条规定："原告以借据、收据、欠条等债权凭证为依据提起民间借贷诉讼，被告依据基础法律关系提出抗辩或者反诉，并提供证据证明债权纠纷非民间借贷行为引起的，人民法院应当依据查明的案件事实，按照基础法律关系审理。当事人通过调解、和解或者清算达成的债权债务协议，不适用前款规定。"

根据上述规定，如果被告能够提供证据证明原告持有的债权凭证不是真实发生的借贷关系的，法院应在审查当事人真实的法律关系，认定双方存在的基础法律关系后作出裁判。但是，对当事人之间通过意思自治变更债权债务关系也不能一概予以否定，应当区别情况作出处理：

（1）如果当事人通过调解、和解或者清算达成的方式，将其他法律关系转为借贷关系，并自愿签订协议，法律并不排除这种协议的效力。

（2）如果其他法律关系转化形成借贷是损害国家、社会公共利益及第三人利益，需要严格按查明的基础法律关系审理，维护司法的公信力。

除此之外，其他法律关系转化形成借贷的案件，如果以民间借贷案由审理会影响判决的公正性，应当按原法律关系来审理。

2. 逾期利息问题

逾期利息是借款人不按照合同的约定归还借款的超期罚息。《民法典》第六百七十六条规定："借款人未按照约定的期限返还借款的，应当按照约定或者国家有关规定支付逾期利息。"借款合同中可以约定逾期利息，同样，在其他合同中也可以约定违约金或者逾期利息。《民法典》第五百八十四条规定："当事人一方不履行合同义务或者履行合同义务不符合约定，造成对方损失的，损失赔偿额应当相当于因违约所造成的损失，包括合同履行后可以获得的利益；但是，不得超过违约一方订立合同时预见到或者应当预见到的因违约可能造成的损失。”买卖合同中的逾期付款利息方面也有详细的规定。根据《最高人民法院关于审理买卖合同纠纷案件适用法律问题的解释》第十八条的规定，逾期支付货款的利息按照一年期贷款市场报价利率（LPR）标准为基础，加计 30% ~50% 计算。本案中约定的逾期付款利息并不违反上述规定。

利息是基于本金产生的法定孳息，是资金占用方因占有使用本金而产生的给付义务，属于合同义务的一部分。无论是民间借贷中的逾期还款利息还是买卖合同中的逾期支付贷款利息，都具有违约金性质的，只是在称呼上两者稍微有区别。民间借贷中称为“逾期还款利息”；买卖合同中称为“逾期付款利息”，买卖合同中又称为“资金占用利息”，买受人在约定的付款期限内没有按时支付货款时才产生。合同约定逾期付款利息或者违约金的目的是促使合同当事人依约履行合同和弥补因违约而造成的损失。

本案合同约定的逾期利息，无论从买卖合同纠纷的性质来审查，还是从借款合同的性质来审查，这种约定和约定的利率都不违反法律规定。所以，熊某关于“按买卖合同性质来审查，不会计逾期利息”的想法，实际上是对法律规定的误解。熊某长期拖欠银金鑫公司的货款，构成违约，给公司造成损失，因此给银金鑫公司支付利息来弥补损失是理所当然的。

综上所述，本案原告银金鑫公司持有的欠条中的借款确实原为双方买卖建筑材料的欠款，但这是原告、被告双方结账后自愿以“欠条”形式对所欠货款的最终结算和确认，虽然被告对欠条的有些内容提出异议，但被告作为具有完全民事行为能力的人，应当知道结账行为的性质和出具欠条的法律后果，并且被告在随后已经履行了大部分的债务，支付了利息。再者，熊某也未提供证据证明双方对货款结算有误，相反，银金鑫公司为了证实欠条内容的真实性，提供了供货协议、结算单等证据。因此，被告的这一异议不能成立，即使成立，也没有实质意义，买卖合同关系中买受人逾期支付货款的，出卖人同样可以要求逾期付款利息。同时本案债务性质的转化并没有违反法律的强制性规定，应当视为双方当事人合意结束买卖合同关系，转而创设借贷法律关系。双方约定以借贷法律关系规范双方的行为，使该笔欠款已经转化为借款，据此认定本案系民间借贷纠纷并无不当。这样才能避免被告随便以异议为借口要求按基础关系来审理，以达到其拖延时间、增加案件审理难度等不正当的诉讼目的。

法条链接

《民法典》第五百七十七条、第五百七十九条、第五百八十五条、第五百九十五条、第六百二十八条、第六百六十七条、第六百七十六条

《最高人民法院关于审理买卖合同纠纷案件适用法律问题的解释》第十八条

《最高人民法院关于审理民间借贷案件适用法律若干问题的规定》第一条、第十四条、第二十八条

知识拓展

驳回起诉

驳回起诉是指人民法院依据程序法的规定,对已经立案受理的案件在审理过程中,发现原告的起诉不符合法律规定的起诉条件,因而对原告的起诉予以拒绝的司法行为。

驳回起诉所要解决的是立案受理后具有程序意义上的诉权问题,它针对的是不符合法律规定的起诉条件的起诉。根据《民事诉讼法》的规定,人民法院对驳回起诉适用裁定的方式,当事人对裁定不服,可以上诉。在这些方面,驳回起诉与不予受理的性质是相同的。其不同的特征主要是,不予受理适用于当事人起诉后,人民法院立案受理之前;而驳回起诉是发生在人民法院对案件立案受理之后。

常见的驳回起诉的情形如下:

1. 原告自身缺乏诉讼权利能力和行为能力。

2. 原告不是与本案有直接利害关系的当事人。

3. 没有明确的被告。

4. 无具体的诉讼请求、事实和理由。

5. 不属于人民法院受理民事诉讼的范围。

6. 判决、裁定已经发生法律效力,当事人又起诉的,告知其按申诉处理后当事人拒绝的,予以驳回起诉,但人民法院准许撤诉的裁定、法律规定可以在一定条件下或经一定期限后再起诉的案件除外。

7. 按照法律规定,当事人不得在一定期限内起诉的案件,在不得起诉的期限

内起诉的。如《民法典》第一千零八十二条规定,“女方在怀孕期间、分娩后一年内或者终止妊娠后六个月内,男方不得提出离婚;但是,女方提出离婚或者人民法院认为确有必要受理男方离婚请求的除外”。

8. 判决不准离婚和调解和好的离婚案件,判决调解维持收养关系的案件,没有新情况、新理由,原告在 6 个月内又起诉的,应不予受理。如果已经受理,经审查发现即予驳回起诉。

9. 属于行政诉讼范围的。

10. 双方当事人之间有仲裁协议,属于仲裁机构仲裁的,但是仲裁协议无效的除外。

11. 未经劳动仲裁的劳动争议案件或虽经劳动仲裁,但不属于人民法院受理的劳动争议。

12. 二审程序审理中认为依法不应由人民法院审理的案件。

驳回诉讼请求

驳回诉讼请求是指人民法院对原告的起诉请求或被告的反诉请求及有独立请求权利的第三人提出的诉讼主张,经立案审理或者合并审理后,依照法律规定对上述诉讼主体的全部或部分诉讼请求和主张判决不予支持。

驳回起诉与驳回诉讼请求的区别

驳回起诉与驳回诉讼请求虽然都是请求方的诉讼主张没有得到法院的支持,但是两者在实践运用中有本质的区别:

1. 适用法律不同。驳回起诉适用程序法;而驳回诉讼请求既可适用程序法,又可适用实体法。

2. 适用的诉讼主体不同。驳回起诉适用的诉讼主体是单一的,主要适用针对原告或者反诉原告的起诉;而驳回诉讼请求适用的主体是多元的,既可以针对原告的诉讼请求,也可针对被告的反诉请求,还可以针对有独立请求权的第三人的诉讼主张。

3. 采用的裁判形式不同。驳回起诉是对程序意义上诉权的确认,应当采用裁定形式;驳回诉讼请求则是对实体意义上的诉权的确认,必须采用书面判决。

4. 适用阶段不同。驳回起诉通常是在人民法院立案后,诉讼程序刚开始时适用;驳回诉讼请求是在人民法院依照程序法规定的诉讼程序审理完毕时适用。

5. 适用的内容和目的不同。驳回起诉是人民法院立案后,经审查发现原告的起诉不符合法律规定，法院依法驳回原告的起诉；而驳回诉讼请求是人民法院立案审理后，否定原告要求的实体诉求。

6. 法律后果不同。驳回起诉的裁定发生法律效力后，原告再次起诉的，如符合起诉条件，人民法院应予受理；驳回诉讼请求的判决书生效后，诉讼主体不能就同一诉讼请求和事实向人民法院重新提起诉讼，若当事人仍坚持向人民法院提起诉讼的，人民法院应依法裁定不予受理。

债务清算协议

"债务清算协议"又称"债务结清协议"，是指当事人双方对一定时期以来发生的系列债权债务进行结算后所形成的协议。

三十四、受胁迫出具借条时，受损害方的权利如何保障？

——受胁迫时，首先要求助警察来固定证据

经典案例

2021 年 9 月 10 日傍晚，廖某等人将谭某带至郊外废墟之处，要求谭某出具借条 1 份，载明："今向廖某借到人民币 35 万元，出具人：谭某。"之后，谭某报警，经核查，接警记录记载："谭某因欠钱引起经济纠纷，被人带到郊外胜利村范围内的废墟之处，且让谭某写下了借条，谭某称'欠钱是事实，但是强迫写借条是不行的'。民警劝廖某将借条归还给谭某，廖某称借条已撕毁，并表示将此事通过诉讼途径解决。"

2022 年 1 月，廖某持谭某在 2021 年 9 月 10 日出具的借条起诉要求谭某归还借款 35 万元。

开庭之前，谭某通过委托律师，收集了公安机关的接警记录等证据。在庭上辩称："双方的欠款系因赌博垫资产生的，本身属于非法，而不是合法的民间借贷纠纷。再者，借条是在廖某的受胁迫之下出具的，应当无效。"廖某反驳称："谭某依据公安机关的接警记录要求撤销借条，但该证据没有显示廖某对谭某有殴打、

威胁或者其他暴力行为，不能证明谭某在受到胁迫的情况下写下借条；且依据廖某向法庭提交的证据，谭某向民警陈述欠款属实，这说明借条的出具对谭某的利益没有损害；虽然谭某主张双方的欠款系赌博垫资产生的，但是该主张依据不足，谭某应当偿还债务。”

关于借款35万元如何交付的问题，廖某在法庭陈述、举证质证和法庭辩论阶段的陈述不一致，分别作出三种陈述，第一次称分三次交付借款，后补写借条；第二次称2021年9月10日，一次性出借35万元并由谭某出具借条；第三次称借款系在借条出具之前，在谭某家里交付的。

法庭另查明，双方曾因赌资问题发生过摩擦。

谭某出具的借条是否有效？

案情分析

在本案中，主要有两个问题值得我们思考：

1. 当事人主张借条系受胁迫出具的，由谁承担举证责任，法院又当如何认定？

2. 受胁迫出具借条的一方应该如何保护自己的合法权益？

第一，胁迫事实的证明和认定。在民间借贷纠纷中，当事人一方提供借条，证明借贷关系已成立生效，另一方则抗辩借条系受胁迫而写，此时该当事人应当就自己主张的受胁迫的事实承担举证责任。虽然此类情况在生活中客观存在，但由于受胁迫的事实在借条中无法体现，当事人只能提供一些证人证言、报警记录等间接证据来证明。大部分案件的当事人手中并没有任何关于受胁迫的证据，举证难度很大。法官往往需要全面、客观审核全案证据，运用逻辑推理和经验法则，通过足够的间接证据进行事实推定，以适当减轻当事人的举证责任。

在本案中，谭某主张借条的出具存在受胁迫情形，根据《民事诉讼》中“谁主张，谁举证”的举证规则，谭某应就受胁迫事实的存在承担相应的举证责任。

胁迫是以直接施加损害或以将来要发生的损害相威胁，使对方产生恐惧并因此而订立合同的行为，具体是指以给当事人及其亲友的生命健康、荣誉、名誉、财产等造成损害，迫使对方作出违背真实的意思表示的行为。一般而言，构成民法上的“胁迫”至少应当同时具备三个要件：(1)胁迫人有胁迫的行为；(2)胁迫人须有胁迫的故意;(3)受胁迫者因胁迫行为作出了不真实的意思表示。

根据以上理论,分析本案会得出以下结论:(1)谭某在晚上孤身一人被廖某等多人强行带至郊外废墟之处,势必会产生一定的恐惧和压力;(2)谭某在脱离廖某等人的控制后第一时间选择报警,从日常生活经验出发,如果借条系出于谭某真实意思表示,其一般不会报案;(3)谭某在公安机关明确强调"强迫写借条是不行的",而廖某当时未对谭某的陈述作出否认,也间接证明存在胁迫的可能。同时,廖某事发当天给民警说"借条已撕毁",但事后又凭此借条起诉,在法庭上关于借款交付的陈述不一致,又未提供其他证据来印证借款交付的事实。结合廖某一系列不诚实的言行和缺乏借款交付的事实,运用逻辑推理和日常生活经验,可以认定廖某有胁迫的故意和行为,谭某出具的借条并不是其真实意思的表示,不予认定其证明效力。

第二,关于胁迫行为的法律后果问题。司法实践中,对受胁迫而出具借条的处理方法观点不一,主要如下:

一种观点认为,在民间借贷纠纷案件中,借条、借据等凭证是证明借贷双方存在借贷合意的证据,被告主张对方通过非法手段获取借据等,其实质是主张自己在订立借贷合同时受到胁迫,意思表示不真实,根据《民法典》的规定,一方以胁迫的手段使对方在违背真实意思的情况下订立的合同,属于可变更、可撤销的合同。被告如果在民间借贷纠纷案件中主张存在此情况,说明借贷合同可能是受胁迫订立的,所以法院应向主张受胁迫的一方释明,由其另行提起诉讼撤销或变更借贷合同,原民间借贷纠纷案件应中止审理。

另一种观点认为,受胁迫的当事人当然有权主张撤销或变更借贷合同,但从证据法的原理考虑,能够作为认定案件事实的证据必须是合法的、真实的并且与案件有客观联系的,合法性是证据的首要条件。在民间借贷纠纷中,凡是采用暴力、胁迫等非法手段取得的借条、收条、欠条等借款凭证,属于非法证据。经审查确认为非法证据的,不能作为定案的依据。以胁迫的方式获取借条,取证行为违反法律禁止性规定,亦侵害他人的合法权益,被迫出具的借条应作为非法证据予以排除,不能作为认定双方借贷关系的依据。据此,在民间借贷纠纷中,如果能够证明原告据以主张民间借贷关系成立的证据是通过胁迫等非法手段获取的,即可认定原告没有提交合法证据证明其主张,可以直接不予采信该证据,在没有其他有效证据证明原告诉讼请求的情形下,可以驳回原告的诉讼请求。

在受胁迫出具借条的民间借贷纠纷中，等到原告起诉时，当庭反驳、主张撤销合同具有一定的风险。首先，受胁迫之后应及时以向公安机关报案等方式来固定证据；其次，在法定期限内向人民法院起诉请求撤销合同，以避免错过了诉讼时效而导致撤销权的消灭。

法条链接

《民法典》第五条、第八条、第一百四十三条、第一百五十条、第一百五十二条、第一百五十五条

《民事诉讼法》第六十七条

《最高人民法院关于适用〈中华人民共和国民事诉讼法〉的解释》第九十条、第九十一条、第一百零四条、第一百零五条、第一百零六条、第一百零八条、第一百零九条

《最高人民法院关于民事诉讼证据的若干规定》第八十六条、第八十八条

《最高人民法院关于审理民间借贷案件适用法律若干问题的规定》第十三条、第十五条

知识拓展

诉讼权利

诉讼主体及其他诉讼参与人在诉讼中依法享有的权利。在我国，诉讼权利十分广泛，由于诉讼的种类不同，诉讼参与人的法律地位与作用不同，所享有的权利亦有不同。《民事诉讼法》规定的权利包括：(1)以本民族语言、文字进行民事诉讼的权利；(2)提起诉讼的权利与反驳诉讼的权利；(3)委托代理人的权利；(4)申请回避的权利；(5)收集和提供证据的权利；(6)进行陈述、质证和辩论的权利；(7)选择调解的权利；(8)自行和解的权利；(9)申请财产保全和先予执行的权利；(10)提起上诉的权利；(11)申请再审的权利；(12)申请执行的权利；(13)查阅、复制本案有关材料的权利；(14)法律规定的其他权利。

行政诉讼当事人的诉讼权利与民事诉讼当事人的诉讼权利大致一致。不同

之处:在行政诉讼中原告可申请对被告具体行政行为停止执行;被告有变更或撤销自己所作出的具体行政行为的权利,但无权提起反诉。除此之外,人民法院审理行政案件,不适用调解。但是,行政赔偿、补偿以及行政机关行使法律、法规规定的自由裁量权的案件可以调解。

刑事诉讼当事人的诉讼权利有:(1)以本民族语言文字进行诉讼的权利;(2)对侦查人员、检察人员、审判人员、书记员、鉴定人和翻译人员申请回避的权利,以及对于驳回申请回避的决定申请复议的权利;(3)公诉和自诉案件被告人自行辩护和委托辩护人进行辩护的权利;(4)刑事附带民事诉讼的原告委托代理人的权利;(5)对侦查人员、检察人员、审判人员侵犯其诉讼权利或人身侮辱的行为,有权提出控告的权利;(6)参加法庭审理,申请审判长对证人、鉴定人发问,或者经审判长许可直接发问的权利;(7)有权辨认物证、书证;有权了解未到庭证人的证言、鉴定人的鉴定意见、勘验笔录和其他作为证据的文书的内容,并提出意见的权利;(8)阅读法庭审判笔录并请求补充、改正的权利;(9)申请通知新的证人到庭,调取新的物证,申请重新鉴定或勘验的权利;(10)参加法庭辩论,并在辩论终结后做最后陈述的权利;(11)对地方各级法院第一审的判决、裁定,提出上诉,对已经发生法律效力的判决、裁定,有权提出申诉的权利;(12)自诉案件的被告人有权对自诉人提起反诉;(13)自诉案件的自诉人有撤诉、请求调解及和解的权利;(14)自诉案件的被告人有权自行和解、请求调解的权利;(15)法律规定的其他权利。

诉权

“诉权”又称“起诉权”,是指当事人提起诉讼的权利或权能。广义指公民向国家机关提交请求,依法保护自己的合法权益,包含民事、刑事、行政诉权。狭义专指民事诉讼上的诉权。

民事诉权,是指当事人享有的请求国家给予民事诉讼保护的权利,亦即当民事权益受到侵害或就民事法律关系发生争议时,当事人请求法院行使司法权来保护民事权益或者解决民事纠纷的权利。申言之,诉权是一种向法院行使的请求权,是公民平等享有的一种宪法权利,兼有程序内涵和实体内涵。

诉权与诉讼权利的区别与联系

诉权与诉讼权利的联系,主要有:

1. 诉权的行使是当事人行使诉讼权利的前提条件,因为诉权的合法行使能够启动诉讼程序,在诉讼程序中当事人才能享有和行使诉讼权利;

2. 证明权、辩论权等诉讼权利的行使有助于实现诉权的实体内容或行使诉权的目的。

诉权与诉讼权利的区别,主要有:

1. 诉权主体是当事人,而诉讼权利主体包括当事人、法院和证人等;

2. 与诉权主体相对的义务主体是法院,而与诉讼权利主体相对的义务主体是法院、对方当事人或证人等;

3. 根据"一事不二诉"原则,同一纠纷的诉权通常仅可一次行使(当事人提起再审之诉为法定例外),而许多诉讼权利(如辩论权、申请回避权等)可由双方当事人多次行使。

三十五、仅凭借条能否就认定大额现金借贷的交付?
——大额现金交付事实的举证责任与证明标准

经典案例

2022 年 1 月 8 日,崔某将白某起诉到法院请求白某偿还借款 300 万元,并支付约定的利息。崔某向法院提交了 2021 年 9 月 5 日白某出具的 1 份借条,借条载明:"今借到崔某 300 万元,年底之前偿还,利息为 14%,以本人名下的不动产作担保,或者提供保证人作担保。以此为凭。"借条上有白某的签名和捺印。白某收到起诉状后答辩称:"2021 年 7 月,我公司因需要一笔过桥资金,向银行申请 300 万元借款,但是始终未被批准。因此,为缓解公司资金短缺问题,2021 年 9 月 5 日,我确实向崔某提过借款的要求,我们商讨借款金额、利息、还期等细节之后,崔某要求我先打个借条,他跟合伙人商量之后再答复。我按照崔某的要求打了借条,并给他提供了三套房屋产权证的复印件。之后,我几次催要,可崔某没有明确答复,到了 10 月,银行贷款批下来了,我就再没催此事。实际上,300 万元借款根本没有交付给我,如果交付,崔某在交付之前肯定要向我要求提供担保,之所以他无法提供相关担保手续,是因为该借贷关系根本没成立。"白某向法庭提交银行向白某公司放贷300万元的相关手续。但是崔某以该证据跟本案无关为由不予认可。法院为了查明事实，几次休庭调查相关事实，并跟当事人谈话做笔录。

在一次法院跟崔某谈话过程中，关于交付借款方式问题，崔某陈述于2021年9月5日，崔某从其银行卡中取出300万元，并于当天交付给白某。但是白某质证称："2021年的9月5日是星期天，银行不上班。就算上班，在没有预约的情况下，不可能取那么多现金，特别是在星期六、星期天。"同时，白某要求崔某提供取款凭证。崔某表示到家里找一找。休庭几天后，崔某说找不到银行凭证，并改口称："我现在的印象中，这笔款好像不是当天取的，是之前从银行取出放在保险柜里的备用资金，具体取款时间记不起来，反正分几批取的，所以无法提供银行凭证。"法官发问白某怎么拿走现金时，崔某回答称："白某把300万元现金装在我办公室的啤酒箱子里拿走的。"白某抗辩称："300万元现金根本不可能塞在一个啤酒箱子里。"为了验证自己的主张，白某申请法庭向银行求助，做个试验。法庭支持白某的申请，并跟银行联系安排试验。银行工作人员取出面值为100元的300万元现金，模拟装进最大的一个啤酒箱子，但是装不进去。

最后，崔某坚持认为，不论怎么交付，白某作为一个有完全民事行为能力的成年人，在没收到借款的情况下，不可能给自己打借条，白纸黑字的借条是有法律效力的，在白某没有提供任何有效的证据来推翻借条的情况下，自己没有义务进一步举证再证明借贷相关的事实，所以白某应当承担举证不利的法律后果，应当归还300万元，并支付约定的利息。

仅凭借条能不能证明大额现金借款交付的事实？

案情分析

《民法典》规定，自然人之间的借款合同，自贷款人提供借款时成立。该规定将自然人之间的借贷合同明确为实践性合同，并与金融借款合同等诺成性合同相区分。在金融借款合同中，出借人应按照合同约定履行出借义务，无正当理由不发放贷款的，借款人可依约请求出借人履行合同。而民间借贷关系中，即使借贷双方达成了借贷合意，出借人事后反悔不予出借的，借款人不能强行要求其继续履行出借义务，因此给借款人造成损失的除外。

依法成立的民间借贷合同，自款项实际交付借款人时才生效。也就是说，借款的实际交付是民间借贷关系生效的必要条件。因此，在民间借贷纠纷案件的审理过程中，首先要看当事人的合意，即借据是否真实有效，在此前提下，还应审查履行情况。对于小额借款，如果原告主张是现金交付的，除了借条又没有其他证据的，而被告提出原告未实际支付的抗辩，但是没有反驳证据的情况下，一般可视为原告已完成了举证责任，可以认定交付借款事实存在的。而对大额借款，涉及几十万元甚至几百万元的金额，原告主张是现金交付的，除借条没有其他相关证据的，则还需要通过审查出借人自己的经济实力、出借人和借款人之间的关系，交易习惯、交易方式、当事人的财产变动情况及相关证人证言等因素来判断当事人的这种主张是否成立。因此，在民间借贷案件中，当借款人对借款的交付提出合理异议时，法院一般会审查借贷的履行情况，判断借贷事实是否真实发生，特别是在出借人主张现金借贷的情形下。

本案中崔某提供了借条，从单方证据来看已具有一定的优势，但由于其主张是大额现金交付而不能提交现金交付的其他凭证，在借款人提出异议时，崔某应该作出合理的解释和说明，但是他在几次的谈话、质证过程中的陈述相互不一致。再者，崔某在没有要求任何担保的情况下，仅为了赚取 14% 的利息，就轻率地出借如此大额的款项是不符合常理的。再者，现代社会金融业已高度发展，以现金形式交付巨额款项并不常见，他陈述的一些交付过程的细节也难以让人信服。

综上所述，本案中的原告崔某虽然能够提供借条，但其所主张的借贷关系的成立、现金交付经过以及现金来源等均存在明显的异常，而崔某却无法作出令人信服的解释，足以让法官产生合理怀疑而无法形成内心确认，原告崔某的举证尚未达到证据高度盖然性的证明标准，原告崔某对此应承担举证不利的法律后果，故经综合审查后可以认定本案的巨额现金借款并未实际交付。

法条链接

《民法典》第六百六十七条、第六百七十九条

《民事诉讼法》第六十七条

《最高人民法院关于适用〈中华人民共和国民事诉讼法〉的解释》第九十条、第九十一条、第一百零八条

《最高人民法院关于民事诉讼证据的若干规定》第一条、第六十三条、第八十五条

《最高人民法院关于审理民间借贷案件适用法律若干问题的规定》第十五条

知识拓展

诺成合同

"诺成合同"又称"不要物合同",是指当事人各方的意思表示一致即成立的合同。诺成合同自当事人双方意思表示一致时即可成立,不以一方交付标的物为合同的成立要件,当事人交付标的物属于履行合同,而与合同的成立无关。买卖合同是典型的诺成合同。只要买卖双方对物品的规格、质量、数量、价格等达成一致,不需要交付标的物,买卖合同即成立。另外,购销合同、租赁合同、建设工程承包合同等都属这类合同。有些诺成合同还需要国家有关部门批准或登记后才能成立,没有登记的,不得对抗善意第三人,但是合同当事人不能以没有登记为由对抗相对方,如房屋买卖、土地使用权转让、机动车买卖等。

实践合同

"实践合同"又称"要物合同",是相对于诺成合同而言的一种合同类型,其指除当事人意思表示一致以外,尚需交付标的物或完成其他现实给付才能成立的合同。通常认为,定金合同、自然人之间的借款合同、保管合同、借用合同等是典型的实践合同。就借款合同而言,我国《民法典》严格区分金融机构借款合同和自然人之间的借款合同,并分别做了不同规定。其中,金融机构借款合同系诺成合同,自然人之间的借款合同系实践合同,即自出借人提供借款时生效。

过桥资金

"过桥资金"又称"过桥贷款""搭桥贷款",是一种短期资金的融通,期限以6个月为限,是一种与长期资金相对接的资金。提供过桥资金的目的是通过过桥资金的融通,达到与长期资金对接的条件,然后以长期资金替代过桥资金。过桥只是一种暂时状态。

高度盖然性规则

“高度盖然性规则”又称“高度盖然性证据规则”“高度盖然性证明标准”等，是指法院基于对证明待证事实的证据的审查判断之结果，并结合其他相关事实，认为待证事实的存在具有高度可能性的，即应当依法对该事实予以认定。

《最高人民法院关于适用〈中华人民共和国民事诉讼法〉的解释》第一百零八条第一款规定：“对负有举证证明责任的当事人提供的证据，人民法院经审查并结合相关事实，确信待证事实的存在具有高度可能性的，应当认定该事实存在。”这一证明标准，是在现有证据对待证事实的证明无法达到完全还原“客观真实”的情况下，基于对事物发展的盖然性规律的科学认识所确立的认定案件事实的证明规则。

高度盖然性规则的理论源于西方的自由心证制度，是人类长期社会实践在司法审判上的必然产物，它将人类生活经验及统计上的概率，适用于待证事实真伪不明的情形，主张民事案件的证明标准只需达到“特定”高度的盖然性即可。虽然我国法律上没有直接引用该术语，但是我国现行立法和司法解释所设置的证明标准就是一种高度的盖然性，这一标准在形式与内容上是一种客观性与主观性的统一。比如，《最高人民法院关于民事诉讼证据的若干规定》明确提出了“人民法院应当以证据能够证明的案件事实为根据依法作出裁判”的规定。如果一方提供证据的证明力“明显大于”另一方提供证据的证明力，就可确认证明力较大的证据，最高人民法院的这一规定，即是采用的盖然性规则标准。

“高度盖然性”证明标准是最低限度的证明标准，是适用于普通类型的案件事实的证明标准，而不适用于所有的案件。涉及身份关系等案件的，应当适用更高的证明标准。

第五章　民间借贷的债权担保

三十六、借款合同中的保证人可能承担什么责任?
——做保证人有风险

经典案例

曾某向汪某借了20万元。在借钱的时候,汪某让曾某找个保证人,于是,曾某就找到了叶某。叶某因不知道保证一事,便找律师咨询。

那么,借款合同的保证人可能承担什么责任呢?

案情分析

在生活中,我们经常听到保证,保证就是当债务人不履行债务时,保证人按照约定履行债务或者承担责任的行为。为别人做贷款保证人是要承担一定的责任和风险的。那么,借款合同的保证人可能承担什么责任和风险呢?

借款合同中的保证人承担何种责任主要看借款合同的保证条款中或者在保证合同中如何约定保证形式,即提供的是一般保证责任还是连带保证责任?常见的保证形式和风险如下:

1. 借条中约定保证人承担一般保证责任的情况下,只有经法院审判程序、执行程序后,借款人仍然无法还款时,才能让保证人承担保证责任代为还款。

2. 借条中约定保证人承担连带保证责任的话,当借款期限届满后,无论借款人有无能力，出借人既可以要求借款人返还借款，也可以要求保证人在其保证范围内承担偿还借款。当然，在连带保证的情况下，出借人可以同时把借款人和保证人一并起诉到法院，要求借款人和保证人承担连带支付义务。

3. 借条中并没有约定具体的保证形式，只是笼统约定保证人承担保证责任的，应视为一般保证责任。比如，当事人在保证合同中约定了保证人在债务人不能履行债务或者无力偿还债务时才承担保证责任等类似内容，具有债务人应当先承担责任的意思表示的，应当将其认定为一般保证；如果当事人在保证合同中约定了保证人在债务人不履行债务或者未偿还债务时即承担保证责任、无条件承担保证责任等类似内容，不具有债务人应当先承担责任的意思表示的，应当将其认定为连带责任保证。

在同一份借款合同中有两个或两个以上保证人时，如果在保证合同中约定了各自承担的保证份额，各保证人在各自的保证份额责任内承担保证责任；如果没有约定各自的保证份额，各保证人要承担连带责任。在保证人承担连带责任的情况下，出借人既可以要求所有保证人承担保证责任，也可以要求其中一个保证人承担保证责任。

法条链接

《民法典》第六百八十一条、第六百八十四条、第六百八十五条、第六百八十六条、第六百八十七条、第六百八十八条、第六百九十一条、第六百九十九条

《最高人民法院关于适用〈中华人民共和国民法典〉有关担保制度的解释》第二十五条、第二十六条、第二十七条、第二十八条、第二十九条

《最高人民法院关于审理民间借贷案件适用法律若干问题的规定》第四条、第二十条

知识拓展

连带责任

连带责任是指依照法律规定或者当事人约定，两个或者两个以上当事人对其

共同债务全部承担或部分承担,并能因此引起其内部债务关系的一种民事责任。当责任人为多人时,每个人都负有清偿全部债务的责任,各责任人之间有连带关系。

连带债务人都有义务向债权人清偿债务。也就是说,债权人可同时或先后要求连带债务人全体或部分或一人履行全部或部分义务,被请求之债务人不得以超出自己应付份额为由提出抗辩。只要债务没有全部清偿完毕,每个连带债务人不论他是否应债权人请求清偿过债务,对没有清偿的债务部分,都有清偿的义务。

连带债务人在外部关系上即各债务人与债权人之间的关系中按连带责任处理,而在内部关系上,即各债务人之间的关系上则一般依按份责任处理。也就是说,连带债务的债务人各自应承担的债务份额,法律有规定的,依法律规定;法律没有规定的,应依当事人的约定;既无法律规定,又无约定的,应平均承担。

共同诉讼

共同诉讼是指与一对一的原告和被告进行单独诉讼相对应的复数诉讼形式。在对某一法律关系的争议中,如果所争议的权利属于若干主体,就可能有若干个人同时处于原告的地位,如多个原告对同一财产主张共同共有。同样,被告一方,也可能有若干个人处于被原告起诉的地位,如多个被告被原告起诉要求共同偿还债务等。无论是哪种形式的共同诉讼,都是原告一方或被告一方或者原告、被告双方的人数在二人或二人以上的诉讼。

共同诉讼分为普通共同诉讼和必要共同诉讼两类。

必须共同进行诉讼的当事人没有参加诉讼的,人民法院应当通知其参加诉讼,当事人也可以向人民法院申请追加。也就是说,在案件受理后,法庭辩论结束前,原告、被告、第三人都有权利提交追加当事人的申请。

三十七、民间借贷中在哪些情况下担保人不需要承担责任？
——担保人的免责事由

经典案例

琛甲前后三次向洛某借款，琛甲的弟弟琛乙为上述借款提供了担保，有的是人的担保，有的是物的担保，3份担保合同的内容也不相同。

借款到期后，琛甲没有归还。洛某将琛甲和琛乙起诉至法院要求琛甲偿还债务，琛乙承担担保责任。但是琛乙认为，在这3起担保关系中，均有自己不承担责任的情形，所以不需要承担担保责任。

担保人在哪些情况下不承担责任呢？

案情分析

现实生活中，债权人为了确保自己的利益，往往会要求债务人提供担保。提供担保的人就是所谓的担保人或保证人。

法律规定的担保方式有保证、抵押、质押、留置和定金五种。也就是说，保证是提供担保的方式之一。

若提供担保的人是以财产抵押、质押、留置或支付定金等方式提供担保的，则称为担保人。若是以自身信用提供担保的，则称为保证人。

在借款到期，债务人不能归还借款的情况下，出借人可以要求担保人承担担保责任。如果发生法律规定或者当事人约定的免责事由，担保人就不承担全部或者部分担保责任。

常见的担保人不承担责任、部分不承担责任的法定情形归纳如下几点：

1. 主合同有效而第三人提供的担保合同无效，人民法院应当区分不同情形确定担保人的赔偿责任：

（1）债权人与担保人均有过错的，担保人承担的赔偿责任不应超过债务人不能清偿部分的二分之一；

(2)担保人有过错而债权人无过错的，担保人对债务人不能清偿的部分承担赔偿责任；

(3)债权人有过错而担保人无过错的，担保人不承担赔偿责任。

2. 主合同无效导致第三人提供的担保合同无效，担保人无过错的，不承担赔偿责任；担保人有过错的，其承担的赔偿责任不应超过债务人不能清偿部分的三分之一。

3. 保证合同必须是书面合同。既可以是单独订立的书面合同，也可以是主债权债务合同中的保证条款。保证人以书面形式向债权人作出保证，债权人接收且未提出异议的，保证合同成立。保证人仅以口头保证而未签订书面合同，事后又不承认的，保证人不承担责任。

4. 主合同或担保合同的债权人和债务人恶意串通，损害担保人合法权益的，担保约定无效，担保人不承担责任。

5. 债权人与法律规定不能作为担保人的单位订立的担保合同无效，担保人不承担责任。但是法律另有规定的除外。

6. 债权人与债务人共同欺诈或者以胁迫手段使担保人在违背真实意思的情况下订立担保合同的，担保人在法定期限内可以请求人民法院予以撤销，若合同被撤销的，担保人不承担责任。

7. 债权人与保证人可以约定保证期间，但是约定的保证期间早于主债务履行期限或者与主债务履行期限同时届满的，视为没有约定；没有约定或者约定不明确的，保证期间为主债务履行期限届满之日起6个月。债权人与债务人对主债务履行期限没有约定或者约定不明确的，保证期间自债权人请求债务人履行债务的宽限期届满之日起计算。债权人未在保证期间内，主张权利的，保证人不再承担保证责任。

8. 一般保证的债权人未在保证期间对债务人提起诉讼或者申请仲裁的，保证人不再承担保证责任。

连带责任保证的债权人未在保证期间请求保证人承担保证责任的，保证人不再承担保证责任。

9. 一般保证的债权人在保证期间内对债务人提起诉讼或者申请仲裁后，又撤回起诉或者仲裁申请，债权人在保证期间届满前未再行提起诉讼或者申请仲裁，保证人主张不再承担保证责任的，人民法院应予支持。

10. 债权人未经保证人书面同意，允许债务人转移全部或者部分债务，保证人对未经其同意转移的债务不再承担保证责任，但是债权人和保证人另有约定的除外。第三人加入债务的，保证人的保证责任不受影响。

11. 一般保证的保证人在主债务履行期限届满后，向债权人提供债务人可供执行财产的真实情况，债权人放弃或者怠于行使权利致使该财产不能被执行的，保证人在其提供可供执行财产的价值范围内不再承担保证责任。

12. 债权人转让全部或者部分债权，未通知保证人的，该转让对保证人不发生效力，保证人对转让的债务不承担责任。

13. 保证人与债权人约定禁止债权转让，债权人未经保证人书面同意转让债权的，保证人对受让人不再承担保证责任。

14. 主合同当事人协议以新贷偿还旧贷，债权人请求旧贷的担保人承担担保责任的，人民法院不予支持；债权人请求新贷的担保人承担担保责任的，按照下列情形处理：

（1）新贷与旧贷的担保人相同的，人民法院应予支持；

（2）新贷与旧贷的担保人不同，或者旧贷无担保新贷有担保的，人民法院不予支持，但是债权人有证据证明新贷的担保人提供担保时对以新贷偿还旧贷的事实知道或者应当知道的除外。

主合同当事人协议以新贷偿还旧贷，旧贷的物的担保人在登记尚未注销的情形下同意继续为新贷提供担保，在订立新的贷款合同前又以该担保财产为其他债权人设立担保物权，其他债权人主张其担保物权顺位优先于新贷债权人的，人民法院不予支持。

15. 债权人知道或者应当知道债务人破产，既未申报债权也未通知担保人，致使担保人不能预先行使追偿权的，担保人就该债权在破产程序中可能受偿的范围内免除担保责任，但是担保人因自身过错未行使追偿权的除外。

16. 主债权诉讼时效期间届满后，抵押权人主张行使抵押权的，人民法院不予支持；抵押人以主债权诉讼时效期间届满为由，主张不承担担保责任的，人民法院应予支持。主债权诉讼时效期间届满前，债权人仅对债务人提起诉讼，经人民法院判决或者调解后未在《民事诉讼法》规定的申请执行时效期间内对债务人申请强制执行，其向抵押人主张行使抵押权的，人民法院不予支持。

17. 债务人对债权人享有抵销权或者撤销权的，保证人可以在相应范围内拒绝承担保证责任。

18. 债务人以自己的财产设定抵押或出质，债权人放弃该抵押权、质权、顺位或者变更抵押权、质权的，其他担保人在债权人丧失优先受偿权益的范围内免除担保责任，但是其他担保人承诺仍然提供担保的除外。

19. 当事人对担保责任的承担约定专门的违约责任，或者约定的担保责任范围超出债务人应当承担的责任范围，担保人主张仅在债务人应当承担的责任范围内承担责任的，人民法院应予支持。

担保人承担的责任超出债务人应当承担的责任范围，担保人向债务人追偿，债务人主张仅在其应当承担的责任范围内承担责任的，人民法院应予支持；担保人请求债权人返还超出部分的，人民法院应予支持。

20. 债权人和债务人未经保证人书面同意，协商变更主债权债务合同内容，减轻债务的，保证人仍对变更后的债务承担保证责任；加重债务的，保证人对加重的部分不承担保证责任。

债权人和债务人变更主债权债务合同的履行期限，未经保证人书面同意的，保证期间不受影响。

以上是围绕本案整理的法定免责事由，可担保合同的免责事由不限于上述情形。琛乙是否承担担保责任，要看琛乙提供的担保是否存在以上情形，如果存在，按照上述原则处理。

法条链接

《民法典》第一百五十四条、第四百零九条、第四百三十五条、第六百八十一条、第六百八十二条、第六百八十三条、第六百八十四条、第六百八十五条、第六百八十六条、第六百八十七条、第六百八十八条、第六百八十九条、第六百九十二条、第六百九十六条、第六百九十七条、第六百九十八条、第七百零二条

《最高人民法院关于适用〈中华人民共和国民法典〉有关担保制度的解释》第三条、第四条、第五条、第六条、第七条、第八条、第九条、第十条、第十一条、第十二条、第十三条、第十四条、第十六条、第十七条、第十八条、第十九条、第二十四条、

第三十一条、第四十四条

《最高人民法院关于审理民间借贷案件适用法律若干问题的规定》第四条、第二十条

知识拓展

物的担保

物的担保是以债务人或第三人的特定财产作为抵偿债权的标的,在债务人不履行其债务时,债权人可以将财产变价,从中优先受偿的制度,物的担保有抵押、质押、留置和定金。物的担保包括移转物的所有权或其他权利的权利移转型的物的担保和不移转物的所有权或其他权利的限定物权型的物的担保两种形态。

人的担保

人的担保是指以人为担保及保证。当债务人不履行到期债务或者发生当事人约定的情形时,保证人履行债务或者承担责任的一种担保方式。

三十八、抵押和质押有什么区别?

——该登记的登记,该交付的交付

经典案例

2021 年 3 月 20 日,借款人康某为了经营周转资金向出借人史某借款 500 万元,与史某签订借款合同。该合同约定:借款本金 500 万元,年利率 14%,借款期为 1 年。为了保证借款安全,史某要求康某提供同等价值的动产或不动产。康某把自己的 1 套房屋、1 辆宝马牌家用车和 1 台挖土机作为担保提供给史某。康某和史某把以上担保物的详细信息写在合同上,并到房屋产权管理部门办理房产抵押登记,由康某继续使用该房屋。但是因各种原因,他们无法办理私家车和挖土

机的抵押手续。为了康某继续运营挖土机挣钱,史某把挖土机及其手续还给康某,并让其写一份承诺书,承诺书载明:偿还史某借款之前,保证不会把挖土机卖给第三人等内容。之后,宝马牌轿车和其他手续由史某带走。

因行情不好,康某在生意上亏损,为了弥补亏损,康某把房屋和挖土机卖给潘某。潘某付清货款后,康某把房屋和挖土机交付给潘某。潘某把挖土机的所有权变更到其名下,但是无法变更房屋所有权。关于此事,潘某与康某交涉过程中,史某向法院提起诉讼,请求法院判令:(1)被告康某偿还原告借款本金500万元及其利息;(2)如被告康某未履行上述债务,则判令原告有权拍卖、变卖或折价被告提供的担保物1辆宝马牌轿车、1台挖土机和1套房屋所得价款由原告优先受偿。

诉讼过程中,潘某申请法院作为诉讼第三人参加诉讼,主张其在不知情的情况下购买房屋和挖土机,属于善意第三人,并向法庭提供房屋买卖合同和挖土机的买卖合同,以及挖土机的所有权变更手续。该手续记载挖土机的所有权人已变更为潘某,但是房屋所有权未变。

这种情况下,史某能否获得担保物的优先受偿权?

案情分析

本案所涉及的是质押担保和抵押担保问题。

质押担保,是指债务人或者第三人为担保债务的履行,将其动产或者财产权利交付给债权人占有或者办理登记,在债务人不履行到期债务或者发生当事人约定的实现质权的情形时,债权人(质权人)有权就该动产或者财产权利优先受偿的一种担保方式。在民间借贷中,当事人设立质押担保的,质权人为出借人,出质人是借款人或第三人。借款人请求出借人给予借款,出借人要求借款人提供担保,借款人或者第三人提供财产出质,出借人接受与之订立质押合同,出质人交付质物给出借人占有或者办理质押登记的,质权设立。

质押财产既可以是动产,也可以是财产权利,因此财产质押分为动产质押与权利质押两种。不动产由于其性能决定不可转移占有,所以只能适合抵押担保,不适合质押担保。有些动产既可抵押也可以质押,如车辆。以抵押方式提供担保,还是以质押方式提供担保,由当事人自主约定。本案中,康某把宝马牌轿车交付给史某后,成立质押担保。

抵押担保,是指债务人或者第三人不转移对某一特定物的占有,而将该财产作为债权的担保,债务人不履行债务时,债权人有权依照《民法典》的规定以该财产折价或者以拍卖、变卖该财产的价款优先受偿。本案中,房屋的担保形式属于抵押担保。

质押和抵押的区别:

1. 质押和抵押的根本区别在于担保物是否转移给债权人占有。当事人设定抵押担保,抵押人不将抵押物转移给债权人占有,抵押物仍由抵押人使用和保管;而当事人设定质押担保,出质人应当将质物交付给债权人占有或者登记,否则质权不能设立。

2. 担保物的种类不同。抵押物通常是不动产,部分动产也可以抵押(如车辆);而不动产(如房产)因不能交付占有,故不能质押,所以质押物既可以是动产,也可以是财产权利。

3. 担保物权的设立条件不同。不动产抵押以登记为前提条件;而动产质押无须登记,只要向债权人交付质物就能设立质权。动产质押中的质押登记的主要作用是为了对抗第三人。

4. 损失赔偿责任不同。因抵押物仍由抵押人保管使用,故抵押物的毁损、灭失或价值减少,由抵押人自行承受损失;而质押将质物交付给债权人占有后,债权人负有保管质物的义务,因此,质物毁损、灭失或价值减少,在通常情况下应由债权人承担赔偿责任。

根据上述原则,针对本案的分析如下:

第一,车辆质押问题。被告康某将约定的质押物宝马牌轿车及相关证明材料交付给原告史某保管,原告史某占有了质押物宝马牌轿车,对该车辆的质押权合法有效,故原告史某要求在被告康某未履行上述债务情形下拍卖、变卖质押物宝马牌小轿车,所得价款由原告优先受偿的诉请应当予以支持。

第二,房屋抵押问题。原告史某和被告康某已经办理了房屋抵押登记,而没有经过史某的同意,康某将该房屋卖给第三人潘某,虽然潘某不知情,但是抵押登记也能起到公示作用,潘某购买房屋之前应当查清该房屋的登记状态,抵押信息一般记录在不动产登记簿上。因此,潘某应当知道不能购买已抵押的房屋。因史某的抵押在先,潘某和康某之间的房屋买卖合同无效。

第三，挖土机的抵押问题。《民法典》规定，“船舶、航空器和机动车等的物权的设立、变更、转让和消灭，未经登记，不得对抗善意第三人”。据此规定，机动车抵押与机动车质押有两个方面明显不同：(1)以机动车设立抵押的，抵押权自抵押合同生效时设立。也就是说，只要抵押合同生效就能设立抵押权，而无须将车辆交付给债权人占有，而抵押合同的前提条件是抵押权登记，没有登记就不能对抗善意第三人。(2)以机动车设立质押的，即使质押合同生效，但未将车辆交付债权人占有的，该质权也未设立，债权人就不能对质押的机动车主张优先受偿权。本案中，史某和康某虽然关于挖土机签订了书面的合同，但是没有进行抵押登记，史某也没有以实际占有的方式行使质押权；反而由潘某购买占用并将所有权变更到自己名下。所以，史某无法享受对挖土机的优先受偿权。

法条链接

《民法典》第三百八十六条、第三百八十七条、第三百八十八条、第三百八十九条、第三百九十条、第三百九十四条、第三百九十五条、第三百九十六条、第三百九十七条、第三百九十八条、第三百九十九条、第四百条、第四百零一条、第四百零二条、第四百零三条、第四百零四条、第四百零六条、第四百一十条、第四百一十一条、第四百一十六条、第四百一十九条、第四百二十五条、第四百二十六条、第四百二十七条、第四百二十八条、第四百二十九条、第四百三十六条、第四百三十七条、第四百三十八条、第四百三十九条

《最高人民法院关于适用〈中华人民共和国民法典〉有关担保制度的解释》第四十一条、第四十二条、第四十三条、第四十四条、第四十五条、第四十六条、第四十七条、第四十八条、第四十九条、第五十二条、第五十三条、第五十四条、第五十六条

知识拓展

抵押权

抵押权是债权人对债务人或者第三人不转移占有的担保财产，在债务人届期

不履行债务或者发生当事人约定的实现抵押权的情形时,依法享有的就该抵押财产的变价处分权和优先受偿权的总称。

抵押权所依托的行为是抵押行为。如某人向银行申请贷款,并以自己的住房作抵押的行为。

抵押权顺序

抵押权顺序也叫抵押权的次序,是指同一财产上有数个抵押权时,各个抵押权人优先受偿的先后次序。

先顺序的抵押权人优先于后顺序的抵押权人受偿,后顺序的抵押权人就只能在先顺序抵押权人受偿之后的抵押物价值余额中得到受偿。同一顺序的抵押权人则按照各自债权额的比例进行受偿。

诉讼第三人

民事诉讼第三人,是指对他人争议的诉讼标的有独立请求权,或者虽无独立的请求权,但案件的处理结果与其有法律上的利害关系,而参加到原告、被告已经开始的诉讼活动中的人。

诉讼第三人分为两类:一是有独立请求权的第三人;二是无独立请求权的第三人。

第六章　民间借贷的诉讼时效

三十九、民间借贷的诉讼时效如何计算？

——请你记住在三年之内起诉要钱

经典案例

黄某分别向周某、胡某、老孙、老伊和森林公司出借钱款。具体如下：

2015 年 6 月 1 日，黄某向周某出借 5 万元。周某出具的借条内容为："今向周某借 5 万元，在 2017 年 6 月 1 日之前还清。"借款到期后周某未偿还，黄某要求偿还时，周某明确地回答说："没有钱，不能还。"

2016 年 1 月 2 日，胡某借了 10 万元，写了"今天从黄某处借款 10 万元"的借条，没有写还款日期。黄某催款时，胡某称："我们没约定还款时间，所以我什么时候有了钱就什么时候还款。"

2016 年 8 月 13 日，黄某向老孙出借了 15 万元，老孙写了 1 张借条，承诺在 1 个月内偿还。到期未还，黄某找不到老孙，所以没有催款。

2016 年 11 月 1 日，黄某与老伊签订了 1 份借款合同，黄某向老伊出借 50 万元，约定分 5 年还清，每年还 10 万元，最后一笔 10 万元的还款期限为 2021 年 11 月 1 日。但是老伊在 2017 年还了 10 万元后，没还 2018 年和 2019 年应当偿还的债务。2020 年 1 月，黄某对老伊说："看来，你不讲信用了，所以今年把 40 万元余款全部一次性还清。"但是老伊决绝称："我们约定的最后还款期限为 2021 年 11 月 1 日，我到最后还款期才需要还全部欠款。"

2010年10月10日，森林公司从黄某处借到50万元，双方约定借款期限为5年，年利率为10%。到期后森林公司未偿还借款，但在2016年5月、9月，2017年1月、12月，2018年3月通过银行转账支付借款当年利息。到2018年12月，森林公司以“借款时效已过”为由拒绝偿还。

黄某为了采取合法手段实现上述债权，于2020年3月1日，找律师咨询，他想要了解有关诉讼时效的问题。那么，民间借贷的诉讼时效是怎样计算的呢？

案情分析

在日常生活中，民间借贷的还款期限主要表现为两种形式：一是对还款期限有明确的约定的借款合同，二是对还款期限没有约定，或约定不明确的借款合同。根据《民法典》的规定，向人民法院请求保护民事权利的诉讼时效期间为3年。诉讼时效期间自权利人知道或者应当知道权利受到损害以及义务人之日起计算。但是自权利受到损害之日起超过20年的，人民法院不予保护。

对民间借贷纠纷来说，有明确还款期限的，诉讼时效为3年；没有还款期限的，诉讼时效为20年。若诉讼时效已过，债权人通过法院主张债权的，在审判过程中债务人以诉讼时效已过为由抗辩的，法院可能驳回债权人的诉讼请求，债权人可能无法要回借款。但法律和司法解释对诉讼时效问题做了较细致的规定，按情况分别处理。主要如下：

1. 当事人未提出诉讼时效抗辩，人民法院不应对诉讼时效问题进行释明及主动适用诉讼时效的规定进行裁判。

2. 虽然已过3年诉讼时效，但是债权人能够证明在这3年中一直催要，对方同意履行义务的事实，视为诉讼时效中断。催要方式是多种的，比如，口头、书面、电话、信件或者数据电文方式等。信件或者数据电文到达或者应当到达对方当事人的，视为诉讼时效中断。

3. 债权人向公安机关、人民检察院、人民法院报案或者控告，请求保护其民事权利的，或者向人民调解委员会以及其他依法有权解决相关民事纠纷的国家机关、事业单位、社会团体等社会组织提出保护相应民事权利的请求的，诉讼时效从提出请求、控告、报案之日起中断。上述机关决定不立案、撤销案件、不起诉的，诉讼时效期间从权利人知道或者应当知道不立案、撤销案件或者不起诉之日起重新计算；刑事案件进入审理阶段，诉讼时效期间从刑事裁判文书生效之日起重新计算。

4. 债务人作出分期履行、部分履行、提供担保、请求延期履行、制订清偿债务计划等承诺或者行为的，视为诉讼时效中断。

5. 债务人下落不明，债权人在国家级或者下落不明的债务人住所地的省级有影响的媒体上刊登具有主张权利内容的公告的，诉讼时效中断。

6. 对于连带债务人中的一人发生诉讼时效中断效力的事由，应当认定对其他连带债务人也发生诉讼时效中断的效力。

7. 债权转让的，应当认定诉讼时效从债权转让通知到达债务人之日起中断。债务承担情形下，构成原债务人对债务承认的，应当认定诉讼时效从债务承担意思表示到达债权人之日起中断。

8. 在诉讼时效期间的最后 6 个月内，因下列障碍，不能行使请求权的，诉讼时效中止：

（1）不可抗力；

（2）无民事行为能力人或者限制民事行为能力人没有法定代理人，或者法定代理人死亡、丧失民事行为能力、丧失代理权；

（3）继承开始后未确定继承人或者遗产管理人；

（4）权利人被义务人或者其他人控制；

（5）其他导致权利人不能行使请求权的障碍。

自中止时效的原因消除之日起满 6 个月，诉讼时效期间届满。

9. 有下列情形之一的，诉讼时效中断，从中断、有关程序终结时起，诉讼时效期间重新计算：

（1）权利人向义务人提出履行请求；

（2）义务人同意履行义务；

（3）权利人提起诉讼或者申请仲裁；

（4）与提起诉讼或者申请仲裁具有同等效力的其他情形。

10. 下列请求权不适用诉讼时效的规定：

（1）请求停止侵害、排除妨碍、消除危险；

（2）不动产物权和登记的动产物权的权利人请求返还财产；

（3）请求支付抚养费、赡养费或者扶养费；

(4)依法不适用诉讼时效的其他请求权。

11. 当事人在一审期间未提出诉讼时效抗辩,在二审期间提出的,人民法院不予支持,但其基于新的证据能够证明对方当事人的请求权已过诉讼时效期间的情形除外。

12. 虽然诉讼时效期间届满,但是当事人一方向对方当事人作出同意履行义务的意思表示或者自愿履行义务后,又以诉讼时效期间届满为由进行抗辩的,人民法院不予支持。

13. 当事人约定分期履行合同债务的,诉讼时效期间自最后一期履行期届满之日起开始计算。在履行期限届满之前,债务人明确表示或者以自己的行为表明不履行主要债务的视为违约,债权人有权解除合同,要求债务人提前履行未到期债务,提前还款。

14. 民间借贷关系中,双方没有约定还款期限的,或者约定不明确的,债权人在20年的诉讼期限内,随时可以要求债务人还款,但是应当给对方必要的准备时间。

根据上述规定,黄某的5起案件可以如下处理:

第一,周某的5万元借款的还款期限在2017年6月1日到期,并同时拒绝偿还。因2017年10月1日起民间借贷案件的诉讼时效变更为3年,对于本案应当适用3年的诉讼时效。因此,黄某在2020年5月31日前向人民法院起诉的,诉讼时效未过。

第二,虽然双方对胡某的10万元借款,没有约定还款期限,但黄某有权随时索要,胡某“赚钱后还债”的理由不能成立。

第三,老孙借的15万元借款在2016年9月12日到期,黄某应在2019年9月11日之前诉至法院,主张债权。但黄某以“找不到老孙”为由没有催要。实际上,黄某应向起诉状上写明的老孙户籍所在地或者常住地的法院提起诉讼,由法院按地址送达起诉状,如果老孙下落不明的,法院会公告送达。如果老孙拒不到庭,法院会缺席判决。即使法院不能开庭审理本案,只要黄某及时提起诉讼,就不会超过诉讼时效,但黄某未按法定程序及时提起诉讼。因此,如果黄某不能证明诉讼时效中断的,本案可能视为已过诉讼时效。但是老孙未提出诉讼时效的抗辩,人民法院不会主动适用诉讼时效的规定而驳回黄某的诉讼请求。

第四,老伊与黄某签订的合同是分期还款合同,债务人不履行到期还款义务即构成违约，故黄某要求一并偿还全部债务是于法有据的，老伊的抗辩不能成立。

第五，森林公司最后付息的时间为2018年3月，拒绝偿还债务的时间是2018年12月，从此时算起，诉讼时效将在2021年12月到期。

森林公司虽然未还借款本金，但是一直付利息。因此，诉讼时效不能从停止还本金时间开始计算，而应自停止付利息、拒绝还款时间开始计算。因为付利息也视为同意履行的行为表示。森林公司以不还本金而付利息的方式故意拖延时间，最后以"对借款的本金来说，诉讼时效已过"为由的抗辩是一种民事欺诈行为，法律不允许这种不诚信行为。

法条链接

《民法典》第一百八十八条、第一百八十九条、第一百九十条、第一百九十二条、第一百九十三条、第一百九十四条、第一百九十五条、第一百九十六条、第一百九十七条、第一百九十八条、第一百九十九条、第二百条、第二百零一条、第二百零二条、第二百零三条、第二百零四条、第五百一十条、第五百一十一条、第五百六十三条、第五百七十八条、第六百七十五条

《最高人民法院关于适用〈中华人民共和国民法典〉时间效力的若干规定》第一条、第二条、第三条、第四条、第五条

《最高人民法院关于审理民事案件适用诉讼时效制度若干问题的规定》第二条、第三条、第四条、第六条、第八条、第九条、第十条、第十一条、第十二条、第十三条、第十四条、第十五条、第十六条、第十七条、第十八条、第十九条

知识拓展

诉讼时效

诉讼时效是指民事权利受到侵害的权利人在法定的时效期间内不行使权利，当时效期间届满时，债务人获得诉讼时效抗辩权。

诉讼时效分为一般诉讼时效和特别诉讼时效。

一般诉讼时效为3年。

特别诉讼时效优于一般诉讼时效。也就是说，凡是法律有特殊时效规定的，适用特殊时效。特别诉讼时效根据案件性质不同而不同，有些案件的诉讼时效短于一般诉讼时效，有些案件的诉讼时效比一般诉讼时效还长。最长时间为20年。

诉讼时效具有强制性，任何时效都由法律、法规强制规定，任何单位或个人违反法律规定对时效的延长、缩短、放弃等约定都是无效的。

诉讼时效期间的起算

诉讼时效期间的开始，是指从权利人知道或者应该知道权利被侵害时起计算，即从权利人能行使请求权之日开始算起。这里关键问题在于如何理解“知道或者应当知道”。对此，可以分两个方面来剖析：

1.“知道或者应当知道”。“知道”即指权利人了解权利被侵害事实，可以开始请求人民法院保护其民事权利。这一规定从民法意思自治的精神出发，有效地维护了权利人的合法权益。“应当知道”则是一种法律上的推定，无论当事人事实上是否知道权利受到侵害，只要从客观上存在知道的条件和可能性，即使权利人由于主观过错，应当知道而没有知道其权利受到侵害的，也应当作为诉讼时效的起算点。这一规定是为了防止权利人的权利被滥用，借口不知道权利被侵害而规避诉讼时效。

2.“权利被侵害”主要是指债权包括合同之债、侵权之债等债务没有得到完全及时地履行，或者人身受到损害而没有得到赔偿。

由于民事案件形态各异，千差万别，很难一言概括诉讼时效的起算点。具体到各案，它的诉讼时效起算点也就不同。

诉讼时效的中断

诉讼时效的中断是指在诉讼时效进行中，因发生一定的法定事由，致使已经经过的诉讼时效期间统归无效，待该法定事由消除后，诉讼时效期间重新起算的制度。

不可抗力

不可抗力是指不能预见、不能避免且不能克服的客观情况。不可抗力是一项免责条款，是当事人签订合同后，不是由于合同当事人的过失或疏忽，而是由于发生了合同当事人无法预见、无法预防、无法避免和无法控制的事件，以致不能履行或不能如期履行合同的情形。因不可抗力不能履行民事义务的，不承担民事责任。法律另有规定的，依照其规定。

不可抗力条款中主要包括以下几种情形：

1. 自然灾害、如台风、冰雹、地震、海啸、洪水、火山爆发、山体滑坡。

2. 政府行为，如征收、征用、封锁。

3. 社会异常事件，如战争、武装冲突、罢工、骚乱、暴动、疫情等。

在不可抗力的适用上，有以下问题值得注意：

1. 合同中是否约定不可抗力条款，不影响是否可以直接援用法律规定。

2. 不可抗力条款是法定免责条款，约定不可抗力条款如小于法定范围，当事人仍可援用法律规定主张免责；如大于法定范围，超出部分应视为另外成立了免责条款。

3. 不可抗力作为免责条款具有强制性，当事人不得约定将不可抗力排除在免责事由之外。

4. 不可抗力的免责效力。因不可抗力不能履行合同的，可根据不可抗力的影响，部分或全部免除责任。但有以下例外：金钱债务的迟延责任不得因不可抗力而免除；迟延履行期间发生的不可抗力不具有免责效力。

5. 不可抗力发生后，不能按规定履约的一方应当将不可抗力事件及时通知对方当事人，并在合理时间内提供必要的证明文件，以减轻可能给另一方造成的损失。在我国不可抗力的有关的证明文件由中国国际贸易促进委员会出具。各地政府、司法部门的文件也可以证明当地出现不可抗力事件的事实。

四十、《民法典》对民间借贷案件诉讼时效的影响
——2017 年变更的诉讼时效制度

经典案例

从 2014 年 5 月 1 日开始，攀某向多人提供借款，因长期在外地做生意没有及时催款。2020 年 4 月，攀某向律师出示相关借据咨询诉讼时效问题。对于民间借贷案件，是适用 2 年的诉讼时效，还是适用 3 年的诉讼时效呢？

案情分析

法律之所以规定诉讼时效制度，主要是为了让群众及时维护自身的合法权益，同时节约司法资源、提升司法效率、有效化解矛盾纠纷。但是诉讼时效不应该成为逃债的工具。2017 年 10 月 1 日《民法总则》实施后，民间借贷案件原来 2 年的诉讼时效改为 3 年，诉讼时效的延长是立法机关在充分维护当事人诉权和提升司法效率之间的平衡。《民法典》保留了《民法总则》的绝大部分内容，也维持了 3 年的诉讼时效制度。但是这不意味着 2017 年 10 月 1 日后起诉的全部民间借贷案件一律适用 3 年的诉讼时效。具体如下：

1. 2017 年 10 月 1 日起开始计算诉讼时效期间的，适用 3 年诉讼时效。比如，某一借款的还款期限为 2017 年 10 月 1 日，可以到法院起诉的有效时间截至 2020 年 9 月 30 日。

2. 截至 2017 年 10 月 1 日当日，已起算的诉讼时效期间尚不满 2 年的，适用 3 年诉讼时效。比如，某一借款的还款时间为 2015 年 10 月 15 日的，出借人可以在 2018 年 10 月 14 日之前起诉。

3. 截至 2017 年 9 月 30 日当日，已起算的诉讼时效期间已满 2 年的，适用 2 年诉讼时效。比如，某一借款的还款期限为 2015 年 9 月 28 日的，出借人应当借款到期之日起 2 年之内起诉，不能因在 2017 年 10 月 1 日新法律实施之后起诉而延长诉讼时效。

4. 截至 2017 年 10 月 1 日当日，中止时效的原因尚未消除的，适用 3 年的诉讼时效。比如，某一笔借款在 2015 年 9 月 1 日到期，出借人应该在 2017 年 8 月 30 日之前起诉，但是债权人于 2017 年 7 月 30 日遭遇自然灾害无法起诉，2017 年 10 月 15 日恢复正常。本案应当适用 3 年的诉讼时效。

法条链接

《民法典》第一百八十八条

《最高人民法院关于适用〈中华人民共和国民法典〉时间效力的若干规定》第一条、第二条、第三条、第四条

知识拓展

司法解释

司法解释是指由国家最高司法机关在适用法律过程中对具体应用法律问题所作的解释。司法解释可分为审判解释和检察解释。

审判解释即最高人民法院对人民法院在审判工作具体应用法律的问题所作的解释。检察解释是最高人民检察院对其在检察工作中具体应用法律的问题所作的解释。

司法解释是我国特有的制度,具有一定的中国特色。在司法实践中,司法解释具有较强的指导性和可操作性,发挥着不可估量的作用。

最高人民法院出台的司法解释的形式分为"解释"、"规定"、"规则"、"批复"和"决定"五种:

1. 对在审判工作中如何具体应用某一法律或者对某一类案件、某一类问题如何应用法律制定的司法解释,采用"解释"的形式。

2. 根据立法精神对审判工作中需要制定的规范、意见等司法解释,采用"规定"的形式。

3. 对规范人民法院审判执行活动等方面的司法解释,可以采用"规则"的形式。

4. 对高级人民法院、解放军军事法院就审判工作中具体应用法律问题的请示制定的司法解释,采用"批复"的形式。

5. 修改或者废止司法解释,采用"决定"的形式。

司法机关

司法机关是指依照宪法和法律代表国家行使审判权和法律监督权的机关,是国家机构的基本组成部分。中国的司法机关在狭义上专指人民法院,广义上还包括人民检察院。其中,人民法院是审判机关,人民检察院是法律监督机关。

第七章　民间借贷的责任认定

四十一、借款人未在借条上签字、按指印的，如何认定实际借款人？

——实际履行也能证明合同关系

经典案例

2021年1月3日，甲经乙的介绍，向乙的朋友丙借款25万元。后乙因资金短缺向丙借钱，但是丙无现金可借，对乙言明："如果你能向甲追回本人出借的25万元，我愿将此款转借给你。"乙将上述情况转告甲之后，甲说其现在没有能力偿还。乙对甲说："无论如何你给我找25万元。"之后，甲以借款人为乙，保证人为甲的形式立借条向丁借款25万元，并约定利息，同时，吩咐把钱打到乙的账户上。2021年5月2日，丁将25万元借款打入乙的银行账户。

后丁凭此借条向乙主张25万元债权，乙以借条不是其本人所写，是甲所写，应该是甲借的款为由拒绝还款。

本案的实际借款人是谁？

案情分析

本案涉及的问题是，借款人未在借条上签字、按指印的，应该如何认定谁是实际借款人？

借条上借款人的签字、按指印并非其本人所为，除应查明签印人外，还要综合考虑出具借条时的具体情形、当事人行为的合理性和各当事人之间形成的法律关系等因素来确定实际借款人。

要确定本案借款人是谁，不应当以借条上的签名由谁书写作为确定借款人的唯一标准，更要看借款实际由谁取得收益。案例中，虽然乙没有明说，但是他想的是甲向丁还款，乙向丙还款，就算两笔借款相互抵销。但是丙的要求是让乙要回其借给甲的借款，而不是通过甲向丁借钱。要实现这两笔借款的抵销，甲、丙、丁之间要形成抵销合意，然后乙和丙，甲和丁之间分别成立新的借贷关系。但是，在当事人之间尚未形成抵销合意的情况下，乙直接接受了丁的借款。根据《民法典》的规定，自然人之间的借款合同，自贷款人提供借款时成立。根据《最高人民法院关于审理民间借贷案件适用法律若干问题的规定》第九条的规定，以银行转账、网上电子汇款等形式支付的，自资金到达借款人账户时，可以视为自然人之间的借款合同成立。

因此，丙虽然没有在借条上签名，但是他向丁接受借款的行为，可以理解为以实际行动履行合同。故甲的行为是一种代理行为。代理是指代理人在代理权限内，以被代理人名义与第三人实施民事法律行为，其法律后果由被代理人承担的法律制度。所以，这笔借款的借款人是乙，而甲是保证人。如果乙不能偿还，甲承担保证责任后，可以向乙追偿。

法条链接

《民法典》第一百六十一条、第一百六十二条、第一百六十三条、第一百六十四条、第四百六十九条、第四百九十条、第六百七十九条、第六百八十一条、第六百八十六条、第六百八十七条、第六百八十八条

《最高人民法院关于审理民间借贷案件适用法律若干问题的规定》第九条

知识拓展

诉讼代理人

民事案件的诉讼代理人，可以分为两类：法定诉讼代理人和委托诉讼代理人。

法定诉讼代理人,是指根据法律规定,代无诉讼能力的当事人为诉讼行为的人,如由他的监护人作为法定代理人代为诉讼。法定代理人之间互相推诿代理责任的,由人民法院指定其中一人代为诉讼。

委托诉讼代理人,是指根据当事人或其法定代理人委托,代当事人为诉讼行为的人。我国《民事诉讼法》规定,民事诉讼案件当事人可以委托律师、基层法律服务工作者、近亲属作为诉讼代理人。法人和非法人组织可以委托律师、基层法律服务工作者或者工作人员作为诉讼代理人。当事人所在社区、单位以及有关社会团体推荐的公民也可以担任诉讼代理人。诉讼代理人最多可以是2名。

民事、行政诉讼案件的委托诉讼代理人根据授权范围不同分为特别代理和一般代理两种类型。离婚案件有诉讼代理人的,本人除不能表达意思的以外,仍应出庭;确因特殊情况无法出庭的,必须向人民法院提交书面意见。其他案件中,在特别授权的情况下当事人可以不出庭,法院为了查明某个事实要求当事人本人出庭的除外。

抵销

“抵销”又称“充抵”,是指二人互负债务且其给付种类相同的情形,各以其债权充当债务之清偿,而使其债务与相对人的债务在对等额内相互消灭。

抵销分为法定抵销和合意抵销:

法定抵销,是指依法律规定的抵销条件而抵销。《民法典》第五百六十八条规定:“当事人互负债务,该债务的标的物种类、品质相同的,任何一方可以将自己的债务与对方的到期债务抵销;但是,根据债务性质、按照当事人约定或者依照法律规定不得抵销的除外。当事人主张抵销的,应当通知对方。通知自到达对方时生效。抵销不得附条件或者附期限。”

合意抵销又称为“约定抵销”“意定抵销”“契约上抵销”,是指依照双方当事人的意思表示一致而抵销双方所负的债务。合意抵销是当事人意思自治的体现。

法定抵销与合意抵销之间的区别:(1)法定抵销要求标的物的种类、品质相同,而合意抵销的标的物种类、品质可以不同;(2)法定抵销要求当事人双方互负债务均已到期,而对于合意抵销而言,双方当事人互负的债务即使没有到期,只要双方当事人协商一致,也可以抵销;(3)当事人基于法定抵销而主张抵销的,应当通知对方。通知自到达对方时生效。而对于合意抵销而言,双方经协商一致,达成抵销协议时,发生抵销的法律效力。

四十二、借条落款是公司及法定代表人的名字,但没有加盖公章,那么借款人是公司还是个人?
——法定代表人的职务行为代表公司

经典案例

2021年9月,韩某担任天空公司的法定代表人一职。2021年10月8日,在天空公司总经理的办公室韩某向卢某说:"公司近期要开发一个大项目,但资金短缺,希望你给我们出借25万元,1个月内还清。"并给他出示了公司的相关申请项目材料、政府的批文以及为了该项目向银行提交的贷款申请书等材料。后卢某同意借款并按照韩某的要求当场用手机银行将25万元转账到韩某的个人银行账户。韩某出具借条载明:"因公司开发项目资金短缺,今天向卢某借款25万元,利息为年利率10%计算,1个月内公司将这笔借款还清。"借条落款写明公司名称、法定代表人韩某姓名以及时间并按指印。但韩某以"公司负责财务和公章的工作人员因假日探亲回家尚未回到工作岗位,她回来后补盖公司公章,到时候我会给你打电话通知,你过来在借条上盖章"为由没盖章。但之后韩某没有通知让卢某过来在借条上盖章。

借款到期后,韩某以各种理由拖欠,卢某找公司的昕某、卓某两位股东要求公司负责还款。但他们拒绝称:"这笔借款不是公司借的,也不是公司用的,应由韩某自己还款。"2022年1月韩某的法定代表人一职被撤职并且被取消股东的资格。

那么,这笔债由谁来偿还?

案情分析

本案的争议焦点是怎么认定法定代表人出具的借条的责任主体问题。

一般来说,公司的法定代表人对外是代表公司的。因此,大多数时候,法定代表人的行为是公司的行为。但法定代表人具有双重身份。一是公司的法定代表人;二是自然人。因此,他在日常生活中的活动不一定都代表公司,因为他也是一个人,也有自己的生活和个人的经济关系。因此,确定公司法定代表人借款为公司债务或个人债务,最重要的一条就是法定代表人借款时是代表公司还是个人。

在本案中,卢某出借时相信韩某在代表公司借钱,因为借款在总经理办公室进行的,韩某也出示了公司相关材料让卢某相信这笔借款是用于公司项目,并以公司的名义出具借条。那么,借条上没有加盖公司公章也应该要公司承担债务吗?

日常生活中,公司对外签订的合同由法定代表人签字并加盖公司公章,这就是较为规范的公司行为。但是在我国除《票据法》中规定在票据上必须加盖公章之外,其他有关合同的法律法规中并无关于合同签订未加盖公司公章而无效的强制性规定。《民法典》第四百九十条规定:“当事人采用合同书形式订立合同的,自当事人均签名、盖章或者按指印时合同成立。在签名、盖章或者按指印之前,当事人一方已经履行主要义务,对方接受时,该合同成立。”该规定要求合同生效的要件为“自当事人均签名、盖章或者按指印时合同成立”。这里用的“、”“或者”是表达三种条件中任何一种都可以被选择。因此,是否加盖公司公章不是合同生效的唯一前提条件。但是,如果合同中有“盖章后才生效”之类的明确约定,就必须是盖章后生效。

除此外,根据《民法典》的规定,法定代表人以公司名义进行的民事活动,其法律后果由公司负责,不得以公司内部的规章制度为由对不知情的善意第三人进行抗辩。又规定,“合同生效后,当事人不得因姓名、名称的变更或者法定代表人、负责人、承办人的变动而不履行合同义务”。

从卢某处借的25万元是用于公司还是韩某个人使用?这个问题不是卢某能掌握和控制的。卢某出借时相信韩某将借款用于公司,并对此信任是有相关依据的。如果公司能证明韩某将钱用于私人,公司与韩某作为连带被告,给卢某偿还债务后,公司可向韩某追偿。因此,在韩某与公司之间的约定或者该25万元的用处等问题上,可以将卢某视为善意第三人。

那么,公司法定代表人以公司名义的所有借款都应由公司负责吗?

这个问题不能一概而论。如果法定代表人与出借人事先串通损害公司利益,或者出借人事先知道按照公司的规定法定代表人没有签订合同的权利而签订合同的，由此产生的债务公司不负责。

总之，法定代表人以公司名义与出借人签订民间借贷合同，有证据证明所借款项系法定代表人个人使用，出借人请求将法定代表人和公司列为共同被告的，人民法院应予准许；法定代表人以个人名义与出借人签订民间借贷合同，所借款项用于该公司的生产经营，由公司与个人共同承担责任的。

法条链接

《民法典》第六十一条、第六十二条、第一百六十一条、第一百七十二条、第四百九十条、第五百零二条、第五百零四条、第五百三十二条

《最高人民法院关于审理民间借贷案件适用法律若干问题的规定》第二十二条

知识拓展

法人

法人是指具有民事权利能力和民事行为能力，依法独立享有民事权利和承担民事义务的组织。法人具备以下条件：(1)依法成立；(2)有必要的财产或者经费；(3)有自己的名称、组织机构和场所；(4)独立承担民事义务。

法人分为营利法人、非营利法人和特别法人：

1. 营利法人，以取得利润并分配给股东等出资人为目的成立的法人。营利法人包括有限责任公司、股份有限公司和其他企业法人等。

2. 非营利法人，为公益目的或者其他非营利目的成立，不向出资人、设立人或者会员分配所取得利润的法人。非营利法人包括事业单位、社会团体、基金会、社会服务机构等。

3. 特别法人，机关法人、农村集体经济组织法人、城镇农村的合作经济组织法人、基层群众性自治组织法人，为特别法人。

非法人组织

非法人组织是指不具有法人资格，但是能够依法以自己的名义从事民事活动的组织。非法人组织包括个人独资企业、合伙企业、不具有法人资格的专业服务机构等。

善意第三人

善意第三人是指除了法律关系双方以外的，不知道法律关系双方的真实情况的第三人。

无权处分他人动产或不动产的占有人，将动产或不动产转让给第三人以后，如果第三人不知道真实情况的，以合理价格受让的，且转让的不动产或者动产依照法律规定应当登记的已经登记，不需要登记的已经交付给受让人，该受让行为有效。这叫作“善意取得”。

原所有人对此转让有异议的，有权向无处分权人请求赔偿损失。

因此善意取得必须具备如下三个条件：(1)不知道真实情况；(2)以合理价格受让；(3)应当登记的已经登记，不需要登记的已经交付给受让人。

例如，甲与乙签订合同，将乙名下的一套房屋以市场价购买并依法过户到自己名下。事后，乙的兄妹提出异议称：“房子是我们的父母出资购买以乙的名义落户的，父母去世后我们因某些原因没有变更登记。父母去世前口头遗嘱让我们三个兄妹共同共有此房屋，乙未经我们的同意出卖房屋是无效的。”如果甲购买房屋前，不知道该房屋是遗产，则该买卖是有效的，乙的兄妹的异议不成立。

需要注意的是，夫妻共有的房屋与男方或女方一方签订的购买合同一般无效的。因为夫妻共有是法律规定，第三人应当知道。但是未签合同的夫妻一方，事前明知该买卖，并未提出异议，事后仅仅是以没有夫妻共同签名为由主张合同无效的，这种异议不能成立。比如，夫妻俩一起清收房款，或者一起商议房款，在起草、签订合同、看房、交接等过程中都在场的，但是在合同上没有签名的，该买卖一般视为夫妻共同的意思表示。

四十三、在借条的非正常位置签名的，签名者的身份如何认定？
——未明确表示就不能认定为保证人

经典案例

葛某以“吴某偿还借款3万元，沈某对这笔借款承担保证责任”为内容向法院起诉，并对自己的主张向法院提交了1份借条。在借条上载明“因种植资金短缺，本人向葛某借款3万元，保证在1个月之内还清，立据人：吴某，2021年2月1日”，在日期下一行签字“沈某”。

吴某经人民法院传票传唤，无正当理由拒不到庭。沈某在庭审中答辩称：“我认识本案中的原告葛某和被告吴某，但我与他们并不熟悉，且无任何经济来往。2021年2月1日，我去集市买东西遇到他们。当时他们正在说借款事宜。葛某给吴某3万元现金，吴某给葛某书写1份借条。葛某跟我说：‘毕竟你也在借款现场，所以以证人的名义签个字吧。’我就不好意思拒绝，因此在借条上签了字，但对这笔借款我不是保证人，当时也没说保证一事。后来我听说吴某欠了别人很多钱，现在在外面躲债。在此过程中，葛某也没有找我说过3万元的事，现在葛某觉得从吴某那里要不回来这笔借款，所以把我也起诉了，我只是证人，我不承担保证责任。”沈某没有向法庭提交证据。

那么，沈某是保证人还是证人？

案情分析

公民在从事民事活动中应当遵守法律、尊重社会公德，还要遵循自愿原则、诚信原则、秉持诚实，恪守承诺。

借款合同一般在开头写明双方当事人的身份信息，然后写合同内容，最后是双方签字、按指纹或者盖章。如果有保证人，在借款合同开头的身份信息部分写明保证人的身份信息，合同落款部分要有借款人和保证人签字的空间。大多数情况下，在借款合同内容中写明保证方式、保证责任等内容，最起码在保证人的名字前面要写明“保证人”等字样。

在本案中的借条上只写了沈某的名字，没有注明沈某是保证人。此外，沈某姓名写在日期下面，按照习惯，保证人名字应该签在借款人名字下面，日期前面。

在借条中，除借款人之外有签字的人，并未标明是保证人时，如果原告对其主张是保证人的，除了借条之外，应当提供其他证据加以证明其对借款提供保证的事实，如果不能证明，那么不予认定其为保证人。故本案中的沈某不是保证人，可以视为证人。

法条链接

《民法典》第五条、第七条、第六百八十一条、第六百八十二条、第六百八十四条、第六百八十五条、第六百八十六条

《民事诉讼法》第六十七条

《最高人民法院关于适用〈中华人民共和国民事诉讼法〉的解释》第九十条、第九十一条

《最高人民法院关于审理民间借贷案件适用法律若干问题的规定》第二十条

知识拓展

缺席判决

“缺席判决”又称“缺席审判”，是指在民事案件当中被告经传票传唤无正当理由拒不到庭，又未委托诉讼代理人，或虽然委托诉讼代理人，但代理人未到庭或者未经法庭许可中途退庭的，法院在一方当事人缺席时所作的判决。人民法院对必须到庭的被告，经两次传票传唤，无正当理由拒不到庭的，可以拘传。

缺席判决时，法院依据到庭当事人的陈述及提交的证据作出判决。如果被告庭审前提交答辩状，会参考其意见。因此，被告未到庭时作出的判决书未必对被告不利。但因被告未到庭不能在法庭调查、陈述、举证、质证、辩论、最后陈述等过

程中发表意见,因此对被告存在一定的不确定因素。

原告经传票传唤,无正当理由拒不到庭的,或者未经法庭许可中途退庭的,可以按撤诉处理。

标的

标的是指行为人想实现的目的和所欲达到的效果;在合同当中,指当事人双方权利和义务所共同指向的对象。标的在民事法律行为中占有重要地位,没有标的,法律行为不能生效。

标的也是合同成立的必要条件,是一切合同的必备条款。合同标的一般分为四类:

1. 有形财产,如生产资料与生活资料、货币和有价证券等。

2. 无形财产,通常为智力成果。

3. 劳务,如运输合同中的运输行为,委托合同中的代理、行纪、居间行为等。

4. 工作成果。

需要注意的是,标的和标的物并不是永远一致的。例如,在房屋租赁中,标的是房屋租赁关系,而标的物是所租赁的房屋。并且,一个合同必须有标的,而不一定有标的物。例如,在提供劳务的合同中,标的是当事人之间的劳务关系,就没有标的物。

第八章　民间借贷的利率、利息和违约责任

四十四、民间借贷中未约定逾期还款利息或违约金，债权人能否主张逾期还款利息？

——违信背约要付出代价

经典案例

2020 年 11 月 1 日，溪某与老孙签订了 1 份借款合同，老孙向溪某借款 20 万元，年利率 12%，还款时间为 2021 年 10 月 31 日；过了 1 个月后，老孙又向溪某借款 10 万元，这次双方没有签订正式的借款合同，老孙向溪某出具了 1 份借条，载明："今本人向溪某借到 10 万元，保证在 2021 年 10 月 31 日之前还清。借款人：老孙。"

到还款日期后，溪某多次催款，老孙以各种理由拖欠不还。溪某遂于 2022 年 4 月 1 日，向法院起诉，要求老孙归还借款本金 30 万元。并要求老孙支付 20 万元借款自 2020 年 11 月 1 日至借款偿付完毕之日为止按照年利率 12% 计算的利息；同时要求 10 万元自 2021 年 11 月 1 日至此笔借款实际偿还为止，按照贷款市场报价利率标准支付逾期期间的利息。

老孙在法庭上辩称："1. 本人承认 30 万元的借款，也承认其中 20 万元一年 12% 的期内利息，但是我们在借款合同上明确约定一年的利息，可溪某要求 2021 年 11 月 1 日之后仍然让我支付利息的诉讼请求是没有依据的；2. 后面借的 10 万

元没有约定利息，也没有约定违约金或者逾期还款利息。总之，两笔借款都没有约定逾期利息，所以我只承担30万元本金和其中20万元一年的12%利息，不承担违约金或逾期还款利息。”

那么，老孙应否承担逾期还款利息？

案情分析

本案中，双方当事人对两笔借款的本金、还款时间和第一笔借款的期内利息均未异议，同时双方都承认第二笔借款没有期内利息，又没有约定逾期利息的事实。故本案的争议焦点是老孙应否承担逾期还款利息？如果要承担，利息该如何计算？

借款人的主要义务就是还款付息，未按期归还借款是一种严重的违约行为，给债权人的合法权益带来较大的损害，因此必须承担相应的违约责任。根据《民法典》的规定，当事人一方不履行合同义务或者履行合同义务不符合约定的，应当承担继续履行、采取补救措施或者赔偿损失等违约责任。借款纠纷中的损失通常认定为借款的利息。对民间借贷案件来说，支付逾期还款利息是一种常见的违约责任。

本案中，因当事人对两笔借款的约定不同，应分别情形作出如下处理：

1. 对于20万元借款，双方约定了借期内的利息，但是没有约定逾期还款利息，或者其他形式的违约金。在这种情况下，出借人要求归还期内利息的同时，可以要求借款人自逾期还款之日起按照借期内的利率支付资金占用期间利息，这相当于约定利息的延伸适用。所以溪某可以要求12个月的约定利息和未归还借款后仍然支付同利率逾期利息。

2. 第二笔借款中，双方既没有约定期内利息，也没有约定逾期还款利息。根据法律规定，自然人之间的借款合同对利息没有约定或约定不明的，视为不支付利息。所以这笔10万元借款不计期内利息。没有期内利息，不意味着也没有逾期还款利息。逾期还款利息实际上是借款人不按合同约定期限还款时，出借人向借款人收取的一种惩罚性的利息。所以即使没有期内利息，也可以索要借款期满后仍然没有偿还期间的逾期利息。根据2015年8月6日公布的《最高人民法院关于审理民间借贷案件适用法律若干问题的规定》，这种利息的法定利率为年利率6%。但是2020年12月29日最高人民法院修正的《关于审理民间借贷案件适用法律若干问题的规定》规定“既未约定借期内利率，也未约定逾期利率，出借人主张借款人自逾期还款之日起参照当时一年期贷款市场报价利率标准计算的利息承担逾期还款违约责任的，人民法院应予支持”，同时决定以中国人民银行授权全国银行间同业拆借中心每月发布的一年期贷款市场报价利率（LPR）的4倍为标准确定民间借贷利率的司法保护上限，取代原规定中“以24%和36%为基准的‘两线三区’”的规定，大幅度降低了民间借贷利率的司法保护上限，促进民间借贷利率逐步与我国经济社会发展的实际水平相适应。

2022年9月20日，中国人民银行授权全国银行间同业拆借中心公布的贷款市场报价利率为：1年期LPR为3.65%，5年期以上LPR为4.30%。也就是说，目前民间借贷利率的司法保护上限为14.6%，相较于过去的24%和36%有较大幅度的下降。司法实践中，2020年8月20日之后受理的一审民间借贷案件，借贷合同成立于2020年8月20日之前，当事人请求适用当时的司法解释计算自合同成立到2020年8月19日的利息部分的，人民法院应予支持；对于自2020年8月20日到借款返还之日的利息部分，适用起诉时新规定的利率保护标准计算。因此，溪某要求对第二笔借款10万元自2021年11月1日之起，按照贷款市场报价利率标准支付逾期利息的诉讼请求是于法有据的。

3.溪某对两笔借款的逾期利息都要求支付至实际偿还日期。那么，溪某的这种要求有没有法律依据？逾期还款利息计算的截止时间怎么确定？

因起诉时，对于逾期还款利息计算的截止时间问题，法律没有明确的规定，各地法院的做法有所不同。相当一部分法院根据《民事诉讼法》对起诉的规定，认为这种请求属于诉讼请求不明确、不具体，又不便于计算诉讼费，并要求原告写清楚明确的逾期还款利息的具体金额，如果原告坚持不变更诉讼请求，法院不受理案件，或者不支持该类诉讼请求。

逾期利息计算的截止时间问题主要存在以下四种不同的观点：第一种观点认为，逾期还款利息应计算至出借人起诉之日止；第二种观点认为，逾期还款利息应计算至判决书发生法律效力之日止；第三种观点认为，逾期还款利息应计算至判决书确定的履行期届满日止；第四种观点认为，逾期还款利息应计算至借款偿付完毕之日止。

笔者认为,民法的目的是保护当事人的合法权益,教育公民自觉遵守法律,维护社会秩序、经济秩序。同时,在过错方侵犯他人合法权益、违背诚信原则恶意拖延诉讼、不履行法定或者合同约定的义务时,付出一定的金钱成本,以此作为警醒。大多数情况下,出借人虽然及时诉至法院,可提交诉状时,不知道法院什么时候作出判决,判决书什么时候生效,更不知道什么时候开始执行,又什么时候借款偿付完。总之,因诉讼中不确定因素较多,出借人起诉时,不知道什么时候要回来借款,因此往往无法确定逾期还款利息的截止时间。逾期还款利息的性质为逾期还款的违约金或者损失赔偿,借款人在清偿借款之前其违约的状态一直持续,应当由借款人承担直到全部清偿之前的赔偿损失。虽然法律对逾期还款利息计算的截止时间问题没有明确的规定,但是《最高人民法院关于执行程序中计算迟延履行期间的债务利息适用法律若干问题的解释》第一条规定:“根据民事诉讼法第二百五十三条规定加倍计算之后的迟延履行期间的债务利息,包括迟延履行期间的一般债务利息和加倍部分债务利息。迟延履行期间的一般债务利息,根据生效法律文书确定的方法计算;生效法律文书未确定给付该利息的,不予计算。加倍部分债务利息的计算方法为:加倍部分债务利息 = 债务人尚未清偿的生效法律文书确定的除一般债务利息之外的金钱债务 × 日万分之一点七五 × 迟延履行期间。”

虽然上述“解释”并不是针对逾期利息计算的截止时间问题的规定,但是我们从该“解释”的第一条规定中可以看出,一般债务利息和迟延履行利息可以并行计算,而且执行阶段的迟延履行利息计算至实际执行完毕为止。因此,根据上述规定,我们可以得出“法律允许将债务利息计算至借款偿还完毕为止”的结论。上述规定所称的“一般债务利息”应当包括期内利息和逾期还款利息。因此,笔者认为,溪某对两笔借款的逾期利息计算至借款偿付完毕之日止的主张是合理、合法的,应当得到支持。

法条链接

《民法典》第五百七十七条、第五百七十九条、第六百六十七条、第六百七十四条、第六百七十五条、第六百七十六条

《最高人民法院关于审理民间借贷案件适用法律若干问题的规定》第二十八条

知识拓展

违约

违约是指合同当事人完全没有履行合同或者履行合同义务不符合约定的行为。

根据违约行为发生的时间，违约行为总体上可分为预期违约和实际违约：

实际违约又可分为不履行（包括根本违约和拒绝履行）、不符合约定的履行和其他违反合同义务的行为；而不符合约定的履行又可分为迟延履行、质量有瑕疵的履行、不完全履行（包括部分履行、履行地点不当的履行和履行方法不当的履行）。

预期违约，又称“先期违约”，是指在合同履行期限到来之前，一方虽无正当理由但明确表示其在履行到来后将不履行合同，或者其行为表明在履行期到来后将不可能履行合同。预期违约作为违约行为的形态之一，当然是要承担违约责任。

根本违约与非根本违约

依据违约程度，我们可以将违约分为根本违约与非根本违约。

完全违背缔约目的的，为根本违约；部分违背缔约目的的，为非根本违约。

把违约划分为根本违约和非根本违约的意义主要在于补救措施不同，根本违约下，受损方可以解除合同，并要求损害赔偿；非根本违约下，受损方只能要求损害赔偿，而不能要求解除合同。

违约责任

违约责任是指当事人不履行合同义务或者履行合同义务不符合合同约定而依法应当承担的民事责任。违约责任的成立以有效的合同存在为前提。

违约责任有三种基本形式，即继续履行、采取补救措施和赔偿损失。当然，除此之外，违约责任还有其他形式，如违约金和定金责任。

违约金

违约金是指按照当事人的约定或者法律直接规定，一方当事人违约的，应向另一方支付的金钱。违约金的标的物是金钱，但当事人也可以约定违约金的标的物为金钱以外的其他财产。违约金既具有担保债务履行的功效，又具有惩罚违约人和补偿无过错一方当事人所受损失的效果。

违约金有法定违约金和约定违约金之分。由法律直接规定的违约金为法定违约金；由当事人约定的违约金为约定违约金。

当事人约定违约金的，一方违约时，应当按照该约定支付违约金。约定的违约金低于造成的损失的，人民法院或者仲裁机构可以根据当事人的请求予以增加；约定的违约金过分高于造成的损失的，人民法院或者仲裁机构可以根据当事人的请求予以适当减少。

第九章　民间借贷与常见的刑事犯罪

四十五、“借贷型”诈骗罪如何认定？

——骗人之心不可有，防人之心不可无

经典案例

闵某向钮某提出10万元的借款要求，并将一幅“名画”作为质押物交付给钮某。为进一步骗得钮某的信任，闵某又邀请钮某一同前往其同伙恒某处，并介绍恒某是古董专家。恒某称这幅“名画”价值超过20万元。钮某将10万元借给了闵某；闵某出具了借条，然后将“名画”交给钮某做质押。随后闵某以外出筹钱为名逃离，未再与钮某联系；钮某也找不到“古董专家”恒某。经有关部门鉴定，那幅“名画”为仿制品，不值钱。

此案属于民间借贷纠纷还是诈骗？

案情分析

民间借贷是指自然人、法人和非法人组织之间进行资金融通的行为。

《刑法》第二百六十六条规定的诈骗罪，是指以非法占有为目的，用虚构事实或者隐瞒真相的方法，骗取数额较大的公私财物的行为。

诈骗罪的基本构造为：行为人以不法所有为目的实施欺诈行为→被害人产生错误认识→被害人基于错误认识处分财产→行为人取得财产→被害人遭受财产

上的损失。其中，行为人实施欺骗行为和对方产生错误认识是该罪的两个重要特征，欺骗行为包括虚构事实和隐瞒真相。

诈骗罪在主观方面表现为直接故意，并且具有非法占有公私财物的目的。借款人只要对借款没有非法占有的目的，也没有挥霍一空，不赖账，不再弄虚作假骗人，确实打算偿还的，则不构成诈骗罪，而属于普通的民事纠纷。所以，行为人是否具有"非法占有为目的"是民间借贷和诈骗罪最大的区别。若不具有这个目的，而仅以"虚构事实、隐瞒真相"的方式借款，那么只能算民事欺诈行为，而不是刑事犯罪。

双方之间是否有"借条""借款合同"并不是区分诈骗罪和民间借贷的要件。虽然司法实践中会出现犯罪嫌疑人向被害人出具借条甚至承诺还款并有少量还款行为的现象，但若其目的是蒙蔽被害人，为日后行骗作铺垫，或者防止被害人报案，出于掩饰犯罪、逃避打击的，则说明犯罪嫌疑人并无偿还借款的真实意愿，应当认定其构成诈骗罪。

本案中，闵某出具借条的行为显然只是为进一步骗取钮某钱财而实施的诈骗手段之一。该"借款"行为实质上是以借款为名的诈骗行为，并在此期间还采取了虚构事实、隐瞒真相的其他诈骗手段，如把仿制的画谎称为很值钱的"名画"、与同伙恒某演出"专家估价戏"等，其目的就是骗取钮某的钱财。如果认为有闵某出具的借条而将本案作为民间借贷纠纷处理，显然不能使闵某和恒某的诈骗行为受到应有的惩罚。所以，此案属于刑事案件，即构成诈骗罪，应当向公安机关报案。

法条链接

《民法典》第八条、第六百六十七条

《刑法》第二百六十六条

《最高人民法院、最高人民检察院关于办理诈骗刑事案件具体应用法律若干问题的解释》第一条、第二条、第三条、第四条、第五条、第六条、第七条、第八条、第九条、第十条

《最高人民法院关于审理民间借贷案件适用法律若干问题的规定》第一条、第五条

《最高人民法院关于依法妥善审理民间借贷案件的通知》一、二、

《最高人民法院关于在审理经济纠纷案件中涉及经济犯罪嫌疑若干问题的规定》第十一条、第十二条

知识拓展

犯罪

《刑法》第十三条规定："一切危害国家主权、领土完整和安全，分裂国家、颠覆人民民主专政的政权和推翻社会主义制度，破坏社会秩序和经济秩序，侵犯国有财产或者劳动群众集体所有的财产，侵犯公民私人所有的财产，侵犯公民的人身权利、民主权利和其他权利，以及其他危害社会的行为，依照法律应当受刑罚处罚的，都是犯罪，但是情节显著轻微危害不大的，不认为是犯罪。"

犯罪的特征

1. 犯罪是严重危害社会的行为，具有严重的社会危害性，即犯罪行为危害到《刑法》所保护的社会关系以及国家和人民的利益。

2. 犯罪是触犯刑律的行为。具有社会危害性的行为不一定都是犯罪行为。有些行为虽然危害社会，但是如果《刑法》没有明文规定，不宜定罪处罚。

3. 犯罪是应受刑罚的行为。任何具有行为能力的人实施了违法行为都要承担相应的法律责任和法律后果。实施了违法行为应当负刑事责任，承担受国家刑罚处罚的法律后果。犯罪是刑罚的前提，刑罚是犯罪的法律后果。

犯罪分为故意犯罪和过失犯罪。故意犯罪是明知自己的行为会发生危害社会的结果，并且希望或者放任这种结果发生，因而构成犯罪的，是故意犯罪；过失犯罪是应当预见自己的行为可能发生危害社会的结果，因疏忽大意而没有预见，或者已经预见而轻信能够避免，以致发生这种结果。

共同犯罪

"共同犯罪"简称"共犯"，是单独犯罪的对称，是指二人以上共同故意犯罪。

根据刑法的规定，共同犯罪应包含自然人共同犯罪和单位（法人和非法人组织）共同犯罪两种。所以，上述共犯概念中所说的"二人"，应解释为既包括自然人，也包括法人和非法人组织。即两个以上自然人或单位，以及一个自然人和一

个单位，在一起实施犯罪的，都是共同犯罪。二人以上共同过失犯罪，不以共同犯罪论处，应当负刑事责任的，按照他们所犯的罪分别处罚。

四十六、私放高利贷构成什么犯罪？
——利息有多高，风险就有多大

经典案例

2019年至2021年，某商贸公司法定代表人司马某未经许可，以个人名义从事放高利贷活动，涉案金额高达5000余万元。经查，借高利贷的人大多数是急需用钱但又无法从银行贷到款的小企业老板和商人，2年之内的放贷次数超过30多次，其中一人因无法偿还借款而自杀。但是司马某未采取暴力讨债、非法拘禁、绑架等其他不法行为，资金来源也是合法的。司马某实际收取的借款利息已超过年利率36%。

司马某的行为是否构成犯罪？

案情分析

民间借贷在一定程度上满足了社会多元化融资的需求，促进了多层次信贷市场的形成和完善。同时，近年来，因非法放贷而引发的各类刑事案件呈现高发态势，对人们的财产安全和社会稳定造成了较大的影响。部分借贷平台和个人利用民间借贷的交易不公开、不规范等特点，实施“超利贷”“套路贷”“超短期现金贷”等违法犯罪行为。有些人以借贷为业，为了获取高额利息，非法放贷甚至有组织地采用暴力、威胁等方式催收，形成讨债团伙，逐步蜕变为黑恶势力。

高利贷一般是指个人或者非金融机构以牟利为目的，向不特定的借款人以明显高于法定利率发放贷款的行为。

改革开放以后,国家的投资、金融机构的贷款越发不能满足人们对资金的需求,私人高利借贷应运而生。这种民间借贷在一定程度上弥补了银行资金不足,调济了资金余缺,对经济发展起到了一定的积极作用。高利贷虽然能够在短时间内解决资金短缺问题,但是弊大于利,高利贷活动不可避免地会引发很多的经济和社会问题。例如,高利贷的高利息加重了借款企业的负担,导致企业资金使用进入恶性循环,因而极易冲击正常的金融秩序和社会稳定。

根据现行法律、司法解释的规定,就民间借贷的利率而言,借贷双方约定的利率以不超过合同成立时一年期贷款市场报价利率(LPR)4 倍为限。逾越此界限即被认定为民法意义上的高利贷,不受法律保护。

虽然高利贷是违法行为,可它不是《刑法》规定的一种罪名。也就是说,并不是所有的高利贷行为都构成犯罪。司法实践中,高利贷行为可以分为民法上的高利贷和构成犯罪的高利贷行为。民法中,如果当事人约定的利率超过 LPR 4 倍,且不具备构成犯罪条件,超出的部分法律不予保护。不保护高利,不等于说“只需返还本金,不需支付利息”,法律只是不支持超过 LPR 4 倍的利息,出借人应当取得的法定范围内的合法利息仍然受到保护。但是在刑事案件中,非法放贷行为人实际收取的除本金之外的全部财物,均应计入违法所得。

我国《刑法》虽然没有直接针对高利贷的定罪条款,但是与高利贷直接有关联的罪名有非法经营罪、高利转贷罪和催收非法债务罪三个罪名。非法吸收公众存款罪和集资诈骗罪案件中也存在高利贷行为。除此之外,高利贷行为极易引发非法拘禁罪、绑架罪、故意伤害罪、故意杀人罪、寻衅滋事罪、诈骗罪、骗取贷款罪、信用卡诈骗罪等其他刑事犯罪。本案涉及的是非法经营罪。

为依法惩治非法放贷犯罪活动,切实维护国家金融市场秩序与社会和谐稳定,有效防范因非法放贷诱发涉黑涉恶以及其他违法犯罪活动,保护公民、法人和其他组织合法权益,在全国扫黑办的统筹协调下,2019 年 7 月 23 日,最高人民法院会同最高人民检察院、公安部、司法部联合制定印发了《关于办理非法放贷刑事案件若干问题的意见》(以下简称《意见》),自 2019 年 10 月 21 日起施行。

《意见》首次明确了非法放贷的定罪标准:从事非法放贷,同时具备以下条件的,依照《刑法》第二百二十五条第(四)项的规定,以非法经营罪定罪处罚:

1. 违反国家规定,未经监管部门批准,或者超越经营范围发放贷款的主体,以营利为目的,经常性地向社会不特定对象发放贷款,即 2 年内向不特定多人(包括单位和个人)以借款或其他名义出借资金 10 次以上的,扰乱金融市场秩序,情节严重的。

2. 以超过 36% 的实际年利率实施符合上述条件的非法放贷行为,具有下列情形之一的,属于非法经营罪中的“情节严重”,应当立案追诉:

(1)个人非法放贷数额累计在 200 万元以上的,单位非法放贷数额累计在 1000 万元以上的;

(2)个人违法所得数额累计在 80 万元以上的,单位违法所得数额累计在 400 万元以上的;

(3)个人非法放贷对象累计在 50 人以上的,单位非法放贷对象累计在 150 人以上的;

(4)造成借款人或者其近亲属自杀、死亡或者精神失常等严重后果的。

除此之外,非法放贷数额、违法所得数额、非法放贷对象数量达不到以上立案标准,但是接近的,并在 2 年内因实施非法放贷行为受过行政处罚 2 次以上的,可以立案追诉。

值得注意的是,2020 年 8 月 18 日,最高人民法院第一次修改《关于审理民间借贷案件适用法律若干问题的规定》(以下简称《规定》),虽然民法规范已经不再适用 24%、36% 利率标准,而被 LPR 的 4 倍取代,但是《意见》规定的 36% 的利率基准,在《刑法》上依然适用。目前为止,相关解释未对《意见》予以修改。虽然最高人民法院公布《规定》的时间晚于《意见》,但《规定》调整的是民事法律关系,而不是刑事立案标准;而且《意见》是四部门联合制定的,而《规定》是最高人民法院单独制定的。因此,不能认为《意见》规定的 36% 的利率界限已被取缔。所以在新的刑事司法解释出台之前,应当理解为:年利率 36% 的利率基准是判断非法经营罪情节严重、情节特别严重的标准之一,即《刑法》立案追诉的利率界限;年利率超过 LPR 4 倍的借贷是民法不予保护的高利贷行为。

本案中,司马某的放贷行为无论是次数、金额还是利率方面,都超过了国家规定的正常民间借贷的界限,属于《刑法》第二百二十五条规定的“非法经营罪”中“其他严重扰乱市场秩序的非法经营行为”。并且,司马某发放高利贷的金额特别巨大,属于情节特别严重的情形,应适用“处五年以上有期徒刑,并处违法所得一倍以上五倍以下罚金或者没收财产”的法定刑。

法条链接

《民法典》第八条、第六百六十七条、第六百八十条

《刑法》第二百二十五条

《最高人民法院、最高人民检察院、公安部、司法部关于办理非法放贷刑事案件若干问题的意见》

《最高人民法院关于在审理经济纠纷案件中涉及经济犯罪嫌疑若干问题的规定》第十一条、第十二条

《最高人民法院关于审理民间借贷案件适用法律若干问题的规定》第一条、第五条、第二十五条

知识拓展

“套路贷”

“套路贷”是对以非法占有为目的，假借民间借贷之名，诱使或迫使被害人签订“借款合同”“借贷”“抵押”“担保”等相关协议，通过虚增借贷金额、恶意制造违约、肆意认定违约、毁匿还款证据等方式形成虚假债权、债务，并借助虚假诉讼、仲裁、公证或者采用暴力、威胁以及其他手段非法占有被害人财物的相关违法犯罪活动的概括性称谓。

“套路贷”在本质上属于违法犯罪行为。一些违法犯罪团伙利用部分人急需资金又无法从正规渠道获取的急切心理，打着小额借贷公司的幌子，钻法律空子，通过翻倍催讨债务，将原本少量的债务通过反复平账等手段，最终变成巨额债务。而“套路贷”出借方并没打算让借款人还钱，出借只不过是其侵吞对方的车辆、房产等财产的借口。

“套路贷”与平等主体之间基于意思自治而形成的民事借贷关系存在本质区别。民间借贷的出借人是为了到期按照协议约定的内容收回本金并获取利息，不具有非法占有他人财物的目的，也不会在签订、履行借贷协议过程中实施虚增借贷金额、制造虚假给付痕迹、恶意制造违约、肆意认定违约、毁匿还款证据等行为。

实践中，“套路贷”的常见犯罪手法和步骤包括但不限于以下情形：

1. 制造民间借贷假象。犯罪嫌疑人、被告人往往以“小额贷款公司”“投资公司”“咨询公司”“担保公司”“网络借贷平台”等名义对外宣传，以低息、无抵押、无担保、快速放款等为诱饵吸引被害人借款，继而以“保证金”“行规”等虚假理由诱使被害人基于错误认识签订金额虚高的“借贷”协议或相关协议。有的犯罪嫌疑人、被告人还会以被害人先前借贷违约等理由，迫使对方签订金额虚高的“借贷”协议或相关协议。

2. 制造资金走账流水等虚假给付事实。犯罪嫌疑人、被告人按照虚高的“借贷”协议金额将资金转入被害人账户，制造已将全部借款交付被害人的银行流水痕迹，随后采取各种手段将其中全部或者部分资金收回，被害人实际上并未取得或者完全取得“借贷”协议、银行流水上显示的钱款。

3. 故意制造违约或者肆意认定违约。犯罪嫌疑人、被告人往往会通过设置违约陷阱、制造还款障碍等方式，故意造成被害人违约，或者通过肆意认定违约，强行要求被害人偿还虚假债务。

4. 恶意垒高借款金额。当被害人无力偿还时，有的犯罪嫌疑人、被告人会安排其所属公司或者指定的关联公司、关联人员为被害人偿还“借款”，继而与被害人签订金额更大的虚高“借贷”协议或相关协议，通过这种“转单平账”“以贷还贷”的方式不断垒高“债务”。

5. 软硬兼施“索债”。在被害人未偿还虚高“借款”的情况下，犯罪嫌疑人、被告人借助诉讼、仲裁、公证或者采用暴力、威胁以及其他手段向被害人或者被害人的特定关系人索取“债务”。

“套路贷”犯罪的发展蔓延，不仅直接侵害被害人的合法财产权益，而且其中掺杂的暴力、威胁、虚假诉讼等索款手段又容易诱发其他犯罪，甚至造成被害人辍学、自杀、卖房抵债等严重后果，带来一系列的社会问题，影响了社会稳定。所以当事人在民事活动中，特别要警惕“空白合同”。

超利贷

“超利贷”不是规范化的金融术语，它是“现金贷”的一种变种，是一种不正规的贷款。这种贷款的利息特别高，有的1年利息超本金10倍。比如，借款人借款1000元，被要求在7天内还1500元；如果逾期还款，每天的罚金是200元。有些超利贷的年利率，甚至超过100%。超利贷公司和个人不怕贷款人还不起钱，恰恰相反，他们想要挣的就是逾期利息。

从事“超利贷”的公司和个人直接从小额贷款公司、现金贷平台中获取借款人相关的信息；或者在借款人申请贷款时获取借款人的相关信息、密码，然后通过技术手段再获取借款人和借款人亲戚、朋友、同事等联系人的联系电话等信息。对没有按时还款的借款人，“超利贷”团伙以不停地向借款人或借款人的亲戚、朋友、同事等打电话、发短信等方式催款，诋毁借款人的名声，有的“超利贷”团伙还会上门进行暴力催收，给借款人及家属的人身安全和正常生活带来很多的麻烦。

四十七、民间借贷与非法吸收公众存款罪

——莫恋高息诱饵甜，多想劫后苦果酸

经典案例

庚某于2019年跟其他人一起合伙成立某国际贸易有限公司，除了营业执照外，未办理其他相关许可证。他在2020年至2022年，对外宣称经营高科技电子产品，并与某上市公司签订销售代理协议。庚某以融资为由，通过抖音、微信公众号、手机短信等方式投放广告、散发传单，以及组织讲座、召开推介会，声称如果投资该公司，会每月获得返利，绝对保本，几个月内会返本，年投资回报率达到200%等，以高额利息为诱饵向社会不特定群众募集资金。涉案金额达8000余万元，涉案人数600余人。投资人均未在市场监督管理部门办理股权登记。

庚某的行为是正常民间借贷还是非法吸收公众存款行为？

案情分析

“非法吸收公众存款”，是指行为人违反国家法律、法规的规定，在社会上以存款的形式公开吸收公众资金的行为。《最高人民法院关于审理非法集资刑事案件具体应用法律若干问题的解释》第一条规定：“违反国家金融管理法律规定，向社

会公众（包括单位和个人）吸收资金的行为，同时具备下列四个条件的，除刑法另有规定的以外，应当认定为刑法第一百七十六条规定的‘非法吸收公众存款或者变相吸收公众存款’：

（一）未经有关部门依法许可或者借用合法经营的形式吸收资金；

（二）通过网络、媒体、推介会、传单、手机信息等途径向社会公开宣传；

（三）承诺在一定期限内以货币、实物、股权等方式还本付息或者给付回报；

（四）向社会公众即社会不特定对象吸收资金。

未向社会公开宣传，在亲友或者单位内部针对特定对象吸收资金的，不属于非法吸收或者变相吸收公众存款。”

实施下列行为之一，符合上述规定的条件的，以非法吸收公众存款罪定罪处罚：

1. 不具有房产销售的真实内容或者不以房产销售为主要目的，以返本销售、售后包租、约定回购、销售房产份额等方式非法吸收资金的；

2. 以转让林权并代为管护等方式非法吸收资金的；

3. 以代种植（养殖）、租种植（养殖）、联合种植（养殖）等方式非法吸收资金的；

4. 不具有销售商品、提供服务的真实内容或者不以销售商品、提供服务为主要目的，以商品回购、寄存代售等方式非法吸收资金的；

5. 不具有发行股票、债券的真实内容，以虚假转让股权、发售虚构债券等方式非法吸收资金的；

6. 不具有募集基金的真实内容，以假借境外基金、发售虚构基金等方式非法吸收资金的；

7. 不具有销售保险的真实内容，以假冒保险公司、伪造保险单据等方式非法吸收资金的；

8. 以网络借贷、投资入股、虚拟币交易等方式非法吸收资金的；

9. 以委托理财、融资租赁等方式非法吸收资金的；

10. 以提供“养老服务”、投资“养老项目”、销售“老年产品”等方式非法吸收资金的；

11. 利用民间“会”“社”等组织非法吸收资金的；

12. 其他非法吸收资金的行为。

根据《刑法》和相关司法解释的规定，非法吸收公众存款罪是行为人没有经过合法授权，以经济回报为诱饵，通过各种宣传途径向不特定的公众吸收资金的行为。认定某一种行为是否构成非法吸收公众存款罪，主要从三个方面把握：一是要看行为人是否具有吸收存款的资格；二是要看行为的对象是否为不特定的人群；三是要看行为的后果是否具有严重的社会危害性，是否达到了扰乱金融秩序的程度。

这里所称"非法"包含两种情况：一是行为人未经有关部门依法许可，不具有吸收存款的主体资格而吸收公众存款；二是行为人虽然具有吸收存款的主体资格，但是违反规定吸收公众存款。换句话说，"非法"指的是主体不合格或者行为方式、内容不合法。

所谓"公众"，指的是吸收存款对象的不特定性，指社会上大多数人。"多数"指的是非法吸收或者变相吸收公众存款对象150人以上。"人"包括自然人、法人或者非法人组织。

"不特定对象"表明吸收资金的对象具有不确定性与扩散性，即行为人主观上对吸存对象没有具体限定或要求，有一种来者不拒的意思，客观上表现为吸存对象是任何愿意提供资金的人。

非法吸收或者变相吸收公众存款，具有下列情形之一的，应当依法追究刑事责任：

1. 非法吸收或者变相吸收公众存款数额在100万元以上的；

2. 非法吸收或者变相吸收公众存款对象150人以上的；

3. 非法吸收或者变相吸收公众存款，给存款人造成直接经济损失数额在50万元以上的。

非法吸收或者变相吸收公众存款数额在50万元以上或者给存款人造成直接经济损失数额在25万元以上，同时具有下列情节之一的，应当依法追究刑事责任：

1. 曾因非法集资受过刑事追究的；

2. 2年内曾因非法集资受过行政处罚的；

3. 造成恶劣社会影响或者其他严重后果的。

法律禁止非法吸收公众存款，并非禁止公民、法人和非法人组织吸收资金，而是禁止公民和单位未经批准从事金融业务，像金融机构那样用吸收的资金去做资本和货币经营。从这一点分析，非法吸收公众存款罪就是“地下钱庄”。反过来就是说，如果个人或者企业向特定的或不特定的人筹集资金的目的不是进行资本或货币经营，而是正常资金周转，同时该行为不会扰乱金融秩序，自然不会构成非法吸收公众存款罪。简单地说，自然人和单位为了经营、生活需要，向周边的熟人借款一般并不违法。故非法吸收公众存款罪的认定应该从非法从事资本和货币经营的角度来考虑。如果仅仅是向社会不特定对象吸收社会资金，而未进行资本和货币经营，吸收的资金主要用于正常的生产经营活动，即使这种吸收资金因未经许可而属于违法，但能够在提起公诉前清退所吸收资金，而且情节显著轻微危害不大的，不作为犯罪处理。

正常民间借贷与非法吸收公众存款罪的主要区别如下：

1. 行为目的不同。民间借贷行为的指向性比较明确，往往是用于生产经营等特定的急需资金的目的；而非法吸收公众存款的行为人通过非法手段吸取公众资金变相设立“地下钱庄”后，通过货币经营等金融手段获取利润，或者资金的去向并不明确。

2. 行为对象不同。民间借贷的对象有特定的范围，如亲戚朋友、同事、同学等，一般依托借贷双方一定的人际和社会关系而形成；而非法吸收公众存款行为针对的是社会上不特定的对象，其往往通过宣传、介绍、许诺以高额回报等手段诱使社会公众基于增值货币的愿望出借资金，扰乱了国家金融秩序，违反了金融监管制度。

3. 利率合法性不同。民间借贷的年利率不得超过贷款市场报价利率的 4 倍；而非法吸收公众存款行为中约定的利率或者以回报、利润、分红为名的借款利率往往超出法定范围。

总之，非法吸收公众存款犯罪的认定应该从非法从事资本和货币经营的角度去界定。如果仅仅是吸收身边熟人的资金进行个人发展或扩大企业生产经营，而未进行资本和货币经营，即使未经金融管理机构批准，且行为人在法律、法规允许的幅度内提高利率吸收公众存款的，不能认为是犯罪。

本案中，庾某违反金融管理法规，未经有关部门批准，以某国际贸易有限公司名义通过公开宣传并以高息利诱方式，以销售产品为由，向不特定社会公众吸收资金 8000 余万元，数额特别巨大，扰乱金融秩序，其行为已构成非法吸收公众存款罪。如果庾某结伙他人犯罪，以共犯论。如果公司参与犯罪，同时构成单位犯罪。

法条链接

《民法典》第八条

《刑法》第一百七十六条、第二百条

《商业银行法》第十一条、第四十七条、第四十八条、第八十一条、第八十三条

《防范和处置非法集资条例》第二条、第三条、第四条、第九条、第十条、第十一条、第十六条、第三十条、第三十一条、第三十二条、第三十三条、第三十四条

《储蓄管理条例》第三条、第四条、第三十四条

《最高人民法院关于依法严厉打击集资诈骗和非法吸收公众存款犯罪活动的通知》

《最高人民法院、最高人民检察院、公安部关于办理非法集资刑事案件适用法律若干问题的意见》

《最高人民法院、最高人民检察院、公安部关于办理非法集资刑事案件若干问题的意见》

《最高人民法院关于非法集资刑事案件性质认定问题的通知》

《最高人民法院关于审理非法集资刑事案件具体应用法律若干问题的解释》

知识拓展

犯罪构成

犯罪构成是指依照我国《刑法》的规定，决定某一具体行为的社会危害性及其程度而为该行为构成犯罪所必需的一切主观要件和客观要件的有机统一。任何一种犯罪的成立都必须具备四个方面的构成要件，即犯罪客体、犯罪客观方面、犯罪主体、犯罪主观方面。

犯罪客体

犯罪客体是指受《刑法》所保护而为犯罪行为所侵害的社会主义社会关系。其表现为《刑法》所保护的合法利益，即法益。对犯罪客体可以做两方面理解：一方面，犯罪客体必须是《刑法》所保护的法益；另一方面，犯罪客体必须是犯罪行为所侵犯的法益。只有当某种利益既被《刑法》所保护又被犯罪行为所侵害时才成

为犯罪客体。

犯罪客观方面

犯罪客观方面是指犯罪活动的客观外在表现，包括危害行为、危害结果以及危害行为与危害结果之间的因果关系。有些罪的犯罪构成还要求发生在特定的时间、地点或者使用特定的方法。

犯罪主体

犯罪主体是指达到法定刑事责任年龄、具有刑事责任能力、实施危害行为的自然人。有的犯罪构成还要求特殊主体，即具备某种职务或者身份的人。少数犯罪，根据法律的特别规定，企业、事业单位、机关、团体也可成为犯罪主体。

犯罪主观方面

犯罪主观方面是指支配或影响犯罪主体实施犯罪行为的心理状态。这种心理状态，包括犯罪的故意、过失、目的、动机四个内容。其中，犯罪的故意和过失，在刑法理论上统称为罪过。它是一切犯罪都必须具备的要件。犯罪目的是犯罪构成的选择要件，犯罪动机只是定罪和量刑时考虑的一个情节。

四十八、民间借贷与集资诈骗罪

——光芒散尽，金山背后是债山

经典案例

宁某原是一家商贸公司的总经理，从事手机买卖生意，曾经挣了一些钱。后为了扩大经营在深圳租了一间店铺经营手机和手机配件批发生意，不久就出现亏损。半年后，宁某回家以经商缺资为由向同村好友索某借款30万元，没有约定还款期限，并以其在老家的一套房子作抵押。因索某和宁某都在外省做生意，索某一直未向宁某催讨。

1年后，宁某经商继续亏损而注销营业执照后回老家，却给身边的人谎称自己扩大了在深圳的手机批发生意，营业额很大，利润丰厚，挣了不少钱，想要与乡亲们共享富贵,并邀请亲朋好友入股分红,承诺随时返还“股金”。一开始,一些亲朋好友信以为真出钱“入股”,宁某出具“股金收据”,后宁某以“拆东墙补西墙”的办法,及时给所谓的“股东”高额“分红”,如“入股”10 万元,不到 1 个月就返还 1 万元“红利”。宁某用骗取的资金购买了 1 辆豪华越野车,并雇用驾驶员,带着秘书向周边人炫耀。为了体现所谓的“大老板”气派,他常常带别人出入高档酒店、豪华娱乐场所,出手大方。后来,不认识宁某的人也主动找上门来要求入股。过了 1 年,宁某的集资已高达 1000 余万元。由于巨额“分红”和挥霍浪费,宁某在资金空转过程中已经亏损 400 余万元。最终,宁某明白骗局难以维持长久,于是,悄然退还部分“股金”后,携带 300 余万元现金外逃,后被公安机关捉拿归案。

宁某的哪些行为属于民间借贷,哪些行为属于集资诈骗?

案情分析

目前,一些名为集资实为诈骗的犯罪行为蔓延,并日益猖獗。集资诈骗行为不仅造成投资者的经济损失,还会干扰金融机构储蓄、贷款等业务的正常进行,破坏国家的金融管理秩序。

所谓集资,是指自然人、法人或非法人组织为实现某种目的而募集资金或者集中资金的行为。依法进行的集资主要是指,公司、企业或者其他个人、团体依照法律、法规规定的条件和程序通过向社会、公众发行股票、有价证券或者利用融资租赁、联营、合资、企业集资等方式在资金市场上筹集所需的资金。如股份有限公司为了生产、经营的需要,而发行股票的活动。

对公司来说,集资活动要符合以下四个条件:(1)集资的主体应当符合《公司法》规定的条件;(2)公司聚集资金是为了用于公司的生产和经营,不得用于弥补公司的亏损和其他非经营性开支;(3)公司主要通过发行股票、债券或者融资租赁、联营、合资等方式募集资金;(4)公司在资金市场上募集资金的行为必须按照《公司法》及其他有关募集资金的法律、法规的规定进行。具体而言,有限责任公司只能由发起人集资,既不能向社会公开募集资金,也不能发行股票,更不能上市;股份有限公司经依法批准后,可以向社会公开筹集资金并上市融资,但设立流程比较复杂，上市条件非常严格。

“非法集资”，是指未经国务院金融管理部门依法许可或者违反国家金融管理规定，以许诺还本付息或者给予其他投资回报等方式，向不特定对象吸收资金的行为。

集资诈骗罪，是指以非法占有为目的，使用诈骗方法非法集资，数额较大的行为。

“诈骗方法”，是指行为人采取虚构集资用途，以虚假的证明文件和高回报率为诱饵，骗取集资款的手段。无论其采取什么欺骗手段，实质都是为了隐瞒事实真相，诱使公众信以为真，错误地相信非法集资者的谎言，达到其进行非法集资而非法占有集资款的目的。

集资诈骗犯罪中，行为人通过诈骗的方法非法获取资金，具有下列情形之一的，可以认定为“以非法占有为目的”：(1)集资后不用于生产经营活动或者用于生产经营活动与筹集资金规模明显不成比例，致使集资款不能返还的；(2)肆意挥霍集资款，致使集资款不能返还的；(3)携带集资款逃匿的；(4)将集资款用于违法犯罪活动的；(5)抽逃、转移资金，隐匿财产，逃避返还资金的；(6)隐匿、销毁账目，或者搞假破产、假倒闭，逃避返还资金的；(7)拒不交代资金去向，逃避返还资金的；(8)其他可以认定非法占有目的的情形。

集资诈骗数额在10万元以上的，处3年以上7年以下有期徒刑，并处罚金；数额在100万元以上的或者有其他严重情节的，处7年以上有期徒刑或者无期徒刑，并处罚金或者没收财产。

从现实表现情况来看，集资诈骗与民间借款有两大关系：一是诈骗所募集的资金绝大多数是民间资金。国有单位和大中型民营企业因有严格的财务管理制度，不易被他人诈骗。如果骗取商业银行和其他金融机构的贷款，属于贷款诈骗，而不是集资诈骗罪。因此，集资诈骗行为所骗取的资金绝大多数是小微型私人企业、个体工商户和个人的资金。二是基于上述原因，集资诈骗与民间借贷有时往往混淆在一起，而且多数是以民间借贷名义进行的。

此案与民间借贷有三个关系：一是宁某所募集的资金都是民间资金；二是宁某出具的“股金收据”相似于民间借贷中的借条；三是宁某向索某借取的30万元属民间借贷行为，而不是集资诈骗行为，虽然宁某在向索某借款时隐瞒经营亏损情况，但将此借款仍用于经营所需，当时又未起集资诈骗并占为己有之意，且已提供了房产抵押。因此，这笔 30 万元的借贷应当被认定为民间借贷，而不是犯罪。

总之，宁某在生意已倒闭的情况下，以非法占有为目的，仍然虚构手机批发生意投资项目，欺诈不特定的众多人，非法集资 1000 余万元，数额特别巨大，除了向索某借的 30 万元，其余募集行为均构成集资诈骗罪。

法条链接

《民法典》第八条

《刑法》第一百九十二条

《最高人民法院关于审理非法集资刑事案件具体应用法律若干问题的解释》第七条、第八条、第九条

《最高人民法院关于依法严厉打击集资诈骗和非法吸收公众存款犯罪活动的通知》

《最高人民法院、最高人民检察院、公安部关于办理非法集资刑事案件适用法律若干问题的意见》

《最高人民法院、最高人民检察院、公安部关于办理非法集资刑事案件若干问题的意见》

《最高人民法院关于非法集资刑事案件性质认定问题的通知》

知识拓展

集资诈骗罪与非法吸收公众存款罪的区别

1. 犯罪目的不同。集资诈骗罪的犯罪分子的目的是故意占有非法募集的资金；非法吸收公众存款罪犯罪分子的目的是通过这种犯罪方式进行营利，从中获取非法收益，在主观上不具有故意占有公众存款的目的。

2. 犯罪方法不同。集资诈骗罪的行为人使用诈骗方法募集资金，完全违背受害人的意志，侵占了受害人的财产；非法吸收公众存款不以行为人是否使用诈骗方法作为构成犯罪的要件。

3. 侵犯客体不同。集资诈骗罪既侵害公私财产权,又破坏金融管理秩序,侵犯的是双重客体;非法吸收公众存款罪侵犯的是国家的金融管理秩序。

4. 犯罪客观行为的表现方式不同。集资诈骗罪是以诈骗的方法去非法聚集资金,表现为诈骗方法与非法集资两种行为的统一,诈骗行为属于方法行为,其是为非法集资这一目的行为服务的;非法吸收公众存款罪,是以存款的形式非法吸收公众存款,其虽可采用欺骗的方法进行,但不是必备的条件之一。

但是,非法吸收公众存款行为,有时也会转化为集资诈骗行为。例如,非法吸收公众存款后携带大量的钱款逃跑等。

集资诈骗罪与诈骗罪的区别

集资诈骗罪实际上是一种特殊的诈骗罪;因此,它既有一般诈骗罪所具有的共性,也具有一般诈骗罪所不具有的特殊性。两者区别主要有:

1. 犯罪的对象不同。集资诈骗罪的对象是用以集资获利的不特定多数人的资金;诈骗罪的对象则是特定的,即行为人是针对某一特定的人或单位去实施诈骗行为并获取其钱财。

2. 客观行为的表现形式不同。诈骗罪在客观方面表现为用虚构事实或隐瞒真相的方法直接使被骗人交付财物;被骗人交付财物既可以是为了投资营利,也可以是购买某物或借给诈骗分子。但集资诈骗罪不仅要使用虚构事实或隐瞒真相的方法,而且还是以聚集资金的名义进行的;被骗人交付钱财是认为其所交付的资金是集资而营利,而没有其他意图。这样,集资诈骗罪客观行为不仅要有诈骗的方法,而且还要有非法集资的行为;目的就是骗取他人用以集资的钱财,而不是他种用途的财物。

当然,从诈骗行为的本质来讲,其应当包括诈骗他人集资的行为在内。这样就使集资诈骗罪行为被诈骗罪的行为所包含,形成两者之间的包含与被包含的法条竞合的关系;根据法条竞合的适用原则,有特别规定的,应当依照特别规定定罪量刑。对于集资诈骗罪与诈骗罪而言,集资诈骗罪行为是被包含的法条属特别法条,因此,对以诈骗方法骗取集资的,应当以集资诈骗罪定罪量刑。

四十九、借贷行为涉嫌犯罪，保证人是否承担责任？

——刑民交叉案件的程序与合同效力

经典案例

2021年3月，滑某向空某借了10万元，额某做了连带责任保证人。还款期限届满后，经空某多次催讨，滑某分文未还，额某也未履行保证义务。2022年年初，滑某因涉嫌非法吸收公众存款罪被公安机关立案侦查，随后被检察机关批准逮捕。空某闻讯，遂向人民法院直接起诉保证人额某，请求其承担保证责任，归还滑某所借本金并支付利息。

在法院审理过程中，额某认可其为滑某提供保证的事实，但辩称："2022年年初滑某因涉嫌非法吸收公众存款罪被公安机关立案侦查，并且，在涉案款项中包含本案所争标的10万元。为了此事，我和空某曾多次被侦查机关传唤作证。因空某和滑某之间的借贷行为涉嫌犯罪，借款合同应属无效，所以我与空某之间的保证合同关系也应无效，无须再承担保证责任。在滑某的刑事案件审结之前，本案不应继续审理。"

空某反对，称："本案中连带保证合同是独立于借款合同的。因此，无论滑某的刑事案件如何处理，额某的连带保证责任不能免除。"

那么，如果借款人的借贷行为构成犯罪，借贷合同是否当然无效？保证人是否需要继续承担保证责任？

案情分析

在审判实践中，存在大量民间借贷纠纷案件与非法吸收公众存款犯罪、集资诈骗犯罪等刑事案件交叉的情形。因此，如何协调刑民交叉案件的审理程序，是人民法院在处理民间借贷纠纷时非常重视的一个问题。

若民间借贷行为本身涉嫌非法集资犯罪，出借人向法院起诉借款人，人民法院不能作为民事案件受理，出借人只能通过刑事案件的追赃退赔程序挽回钱财。

另外，根据相关规定，被查封、扣押、冻结的涉案财产，一般应在案件审理终结后返还集资参与人。若涉案财物不足以全额返还，应按照集资参与人的集资比例返还。若被告人无财产可供执行，亦无第三人提供担保，集资参与人的债权将难以实现。对于未获赔付的损失，若集资参与人提起附带民事诉讼，人民法院不予受理。需要说明的是，借贷行为在涉嫌非法集资犯罪时，向非法集资活动投入资金的单位或个人，被称为"集资参与人"，并非"出借人"。

在由第三人提供保证的民间借贷案件中，就法律关系而言，存在出借人与借款人之间的借贷关系以及出借人与保证人之间的保证合同关系两种法律关系。因此，在借款人涉嫌刑事犯罪时，出借人为了规避无法收回出借资金的风险，往往会以存在保证合同关系为由直接起诉保证人，要求其承担保证责任。比如，本案中的出借人空某选择只起诉连带责任保证人额某，而没有起诉滑某，也未等待滑某的刑事案件处理结果。因此，本案中两个问题需要分析：一是刑民交叉案件的程序问题；二是借贷行为涉嫌犯罪时，保证人是否应承担保证责任的问题。

1. 刑民交叉案件的程序问题

一般来说，如果出借人、借款人或者保证人涉嫌犯罪，但是其犯罪行为与民间借贷纠纷案件无关，只需将民间借贷纠纷的基本案件事实澄清即可。只要民间借贷纠纷案件的审理无须以刑事案件的审理结果为依据，此民间借贷纠纷案件是不需要中止审理的。

但是，法院在审理民间借贷纠纷案件过程中，若发现民间借贷所涉诉讼标的与非法集资等犯罪行为相牵连，或当事人因包括民间借贷案件诉讼标的等情况正在接受刑事调查，与此同时，民间借贷纠纷的基本案件事实必须以刑事案件的审理结果为依据，在该刑事案件尚未审结的情况下，人民法院应裁定中止民间借贷纠纷案件的审理。因为刑事案件尚未终结，会导致无法确认借贷行为与保证行为的法律效力。若直接作出判决，尚无法知晓法院会不会启动追缴退赔程序；即使启动追缴退赔程序，在尚未结束追缴退赔的情况下，亦无法确定保证人的责任范围。此外，在保证人提供一般保证的情形中，借款合同纠纷未经审判或仲裁，债务人的财产经法院强制执行后仍不能履行债务之前，保证人有权拒绝承担保证责任。所以，如上述借贷行为涉嫌犯罪，在刑事案件审理终结前，出借人起诉保证人承担保证责任，可能无法得到法院支持。

2. 借款人涉嫌犯罪时，保证人是否承担保证责任的问题

保证人是否应承担责任，首先要看当事人之间的保证合同是否有效。按照民法理论，保证合同属于借款合同的从合同。也就是说，保证合同是以借款合同的存在为前提的，当借款合同无效时，保证合同也就无效，保证人无须承担保证责任。但是，犯罪行为必然导致合同无效的观点也不能成立，也不能说犯罪行为与合同效力无逻辑关联。借款人涉嫌非法集资等犯罪后，出借人以保证人为被告提起民事诉讼，保证人以借款人涉嫌犯罪主张不承担民事责任的，人民法院应当依据《民法典》有关合同效力的规定，结合涉案合同的内容和生效的刑事裁判文书来确认借款合同和保证合同的法律效力。合同无效与否，要看是否符合《民法典》规定的合同无效情形之一。即订立合同的当事人是否为无民事行为能力人，是否以虚假的意思表示订立合同，合同的内容是否违反法律法规中的强制性规定，是否违背公序良俗，合同当事人是否互相串通损害他人利益等。

如果借款人的行为构成犯罪，但借款合同和保证合同均合法有效，借款人和保证人应承担偿还借款的义务。此时，若保证人提供的是连带责任保证，则出借人可单独向保证人提出还款要求；若保证人提供的是一般保证，且在刑事判决未涉及追赃或虽有涉及追赃但出借人未获全额退赔的情况下，保证人应赔偿出借人未获赔部分的损失。

如果犯罪行为导致合同无效或者被撤销，应根据当事人的过错程度，确定保证人的民事责任。保证人是否承保证责任，区别不同情况作如下处理：

第一，借款合同有效而保证合同无效，应当区分不同情形如下确定保证人的赔偿责任：

(1)出借人与保证人均有过错的，保证人承担的赔偿责任不应超过借款人不能清偿部分的二分之一；

(2)保证人有过错而出借人无过错的，保证人对借款人不能清偿的部分承担赔偿责任；

(3)出借人有过错而保证人无过错的，保证人不承担赔偿责任。

第二，借款合同无效导致保证人提供的保证合同无效，保证人无过错的，不承担赔偿责任；保证人有过错的，其承担的赔偿责任不应超过借款人不能清偿部分的三分之一。

第三，出借人和借款人恶意串通，损害保证人合法权益而订立保证合同的，保

证合同无效,保证人不承担责任。

第四,借款人与保证人共同欺诈或者以胁迫手段使出借人在违背真实意思的情况下订立借款合同和保证合同的,出借人在法定期限内可以请求人民法院予以撤销,因此给出借人造成损失的,由保证人与借款人承担连带赔偿责任。

法条链接

《民法典》第八条、第一百四十三条、第一百四十四条、第一百四十六条、第一百四十八条、第一百四十九条、第一百五十条、第一百五十二条、第一百五十三条、第一百五十四条、第一百五十五条、第六百八十一条、第六百八十二条、第六百八十四条、第六百八十五条、第六百八十六条、第六百八十七条、第六百八十八条、第六百九十一条

《最高人民法院关于适用〈中华人民共和国民法典〉有关担保制度的解释》第二条、第三条、第十七条、第十八条、第二十五条、第二十六条

《最高人民法院关于在审理经济纠纷案件中涉及经济犯罪嫌疑若干问题的规定》第一条、第十一条、第十二条

《最高人民法院关于适用〈中华人民共和国刑事诉讼法〉的解释》第一百七十六条

《最高人民法院关于审理民间借贷案件适用法律若干问题的规定》第四条、第五条、第六条、第七条、第八条、第十二条、第十三条

知识拓展

刑事诉讼

刑事诉讼是指人民法院、人民检察院和公安机关(含国家安全机关)在当事人及其他诉讼参与人的参与下,依照法律规定的程序,解决被追诉者刑事责任问题的活动。

刑事诉讼主要包括五个阶段,即立案、侦查、审查起诉、审判和刑事执行。

1. 立案,是指公安机关、国家安全机关、海关、人民检察院、人民法院等具有侦

查功能的机构对报案、控告、举报和犯罪嫌疑人的自首等方面的材料进行审查,判明是否有犯罪事实并需要追究刑事责任,依法决定是否作为刑事案件交付侦查或审判的诉讼活动。

2. 侦查,是指由特定的司法机关为收集、查明、证实犯罪和缉获犯罪人而依法采取的专门调查工作和有关的强制性措施。

3. 审查起诉,是指人民检察院在提起公诉阶段,为了确定经侦查终结的刑事案件是否应当提起公诉,而对侦查机关确认的犯罪事实和证据、犯罪性质以及罪名进行审查核实,并作出处理决定的一项诉讼活动。

4. 审判,是指人民法院在控辩双方及其他诉讼参与人参与下,依照法定的权限和程序,对于依法向其提出诉讼请求的刑事案件进行审理和裁判的诉讼活动。

5. 刑事执行,是指刑事执行机关根据人民法院发生法律效力的刑事判决或裁定,依照法律规定的程序,将已经确定的刑罚付诸实施的刑事司法活动。我国刑事执行的主体主要是人民法院、公安机关和司法行政机关(包括监狱和社区矫正机构)。

公诉

公诉是指人民检察院对侦查机关侦查终结移送审查的案件,以及对于自行侦查终结的案件,认为犯罪事实清楚,证据确实、充分,已涉嫌构成犯罪,依法应当追究犯罪嫌疑人的刑事责任,从而提请人民法院进行审判的诉讼活动。这是法律赋予人民检察院代表国家行使的一项诉讼权利,通常称为"公诉"。

自诉

自诉,公诉的对称,是指在法律规定的自诉案的被害人或其法定代理人、近亲属为追究犯罪嫌疑人的刑事责任,直接向人民法院提起诉讼的制度。在我国,绝大部分的刑事案件是由公诉机关即人民检察院向人民法院提起公诉的。属于自诉案件的仅仅是少部分,是有一定的范围和条件要求的。

自诉是为被害人提供法律救济的一种有效方式,能够避免大量的公诉所可能引致对某些个体合法权益的忽视。

五十、虚假诉讼的法律后果
——诉讼也有风险，打官司要谨慎

经典案例

呼延某和花某系夫妻，因长期感情不和准备离婚。但是双方在分割共同财产方面无法达成一致。为此，花某表示该案要通过起诉方式解决，并回异地的娘家，双方开始分居生活。

在此过程中，呼延某与其外甥苟某商议如何使花某在夫妻共同财产分割时少分财产。呼延某提出伪造借条，虚构夫妻共同债务，然后通过虚假诉讼将呼延某与花某在十几年前共同购买的一套房屋用来清偿债务。之后，呼延某准备了1份借条，内容为呼延某因资金周转需要，向苟某借款50万元，还款时间为2019年1月1日之前，借款时间为2016年5月1日。还书写了1份“收到苟某借款50万元现金”的收条。

苟某于2020年11月3日向人民法院提起民事诉讼，并提交了之前伪造的借条、收条等证据，要求判令呼延某归还苟某借款本金、利息以及逾期还款利息；苟某同时还向人民法院递交了财产保全申请书等相关材料，要求将呼延某的房屋予以查封。人民法院据此于2020年12月2日作出了民事裁定书，并对呼延某的房屋采取了保全措施。2020年12月21日，人民法院审判人员对该民间借贷案件进行调解，呼延某和苟某到庭参加了诉讼调解。呼延某在庭审中作虚假陈述，认可该虚假债务，只是对利息和逾期还款利息提出了异议。调解阶段中，苟某自愿放弃逾期还款利息的诉讼请求，双方达成调解，人民法院作出民事调解书，确认了该民间借贷的法律效力。2021年1月4日，该院受理了苟某的强制执行申请，并于2021年2月9日为了拍卖而委托评估机构对呼延某的房屋价值进行评估。

呼延某之妻花某于2021年1月7日向该院提起离婚诉讼，要求分割房屋的一半。该院受理后于2021年2月18日开庭审理。庭审过程中，呼延某提交了人民法院的民事调解书以及执行过程中的相关法律文书用以证明呼延某有夫妻共同债务尚未清偿，花某要求的共同财产已进入法院的强制执行程序，实际上已经不存在夫妻共同财产的事实。花某坚决否认以上债务,并要求有关部门彻底查清呼延某和苟某的虚假诉讼,并追究当事人的刑事责任,同时她在庭上变更诉讼请求,因呼延某伪造夫妻共同债务企图侵占财产,不给他分财产。

以调解结案的虚假诉讼是否构成犯罪?

案情分析

虚假诉讼犯罪,是指行为人单独或者与他人恶意串通,采取伪造证据、虚假陈述等手段,捏造民事案件基本事实,虚构民事纠纷,向人民法院提起民事诉讼,妨害司法秩序或者严重侵害他人合法权益,依照法律应当受刑罚处罚的行为。

向人民法院申请执行基于捏造的事实作出的仲裁裁决、调解书及公证债权文书,在民事执行过程中以捏造的事实对执行标的提出异议、申请参与执行财产分配的,也属于虚假诉讼。

司法实践中,民间借贷纠纷案件,执行异议之诉案件,劳动争议案件,以离婚诉讼一方当事人为被告的财产纠纷案件,涉及房屋限购、机动车配置指标调控的以物抵债案件,以已经资不抵债或者已经被作为被执行人的自然人、法人和非法人组织为被告的财产纠纷案件,以拆迁区划范围内的自然人为当事人的离婚、分家析产、继承、房屋买卖合同纠纷案件,公司分立、合并和企业破产案件,涉及驰名商标认定的案件等是虚假诉讼易发领域。对上述案件,人民法院、人民检察院会重点关注,并严格审查的。

在民间借贷纠纷中,当事人主张以现金方式支付大额借款的,人民法院一般对出借人现金来源、取款凭证、交付情况等细节事实进行审查,并结合庭审揭示的事实、出借人经济能力、当地交易习惯、交易过程是否符合常理等事实对借贷关系作出认定。重点审查借贷关系真实性、本金借贷数额和利息保护范围等问题。民间借贷案件的审理过程中,如果发现有下列情形之一的,法院会严格审查借贷发生的原因、时间、地点、款项来源、交付方式、款项流向以及借贷双方的关系、经济状况等事实,综合判断是否属于虚假民事诉讼:

1. 出借人明显不具备出借能力;
2. 出借人起诉所依据的事实和理由明显不符合常理;

3. 出借人不能提交债权凭证或者提交的债权凭证存在伪造的可能；

4. 当事人双方在一定期限内多次参加民间借贷诉讼；

5. 当事人无正当理由拒不到庭参加诉讼，委托代理人对借贷事实陈述不清或者陈述前后矛盾；

6. 当事人双方对借贷事实的发生没有任何争议或者诉辩明显不符合常理；

7. 借款人的配偶或者合伙人、案外人的其他债权人提出有事实依据的异议；

8. 当事人在其他纠纷中存在低价转让财产的情形；

9. 当事人不正当放弃权利；

10. 其他可能存在虚假民间借贷诉讼的情形。

以捏造的事实提起民事诉讼，有下列情形之一的，构成虚假诉讼罪，应当立案追诉：

1. 致使人民法院基于捏造的事实采取财产保全或者行为保全措施的；

2. 致使人民法院开庭审理，干扰正常司法活动的；

3. 致使人民法院基于捏造的事实作出裁判文书、制作财产分配方案，或者立案执行基于捏造的事实作出的仲裁裁决、公证债权文书的；

4. 多次以捏造的事实提起民事诉讼的；

5. 曾因以捏造的事实提起民事诉讼被采取民事诉讼强制措施或者受过刑事追究的；

6. 其他妨害司法秩序或者严重侵害他人合法权益的情形。

如果当事人和法官等司法工作人员勾结，并且在该司法工作人员明知的情况下，违法帮助当事人实现虚假诉讼目的的，从重处罚；该司法工作人员的行为同时构成滥用职权罪，民事枉法裁判罪，执行判决、裁定滥用职权罪等犯罪的，依照处罚较重的规定定罪从重处罚。

诉讼代理人、证人、鉴定人等诉讼参与人与他人通谋，代理提起虚假民事诉讼、故意作虚假证言或者出具虚假鉴定意见，共同实施虚假诉讼行为的，依照共同犯罪的规定定罪处罚；同时构成妨害作证罪，帮助毁灭、伪造证据罪等犯罪的，依照处罚较重的规定定罪从重处罚。

如果当事人采取伪造证据等手段篡改案件事实，骗取人民法院裁判文书，构成犯罪的，依照伪造国家机关公文、证件罪，妨害作证罪，伪造证据罪等罪名处罚。

那么，虚假诉讼通过哪些程序处置呢？

各级人民法院与人民检察院、公安机关、司法行政机关等职能部门建立虚假诉讼案件信息共享、线索移送、案件协调惩治、联席会议机制等工作机制，形成工作合力，联手防范和惩治虚假诉讼犯罪。

司法机关发现虚假诉讼犯罪的线索来源包括：当事人、代理人、利害关系人以及其他人的报案、控告、举报和法律监督申请；被害人因虚假诉讼而提起的自诉案件中的线索；人民法院、人民检察院、公安机关、司法行政机关履行职责过程中主动发现的线索；有关国家机关移送的案件线索等。

人民法院在审理案件过程中，对涉嫌虚假诉讼的案件，应当传唤当事人、证人到庭，就相关案件事实当庭询问。主动向当事人释明参与虚假诉讼的法律后果，引导当事人诚信诉讼。法院确定为虚假诉讼的案件，原告申请撤诉的，不予准许，驳回其诉讼请求。虚假诉讼行为情节恶劣、后果严重或者多次参与虚假诉讼、制造系列虚假诉讼案件的，向公安机关移送刑事侦查，情节较轻的，由人民法院予以罚款、拘留。

民事案件涉嫌虚假诉讼犯罪后，原有的民事案件怎么处理呢？

根据不同的情况分别如下处理：

1. 在民事审判尚未终结时刑事诉讼进入立案侦查阶段的，法院通过中止民事诉讼的审理，待刑事判决生效后才根据刑事案件的审理结果，再处理民事案件。

2. 原民事案件的判决书、裁定书、调解书等法律文书已经生效的，且该法律文书内容与虚假诉讼刑事案件的裁判文书存在冲突的，依法启动审判监督程序予以纠正民事案件的错误。

3. 当事人、案外人以生效刑事裁判认定构成虚假诉讼犯罪为由对生效民事判决、裁定、调解书申请再审的，或者人民检察院发现已经发生法律效力的判决、裁定、调解书系民事诉讼当事人通过虚假诉讼获得的，并向人民法院提出再审检察建议或者抗诉的，人民法院应当依法及时进行审查。确有错误的，予以纠正民事案件的法律文书。

4. 公安机关虽已作出对虚假诉讼不予立案，或者人民检察院作出不起诉决定的，人民法院仍认为存在民事虚假诉讼的，根据庭审揭示的事实处理民事案件。

5. 虚假诉讼刑事案件的审理结果不影响民事诉讼程序正常进行的，民事案件应当继续审理。

虚假诉讼侵害他人民事权益的，行为人应当承担赔偿责任。

本案中,呼延某为了达到使花某在离婚诉讼中分不到夫妻共有房产的目的,虚构债务,提起虚假诉讼,导致人民法院作出错误的调解书且案件进入强制执行程序,使正常的离婚诉讼案件无法审结,严重妨害了人民法院正常的审判活动,扰乱了审判秩序,其行为构成虚假诉讼罪。苟某明知呼延某为谋取不正当利益的情况下,与其恶意串通,捏造原本不存在的50万元债务,帮他以捏造的“事实”为案由,向人民法院提起民事诉讼,骗取了人民法院的调解书,苟某的行为属于“无中生有”捏造民事法律关系,因此,其帮助呼延某的行为应当以虚假诉讼罪的共同犯罪论处。

离婚案件中,因呼延某伪造夫妻共同债务企图侵占共同财产,花某的诉讼请求应当被人民法院支持,在离婚分割夫妻共同财产时,对呼延某可以少分或者不分财产。

法条链接

《民法典》第七条、第八条、第一百四十六条、第一千零九十二条

《刑法》第三百零七条之一

《中华人民共和国民事诉讼法》第一百一十四条、第一百一十五条、第一百一十六条

《最高人民法院、最高人民检察院关于办理虚假诉讼刑事案件适用法律若干问题的解释》

《最高人民法院关于审理民间借贷案件适用法律若干问题的规定》第十八条、第十九条

知识拓展

刑事责任

刑事责任是指行为人因其犯罪行为所必须承受的,由司法机关代表国家所确定的否定性法律后果。刑事责任的特点有:

1. 只有行为人的行为具有严重的社会危害性以至构成犯罪,才能追究行为人

的刑事责任。

2. 刑事责任是犯罪人向国家所负的一种法律责任,其大小、有无都不以被害人的意志为转移。也就是说,刑事责任不能调解,但刑事案件的附带民事部分可以调解。

3. 刑事责任是一种惩罚性责任,是所有法律责任中最严厉的一种。

4. 刑事责任基本上是一种个人责任。一般来说,只有实施犯罪行为的人才能承担刑事责任。当然,也包括单位犯罪的刑事责任。

5. 除全国人大常委会的部分决定之外,《刑法》是追究刑事责任的唯一法律依据。

犯罪故意

犯罪故意是指明知自己的行为会发生危害社会的结果,并且希望或者放任这种结果发生的主观心理状态。

犯罪故意可以分为直接故意和间接故意:

1. 直接故意,是指明知自己的行为会发生危害社会的结果,并且希望这种结果发生的心理态度。在直接故意中,只要对危害结果的发生是明知的,无论是明知其必然发生还是明知其可能发生,并对这种危害结果持希望其发生的心理态度,即可构成直接故意。

2. 间接故意,是指明知自己的行为可能发生危害社会的结果,并且有意放任,以致发生这种结果的心理态度。比如,甲为放火烧乙的房屋而放任将睡在房中的乙烧死。

附录：民间借贷案件常用法律规定

中华人民共和国民法典（节选）

（2020年5月28日第十三届全国人民代表大会第三次会议通过，自2021年1月1日起施行）

第四条　民事主体在民事活动中的法律地位一律平等。

第五条　民事主体从事民事活动，应当遵循自愿原则，按照自己的意思设立、变更、终止民事法律关系。

第六条　民事主体从事民事活动，应当遵循公平原则，合理确定各方的权利和义务。

第七条　民事主体从事民事活动，应当遵循诚信原则，秉持诚实，恪守承诺。

第八条　民事主体从事民事活动，不得违反法律，不得违背公序良俗。

第十七条　十八周岁以上的自然人为成年人。不满十八周岁的自然人为未成年人。

第十八条　成年人为完全民事行为能力人，可以独立实施民事法律行为。

十六周岁以上的未成年人，以自己的劳动收入为主要生活来源的，视为完全民事行为能力人。

第十九条　八周岁以上的未成年人为限制民事行为能力人，实施民事法律行为由其法定代理人代理或者经其法定代理人同意、追认；但是，可以独立实施纯获利益的民事法律行为或者与其年龄、智力相适应的民事法律行为。

第二十条　不满八周岁的未成年人为无民事行为能力人，由其法定代理人代理实施民事法律行为。

第二十一条　不能辨认自己行为的成年人为无民事行为能力人，由其法定代理人代理实施民事法律行为。

八周岁以上的未成年人不能辨认自己行为的，适用前款规定。

第二十三条 无民事行为能力人、限制民事行为能力人的监护人是其法定代理人。

第六十一条 依照法律或者法人章程的规定，代表法人从事民事活动的负责人，为法人的法定代表人。

法定代表人以法人名义从事的民事活动，其法律后果由法人承受。

法人章程或者法人权力机构对法定代表人代表权的限制，不得对抗善意相对人。

第六十二条 法定代表人因执行职务造成他人损害的，由法人承担民事责任。

法人承担民事责任后，依照法律或者法人章程的规定，可以向有过错的法定代表人追偿。

第一百一十九条 依法成立的合同，对当事人具有法律约束力。

第一百三十五条 民事法律行为可以采用书面形式、口头形式或者其他形式；法律、行政法规规定或者当事人约定采用特定形式的，应当采用特定形式。

第一百四十三条 具备下列条件的民事法律行为有效：

（一）行为人具有相应的民事行为能力；

（二）意思表示真实；

（三）不违反法律、行政法规的强制性规定，不违背公序良俗。

第一百四十四条 无民事行为能力人实施的民事法律行为无效。

第一百四十五条 限制民事行为能力人实施的纯获利益的民事法律行为或者与其年龄、智力、精神健康状况相适应的民事法律行为有效；实施的其他民事法律行为经法定代理人同意或者追认后有效。

相对人可以催告法定代理人自收到通知之日起三十日内予以追认。法定代理人未作表示的，视为拒绝追认。民事法律行为被追认前，善意相对人有撤销的权利。撤销应当以通知的方式作出。

第一百四十六条 行为人与相对人以虚假的意思表示实施的民事法律行为无效。

以虚假的意思表示隐藏的民事法律行为的效力，依照有关法律规定处理。

第一百四十七条 基于重大误解实施的民事法律行为,行为人有权请求人民法院或者仲裁机构予以撤销。

第一百四十八条 一方以欺诈手段,使对方在违背真实意思的情况下实施的民事法律行为,受欺诈方有权请求人民法院或者仲裁机构予以撤销。

第一百五十条 一方或者第三人以胁迫手段,使对方在违背真实意思的情况下实施的民事法律行为,受胁迫方有权请求人民法院或者仲裁机构予以撤销。

第一百五十一条 一方利用对方处于危困状态、缺乏判断能力等情形,致使民事法律行为成立时显失公平的,受损害方有权请求人民法院或者仲裁机构予以撤销。

第一百五十二条 有下列情形之一的,撤销权消灭:

(一)当事人自知道或者应当知道撤销事由之日起一年内、重大误解的当事人自知道或者应当知道撤销事由之日起九十日内没有行使撤销权;

(二)当事人受胁迫,自胁迫行为终止之日起一年内没有行使撤销权;

(三)当事人知道撤销事由后明确表示或者以自己的行为表明放弃撤销权。

当事人自民事法律行为发生之日起五年内没有行使撤销权的,撤销权消灭。

第一百五十三条 违反法律、行政法规的强制性规定的民事法律行为无效。但是,该强制性规定不导致该民事法律行为无效的除外。

违背公序良俗的民事法律行为无效。

第一百五十四条 行为人与相对人恶意串通,损害他人合法权益的民事法律行为无效。

第一百五十五条 无效的或者被撤销的民事法律行为自始没有法律约束力。

第一百六十一条 民事主体可以通过代理人实施民事法律行为。

依照法律规定、当事人约定或者民事法律行为的性质,应当由本人亲自实施的民事法律行为,不得代理。

第一百六十二条 代理人在代理权限内,以被代理人名义实施的民事法律行为,对被代理人发生效力。

第一百六十三条 代理包括委托代理和法定代理。

委托代理人按照被代理人的委托行使代理权。法定代理人依照法律的规定行使代理权。

第一百六十四条 代理人不履行或者不完全履行职责，造成被代理人损害的，应当承担民事责任。

代理人和相对人恶意串通，损害被代理人合法权益的，代理人和相对人应当承担连带责任。

第一百六十八条 代理人不得以被代理人的名义与自己实施民事法律行为，但是被代理人同意或者追认的除外。

代理人不得以被代理人的名义与自己同时代理的其他人实施民事法律行为，但是被代理的双方同意或者追认的除外。

第一百七十一条 行为人没有代理权、超越代理权或者代理权终止后，仍然实施代理行为，未经被代理人追认的，对被代理人不发生效力。

相对人可以催告被代理人自收到通知之日起三十日内予以追认。被代理人未作表示的，视为拒绝追认。行为人实施的行为被追认前，善意相对人有撤销的权利。撤销应当以通知的方式作出。

行为人实施的行为未被追认的，善意相对人有权请求行为人履行债务或者就其受到的损害请求行为人赔偿。但是，赔偿的范围不得超过被代理人追认时相对人所能获得的利益。

相对人知道或者应当知道行为人无权代理的，相对人和行为人按照各自的过错承担责任。

第一百七十二条 行为人没有代理权、超越代理权或者代理权终止后，仍然实施代理行为，相对人有理由相信行为人有代理权的，代理行为有效。

第一百八十八条 向人民法院请求保护民事权利的诉讼时效期间为三年。法律另有规定的，依照其规定。

诉讼时效期间自权利人知道或者应当知道权利受到损害以及义务人之日起计算。法律另有规定的，依照其规定。但是，自权利受到损害之日起超过二十年的，人民法院不予保护，有特殊情况的，人民法院可以根据权利人的申请决定延长。

第一百八十九条 当事人约定同一债务分期履行的，诉讼时效期间自最后一期履行期限届满之日起计算。

第一百九十条 无民事行为能力人或者限制民事行为能力人对其法定代理

人的请求权的诉讼时效期间,自该法定代理终止之日起计算。

第一百九十二条 诉讼时效期间届满的,义务人可以提出不履行义务的抗辩。

诉讼时效期间届满后,义务人同意履行的,不得以诉讼时效期间届满为由抗辩;义务人已经自愿履行的,不得请求返还。

第一百九十三条 人民法院不得主动适用诉讼时效的规定。

第一百九十四条 在诉讼时效期间的最后六个月内,因下列障碍,不能行使请求权的,诉讼时效中止:

(一)不可抗力;

(二)无民事行为能力人或者限制民事行为能力人没有法定代理人,或者法定代理人死亡、丧失民事行为能力、丧失代理权;

(三)继承开始后未确定继承人或者遗产管理人;

(四)权利人被义务人或者其他人控制;

(五)其他导致权利人不能行使请求权的障碍。

自中止时效的原因消除之日起满六个月,诉讼时效期间届满。

第一百九十五条 有下列情形之一的,诉讼时效中断,从中断、有关程序终结时起,诉讼时效期间重新计算:

(一)权利人向义务人提出履行请求;

(二)义务人同意履行义务;

(三)权利人提起诉讼或者申请仲裁;

(四)与提起诉讼或者申请仲裁具有同等效力的其他情形。

第一百九十六条 下列请求权不适用诉讼时效的规定:

(一)请求停止侵害、排除妨碍、消除危险;

(二)不动产物权和登记的动产物权的权利人请求返还财产;

(三)请求支付抚养费、赡养费或者扶养费;

(四)依法不适用诉讼时效的其他请求权。

第一百九十七条 诉讼时效的期间、计算方法以及中止、中断的事由由法律规定,当事人约定无效。

当事人对诉讼时效利益的预先放弃无效。

第一百九十八条 法律对仲裁时效有规定的,依照其规定;没有规定的,适用诉讼时效的规定。

第一百九十九条 法律规定或者当事人约定的撤销权、解除权等权利的存续期间，除法律另有规定外，自权利人知道或者应当知道权利产生之日起计算，不适用有关诉讼时效中止、中断和延长的规定。存续期间届满，撤销权、解除权等权利消灭。

第二百条 民法所称的期间按照公历年、月、日、小时计算。

第二百零一条 按照年、月、日计算期间的，开始的当日不计入，自下一日开始计算。

按照小时计算期间的，自法律规定或者当事人约定的时间开始计算。

第二百零二条 按照年、月计算期间的，到期月的对应日为期间的最后一日；没有对应日的，月末日为期间的最后一日。

第二百零三条 期间的最后一日是法定休假日的，以法定休假日结束的次日为期间的最后一日。

期间的最后一日的截止时间为二十四时；有业务时间的，停止业务活动的时间为截止时间。

第二百零四条 期间的计算方法依照本法的规定，但是法律另有规定或者当事人另有约定的除外。

第三百八十六条 担保物权人在债务人不履行到期债务或者发生当事人约定的实现担保物权的情形，依法享有就担保财产优先受偿的权利，但是法律另有规定的除外。

第三百八十七条 债权人在借贷、买卖等民事活动中，为保障实现其债权，需要担保的，可以依照本法和其他法律的规定设立担保物权。

第三人为债务人向债权人提供担保的，可以要求债务人提供反担保。反担保适用本法和其他法律的规定。

第三百八十八条 设立担保物权，应当依照本法和其他法律的规定订立担保合同。担保合同包括抵押合同、质押合同和其他具有担保功能的合同。担保合同是主债权债务合同的从合同。主债权债务合同无效的，担保合同无效，但是法律另有规定的除外。

担保合同被确认无效后，债务人、担保人、债权人有过错的，应当根据其过错各自承担相应的民事责任。

第三百八十九条 担保物权的担保范围包括主债权及其利息、违约金、损害赔偿金、保管担保财产和实现担保物权的费用。当事人另有约定的,按照其约定。

第三百九十条 担保期间,担保财产毁损、灭失或者被征收等,担保物权人可以就获得的保险金、赔偿金或者补偿金等优先受偿。被担保债权的履行期限未届满的,也可以提存该保险金、赔偿金或者补偿金等。

第三百九十四条 为担保债务的履行,债务人或者第三人不转移财产的占有,将该财产抵押给债权人的,债务人不履行到期债务或者发生当事人约定的实现抵押权的情形,债权人有权就该财产优先受偿。

前款规定的债务人或者第三人为抵押人,债权人为抵押权人,提供担保的财产为抵押财产。

第三百九十五条 债务人或者第三人有权处分的下列财产可以抵押:

(一)建筑物和其他土地附着物;

(二)建设用地使用权;

(三)海域使用权;

(四)生产设备、原材料、半成品、产品;

(五)正在建造的建筑物、船舶、航空器;

(六)交通运输工具;

(七)法律、行政法规未禁止抵押的其他财产。

抵押人可以将前款所列财产一并抵押。

第三百九十六条 企业、个体工商户、农业生产经营者可以将现有的以及将有的生产设备、原材料、半成品、产品抵押,债务人不履行到期债务或者发生当事人约定的实现抵押权的情形,债权人有权就抵押财产确定时的动产优先受偿。

第三百九十七条 以建筑物抵押的,该建筑物占用范围内的建设用地使用权一并抵押。以建设用地使用权抵押的,该土地上的建筑物一并抵押。

抵押人未依据前款规定一并抵押的,未抵押的财产视为一并抵押。

第三百九十八条 乡镇、村企业的建设用地使用权不得单独抵押。以乡镇、村企业的厂房等建筑物抵押的,其占用范围内的建设用地使用权一并抵押。

第三百九十九条 下列财产不得抵押:

（一）土地所有权；

（二）宅基地、自留地、自留山等集体所有土地的使用权，但是法律规定可以抵押的除外；

（三）学校、幼儿园、医疗机构等为公益目的成立的非营利法人的教育设施、医疗卫生设施和其他公益设施；

（四）所有权、使用权不明或者有争议的财产；

（五）依法被查封、扣押、监管的财产；

（六）法律、行政法规规定不得抵押的其他财产。

第四百条 设立抵押权，当事人应当采用书面形式订立抵押合同。

抵押合同一般包括下列条款：

（一）被担保债权的种类和数额；

（二）债务人履行债务的期限；

（三）抵押财产的名称、数量等情况；

（四）担保的范围。

第四百零一条 抵押权人在债务履行期限届满前，与抵押人约定债务人不履行到期债务时抵押财产归债权人所有的，只能依法就抵押财产优先受偿。

第四百零二条 以本法第三百九十五条第一款第一项至第三项规定的财产或者第五项规定的正在建造的建筑物抵押的，应当办理抵押登记。抵押权自登记时设立。

第四百零三条 以动产抵押的，抵押权自抵押合同生效时设立；未经登记，不得对抗善意第三人。

第四百零四条 以动产抵押的，不得对抗正常经营活动中已经支付合理价款并取得抵押财产的买受人。

第四百零六条 抵押期间，抵押人可以转让抵押财产。当事人另有约定的，按照其约定。抵押财产转让的，抵押权不受影响。

抵押人转让抵押财产的，应当及时通知抵押权人。抵押权人能够证明抵押财产转让可能损害抵押权的，可以请求抵押人将转让所得的价款向抵押权人提前清偿债务或者提存。转让的价款超过债权数额的部分归抵押人所有，不足部分由债务人清偿。

第四百零九条 抵押权人可以放弃抵押权或者抵押权的顺位。抵押权人与抵押人可以协议变更抵押权顺位以及被担保的债权数额等内容。但是，抵押权的变更未经其他抵押权人书面同意的，不得对其他抵押权人产生不利影响。

债务人以自己的财产设定抵押，抵押权人放弃该抵押权、抵押权顺位或者变更抵押权的，其他担保人在抵押权人丧失优先受偿权益的范围内免除担保责任，但是其他担保人承诺仍然提供担保的除外。

第四百一十条 债务人不履行到期债务或者发生当事人约定的实现抵押权的情形，抵押权人可以与抵押人协议以抵押财产折价或者以拍卖、变卖该抵押财产所得的价款优先受偿。协议损害其他债权人利益的，其他债权人可以请求人民法院撤销该协议。

抵押权人与抵押人未就抵押权实现方式达成协议的，抵押权人可以请求人民法院拍卖、变卖抵押财产。

抵押财产折价或者变卖的，应当参照市场价格。

第四百一十一条 依据本法第三百九十六条规定设定抵押的，抵押财产自下列情形之一发生时确定：

（一）债务履行期限届满，债权未实现；

（二）抵押人被宣告破产或者解散；

（三）当事人约定的实现抵押权的情形；

（四）严重影响债权实现的其他情形。

第四百一十六条 动产抵押担保的主债权是抵押物的价款，标的物交付后十日内办理抵押登记的，该抵押权人优先于抵押物买受人的其他担保物权人受偿，但是留置权人除外。

第四百一十九条 抵押权人应当在主债权诉讼时效期间行使抵押权；未行使的，人民法院不予保护。

第四百二十五条 为担保债务的履行，债务人或者第三人将其动产出质给债权人占有的，债务人不履行到期债务或者发生当事人约定的实现质权的情形，债权人有权就该动产优先受偿。

前款规定的债务人或者第三人为出质人，债权人为质权人，交付的动产为质押财产。

第四百二十六条 法律、行政法规禁止转让的动产不得出质。

第四百二十七条 设立质权，当事人应当采用书面形式订立质押合同。

质押合同一般包括下列条款：

（一）被担保债权的种类和数额；

（二）债务人履行债务的期限；

（三）质押财产的名称、数量等情况；

（四）担保的范围；

（五）质押财产交付的时间、方式。

第四百二十八条 质权人在债务履行期限届满前，与出质人约定债务人不履行到期债务时质押财产归债权人所有的，只能依法就质押财产优先受偿。

第四百二十九条 质权自出质人交付质押财产时设立。

第四百三十五条 质权人可以放弃质权。债务人以自己的财产出质，质权人放弃该质权的，其他担保人在质权人丧失优先受偿权益的范围内免除担保责任，但是其他担保人承诺仍然提供担保的除外。

第四百三十六条 债务人履行债务或者出质人提前清偿所担保的债权的，质权人应当返还质押财产。

债务人不履行到期债务或者发生当事人约定的实现质权的情形，质权人可以与出质人协议以质押财产折价，也可以就拍卖、变卖质押财产所得的价款优先受偿。

质押财产折价或者变卖的，应当参照市场价格。

第四百三十七条 出质人可以请求质权人在债务履行期限届满后及时行使质权；质权人不行使的，出质人可以请求人民法院拍卖、变卖质押财产。

出质人请求质权人及时行使质权，因质权人怠于行使权利造成出质人损害的，由质权人承担赔偿责任。

第四百三十八条 质押财产折价或者拍卖、变卖后，其价款超过债权数额的部分归出质人所有，不足部分由债务人清偿。

第四百三十九条 出质人与质权人可以协议设立最高额质权。

最高额质权除适用本节有关规定外，参照适用本编第十七章第二节的有关规定。

第四百六十五条 依法成立的合同，受法律保护。

依法成立的合同，仅对当事人具有法律约束力，但是法律另有规定的除外。

第四百六十九条 当事人订立合同，可以采用书面形式、口头形式或者其他形式。

书面形式是合同书、信件、电报、电传、传真等可以有形地表现所载内容的形式。

以电子数据交换、电子邮件等方式能够有形地表现所载内容,并可以随时调取查用的数据电文,视为书面形式。

第四百九十条 当事人采用合同书形式订立合同的,自当事人均签名、盖章或者按指印时合同成立。在签名、盖章或者按指印之前,当事人一方已经履行主要义务,对方接受时,该合同成立。

法律、行政法规规定或者当事人约定合同应当采用书面形式订立,当事人未采用书面形式但是一方已经履行主要义务,对方接受时,该合同成立。

第五百零二条 依法成立的合同,自成立时生效,但是法律另有规定或者当事人另有约定的除外。

依照法律、行政法规的规定,合同应当办理批准等手续的,依照其规定。未办理批准等手续影响合同生效的,不影响合同中履行报批等义务条款以及相关条款的效力。应当办理申请批准等手续的当事人未履行义务的,对方可以请求其承担违反该义务的责任。

依照法律、行政法规的规定,合同的变更、转让、解除等情形应当办理批准等手续的,适用前款规定。

第五百零四条 法人的法定代表人或者非法人组织的负责人超越权限订立的合同,除相对人知道或者应当知道其超越权限外,该代表行为有效,订立的合同对法人或者非法人组织发生效力。

第五百一十条 合同生效后,当事人就质量、价款或者报酬、履行地点等内容没有约定或者约定不明确的,可以协议补充;不能达成补充协议的,按照合同相关条款或者交易习惯确定。

第五百一十一条 当事人就有关合同内容约定不明确,依据前条规定仍不能确定的,适用下列规定:

(一)质量要求不明确的,按照强制性国家标准履行;没有强制性国家标准的,按照推荐性国家标准履行;没有推荐性国家标准的,按照行业标准履行;没有国家标准、行业标准的,按照通常标准或者符合合同目的的特定标准履行。

(二)价款或者报酬不明确的,按照订立合同时履行地的市场价格履行;依法应当执行政府定价或者政府指导价的,依照规定履行。

(三)履行地点不明确,给付货币的,在接受货币一方所在地履行;交付不动产的,在不动产所在地履行;其他标的,在履行义务一方所在地履行。

(四)履行期限不明确的,债务人可以随时履行,债权人也可以随时请求履行,但是应当给对方必要的准备时间。

(五)履行方式不明确的,按照有利于实现合同目的的方式履行。

(六)履行费用的负担不明确的,由履行义务一方负担;因债权人原因增加的履行费用,由债权人负担。

第五百三十二条 合同生效后,当事人不得因姓名、名称的变更或者法定代表人、负责人、承办人的变动而不履行合同义务。

第五百五十七条 有下列情形之一的,债权债务终止:

(一)债务已经履行;

(二)债务相互抵销;

(三)债务人依法将标的物提存;

(四)债权人免除债务;

(五)债权债务同归于一人;

(六)法律规定或者当事人约定终止的其他情形。

合同解除的,该合同的权利义务关系终止。

第五百五十八条 债权债务终止后,当事人应当遵循诚信等原则,根据交易习惯履行通知、协助、保密、旧物回收等义务。

第五百六十三条 有下列情形之一的,当事人可以解除合同:

(一)因不可抗力致使不能实现合同目的;

(二)在履行期限届满前,当事人一方明确表示或者以自己的行为表明不履行主要债务;

(三)当事人一方迟延履行主要债务,经催告后在合理期限内仍未履行;

(四)当事人一方迟延履行债务或者有其他违约行为致使不能实现合同目的;

(五)法律规定的其他情形。

以持续履行的债务为内容的不定期合同,当事人可以随时解除合同,但是应当在合理期限之前通知对方。

第五百七十条 有下列情形之一,难以履行债务的,债务人可以将标的物

提存:

(一)债权人无正当理由拒绝受领;

(二)债权人下落不明;

(三)债权人死亡未确定继承人、遗产管理人,或者丧失民事行为能力未确定监护人;

(四)法律规定的其他情形。

标的物不适于提存或者提存费用过高的,债务人依法可以拍卖或者变卖标的物,提存所得的价款。

第五百七十一条 债务人将标的物或者将标的物依法拍卖、变卖所得价款交付提存部门时,提存成立。

提存成立的,视为债务人在其提存范围内已经交付标的物。

第五百七十二条 标的物提存后,债务人应当及时通知债权人或者债权人的继承人、遗产管理人、监护人、财产代管人。

第五百七十三条 标的物提存后,毁损、灭失的风险由债权人承担。提存期间,标的物的孳息归债权人所有。提存费用由债权人负担。

第五百七十四条 债权人可以随时领取提存物。但是,债权人对债务人负有到期债务的,在债权人未履行债务或者提供担保之前,提存部门根据债务人的要求应当拒绝其领取提存物。

债权人领取提存物的权利,自提存之日起五年内不行使而消灭,提存物扣除提存费用后归国家所有。但是,债权人未履行对债务人的到期债务,或者债权人向提存部门书面表示放弃领取提存物权利的,债务人负担提存费用后有权取回提存物。

第五百七十七条 当事人一方不履行合同义务或者履行合同义务不符合约定的,应当承担继续履行、采取补救措施或者赔偿损失等违约责任。

第五百七十八条 当事人一方明确表示或者以自己的行为表明不履行合同义务的,对方可以在履行期限届满前请求其承担违约责任。

第五百七十九条 当事人一方未支付价款、报酬、租金、利息,或者不履行其他金钱债务的,对方可以请求其支付。

第五百八十五条 当事人可以约定一方违约时应当根据违约情况向对方支付一定数额的违约金,也可以约定因违约产生的损失赔偿额的计算方法。

约定的违约金低于造成的损失的，人民法院或者仲裁机构可以根据当事人的请求予以增加；约定的违约金过分高于造成的损失的，人民法院或者仲裁机构可以根据当事人的请求予以适当减少。

当事人就迟延履行约定违约金的，违约方支付违约金后，还应当履行债务。

第五百八十九条 债务人按照约定履行债务，债权人无正当理由拒绝受领的，债务人可以请求债权人赔偿增加的费用。

在债权人受领迟延期间，债务人无须支付利息。

第五百九十五条 买卖合同是出卖人转移标的物的所有权于买受人，买受人支付价款的合同。

第六百二十八条 买受人应当按照约定的时间支付价款。对支付时间没有约定或者约定不明确，依据本法第五百一十条的规定仍不能确定的，买受人应当在收到标的物或者提取标的物单证的同时支付。

第六百六十七条 借款合同是借款人向贷款人借款，到期返还借款并支付利息的合同。

第六百六十八条 借款合同应当采用书面形式，但是自然人之间借款另有约定的除外。

借款合同的内容一般包括借款种类、币种、用途、数额、利率、期限和还款方式等条款。

第六百六十九条 订立借款合同，借款人应当按照贷款人的要求提供与借款有关的业务活动和财务状况的真实情况。

第六百七十四条 借款人应当按照约定的期限支付利息。对支付利息的期限没有约定或者约定不明确，依据本法第五百一十条的规定仍不能确定，借款期间不满一年的，应当在返还借款时一并支付；借款期间一年以上的，应当在每届满一年时支付，剩余期间不满一年的，应当在返还借款时一并支付。

第六百七十五条 借款人应当按照约定的期限返还借款。对借款期限没有约定或者约定不明确，依据本法第五百一十条的规定仍不能确定的，借款人可以随时返还；贷款人可以催告借款人在合理期限内返还。

第六百七十六条 借款人未按照约定的期限返还借款的，应当按照约定或者国家有关规定支付逾期利息。

第六百七十九条 自然人之间的借款合同，自贷款人提供借款时成立。

第六百八十条 禁止高利放贷,借款的利率不得违反国家有关规定。

借款合同对支付利息没有约定的,视为没有利息。

借款合同对支付利息约定不明确,当事人不能达成补充协议的,按照当地或者当事人的交易方式、交易习惯、市场利率等因素确定利息;自然人之间借款的,视为没有利息。

第六百八十一条 保证合同是为保障债权的实现,保证人和债权人约定,当债务人不履行到期债务或者发生当事人约定的情形时,保证人履行债务或者承担责任的合同。

第六百八十二条 保证合同是主债权债务合同的从合同。主债权债务合同无效的,保证合同无效,但是法律另有规定的除外。

保证合同被确认无效后,债务人、保证人、债权人有过错的,应当根据其过错各自承担相应的民事责任。

第六百八十三条 机关法人不得为保证人,但是经国务院批准为使用外国政府或者国际经济组织贷款进行转贷的除外。

以公益为目的的非营利法人、非法人组织不得为保证人。

第六百八十四条 保证合同的内容一般包括被保证的主债权的种类、数额,债务人履行债务的期限,保证的方式、范围和期间等条款。

第六百八十五条 保证合同可以是单独订立的书面合同,也可以是主债权债务合同中的保证条款。

第三人单方以书面形式向债权人作出保证,债权人接收且未提出异议的,保证合同成立。

第六百八十六条 保证的方式包括一般保证和连带责任保证。

当事人在保证合同中对保证方式没有约定或者约定不明确的,按照一般保证承担保证责任。

第六百八十七条 当事人在保证合同中约定,债务人不能履行债务时,由保证人承担保证责任的,为一般保证。

一般保证的保证人在主合同纠纷未经审判或者仲裁,并就债务人财产依法强制执行仍不能履行债务前,有权拒绝向债权人承担保证责任,但是有下列情形之一的除外:

(一)债务人下落不明,且无财产可供执行;

（二）人民法院已经受理债务人破产案件；

（三）债权人有证据证明债务人的财产不足以履行全部债务或者丧失履行债务能力；

（四）保证人书面表示放弃本款规定的权利。

第六百八十八条 当事人在保证合同中约定保证人和债务人对债务承担连带责任的，为连带责任保证。

连带责任保证的债务人不履行到期债务或者发生当事人约定的情形时，债权人可以请求债务人履行债务，也可以请求保证人在其保证范围内承担保证责任。

第六百八十九条 保证人可以要求债务人提供反担保。

第六百九十一条 保证的范围包括主债权及其利息、违约金、损害赔偿金和实现债权的费用。当事人另有约定的，按照其约定。

第六百九十二条 保证期间是确定保证人承担保证责任的期间，不发生中止、中断和延长。

债权人与保证人可以约定保证期间，但是约定的保证期间早于主债务履行期限或者与主债务履行期限同时届满的，视为没有约定；没有约定或者约定不明确的，保证期间为主债务履行期限届满之日起六个月。

债权人与债务人对主债务履行期限没有约定或者约定不明确的，保证期间自债权人请求债务人履行债务的宽限期届满之日起计算。

第六百九十三条 一般保证的债权人未在保证期间对债务人提起诉讼或者申请仲裁的，保证人不再承担保证责任。

连带责任保证的债权人未在保证期间请求保证人承担保证责任的，保证人不再承担保证责任。

第六百九十四条 一般保证的债权人在保证期间届满前对债务人提起诉讼或者申请仲裁的，从保证人拒绝承担保证责任的权利消灭之日起，开始计算保证债务的诉讼时效。

连带责任保证的债权人在保证期间届满前请求保证人承担保证责任的，从债权人请求保证人承担保证责任之日起，开始计算保证债务的诉讼时效。

第六百九十五条 债权人和债务人未经保证人书面同意，协商变更主债权债务合同内容，减轻债务的，保证人仍对变更后的债务承担保证责任；加重债务的，保证人对加重的部分不承担保证责任。

债权人和债务人变更主债权债务合同的履行期限,未经保证人书面同意的,保证期间不受影响。

第六百九十六条 债权人转让全部或者部分债权,未通知保证人的,该转让对保证人不发生效力。

保证人与债权人约定禁止债权转让,债权人未经保证人书面同意转让债权的,保证人对受让人不再承担保证责任。

第六百九十七条 债权人未经保证人书面同意,允许债务人转移全部或者部分债务,保证人对未经其同意转移的债务不再承担保证责任,但是债权人和保证人另有约定的除外。

第三人加入债务的,保证人的保证责任不受影响。

第六百九十八条 一般保证的保证人在主债务履行期限届满后,向债权人提供债务人可供执行财产的真实情况,债权人放弃或者怠于行使权利致使该财产不能被执行的,保证人在其提供可供执行财产的价值范围内不再承担保证责任。

第六百九十九条 同一债务有两个以上保证人的,保证人应当按照保证合同约定的保证份额,承担保证责任;没有约定保证份额的,债权人可以请求任何一个保证人在其保证范围内承担保证责任。

第七百条 保证人承担保证责任后,除当事人另有约定外,有权在其承担保证责任的范围内向债务人追偿,享有债权人对债务人的权利,但是不得损害债权人的利益。

第七百零一条 保证人可以主张债务人对债权人的抗辩。债务人放弃抗辩的,保证人仍有权向债权人主张抗辩。

第七百零二条 债务人对债权人享有抵销权或者撤销权的,保证人可以在相应范围内拒绝承担保证责任。

第一千零四十二条 禁止包办、买卖婚姻和其他干涉婚姻自由的行为。禁止借婚姻索取财物。

禁止重婚。禁止有配偶者与他人同居。

禁止家庭暴力。禁止家庭成员间的虐待和遗弃。

第一千零四十三条 家庭应当树立优良家风,弘扬家庭美德,重视家庭文明建设。

夫妻应当互相忠实，互相尊重，互相关爱；家庭成员应当敬老爱幼，互相帮助，维护平等、和睦、文明的婚姻家庭关系。

第一千零六十条 夫妻一方因家庭日常生活需要而实施的民事法律行为，对夫妻双方发生效力，但是夫妻一方与相对人另有约定的除外。

夫妻之间对一方可以实施的民事法律行为范围的限制，不得对抗善意相对人。

第一千零六十一条 夫妻有相互继承遗产的权利。

第一千零六十二条 夫妻在婚姻关系存续期间所得的下列财产，为夫妻的共同财产，归夫妻共同所有：

（一）工资、奖金、劳务报酬；

（二）生产、经营、投资的收益；

（三）知识产权的收益；

（四）继承或者受赠的财产，但是本法第一千零六十三条第三项规定的除外；

（五）其他应当归共同所有的财产。

夫妻对共同财产，有平等的处理权。

第一千零六十三条 下列财产为夫妻一方的个人财产：

（一）一方的婚前财产；

（二）一方因受到人身损害获得的赔偿或者补偿；

（三）遗嘱或者赠与合同中确定只归一方的财产；

（四）一方专用的生活用品；

（五）其他应当归一方的财产。

第一千零六十四条 夫妻双方共同签名或者夫妻一方事后追认等共同意思表示所负的债务，以及夫妻一方在婚姻关系存续期间以个人名义为家庭日常生活需要所负的债务，属于夫妻共同债务。

夫妻一方在婚姻关系存续期间以个人名义超出家庭日常生活需要所负的债务，不属于夫妻共同债务；但是，债权人能够证明该债务用于夫妻共同生活、共同生产经营或者基于夫妻双方共同意思表示的除外。

第一千零六十五条 男女双方可以约定婚姻关系存续期间所得的财产以及婚前财产归各自所有、共同所有或者部分各自所有、部分共同所有。约定应当采用书面形式。没有约定或者约定不明确的，适用本法第一千零六十二条、第一千零六十三条的规定。

夫妻对婚姻关系存续期间所得的财产以及婚前财产的约定,对双方具有法律约束力。

夫妻对婚姻关系存续期间所得的财产约定归各自所有,夫或者妻一方对外所负的债务,相对人知道该约定的,以夫或者妻一方的个人财产清偿。

第一千零七十条 父母和子女有相互继承遗产的权利。

第一千零九十二条 夫妻一方隐藏、转移、变卖、毁损、挥霍夫妻共同财产,或者伪造夫妻共同债务企图侵占另一方财产的,在离婚分割夫妻共同财产时,对该方可以少分或者不分。离婚后,另一方发现有上述行为的,可以向人民法院提起诉讼,请求再次分割夫妻共同财产。

第一千一百二十一条 继承从被继承人死亡时开始。

相互有继承关系的数人在同一事件中死亡,难以确定死亡时间的,推定没有其他继承人的人先死亡。都有其他继承人,辈份不同的,推定长辈先死亡;辈份相同的,推定同时死亡,相互不发生继承。

第一千一百二十二条 遗产是自然人死亡时遗留的个人合法财产。

依照法律规定或者根据其性质不得继承的遗产,不得继承。

第一千一百二十四条 继承开始后,继承人放弃继承的,应当在遗产处理前,以书面形式作出放弃继承的表示;没有表示的,视为接受继承。

受遗赠人应当在知道受遗赠后六十日内,作出接受或者放弃受遗赠的表示;到期没有表示的,视为放弃受遗赠。

第一千一百二十七条 遗产按照下列顺序继承:

(一)第一顺序:配偶、子女、父母;

(二)第二顺序:兄弟姐妹、祖父母、外祖父母。

继承开始后,由第一顺序继承人继承,第二顺序继承人不继承;没有第一顺序继承人继承的,由第二顺序继承人继承。

本编所称子女,包括婚生子女、非婚生子女、养子女和有扶养关系的继子女。

本编所称父母,包括生父母、养父母和有扶养关系的继父母。

本编所称兄弟姐妹,包括同父母的兄弟姐妹、同父异母或者同母异父的兄弟姐妹、养兄弟姐妹、有扶养关系的继兄弟姐妹。

第一千一百五十三条 夫妻共同所有的财产,除有约定的外,遗产分割时,应当先将共同所有的财产的一半分出为配偶所有，其余的为被继承人的遗产。

遗产在家庭共有财产之中的，遗产分割时，应当先分出他人的财产。

第一千一百五十九条 分割遗产，应当清偿被继承人依法应当缴纳的税款和债务；但是，应当为缺乏劳动能力又没有生活来源的继承人保留必要的遗产。

第一千一百六十一条 继承人以所得遗产实际价值为限清偿被继承人依法应当缴纳的税款和债务。超过遗产实际价值部分，继承人自愿偿还的不在此限。

继承人放弃继承的，对被继承人依法应当缴纳的税款和债务可以不负清偿责任。

中华人民共和国刑法（节选）

（1979年7月1日第五届全国人民代表大会第二次会议通过，2020年12月26日第十一次修正）

第一百七十六条 非法吸收公众存款或者变相吸收公众存款，扰乱金融秩序的，处三年以下有期徒刑或者拘役，并处或者单处罚金；数额巨大或者有其他严重情节的，处三年以上十年以下有期徒刑，并处罚金；数额特别巨大或者有其他特别严重情节的，处十年以上有期徒刑，并处罚金。

单位犯前款罪的，对单位判处罚金，并对其直接负责的主管人员和其他直接责任人员，依照前款的规定处罚。

有前两款行为，在提起公诉前积极退赃退赔，减少损害结果发生的，可以从轻或者减轻处罚。

第一百九十二条 以非法占有为目的，使用诈骗方法非法集资，数额较大的，处三年以上七年以下有期徒刑，并处罚金；数额巨大或者有其他严重情节的，处七年以上有期徒刑或者无期徒刑，并处罚金或者没收财产。

单位犯前款罪的，对单位判处罚金，并对其直接负责的主管人员和其他直接责任人员，依照前款的规定处罚。

第二百二十五条 违反国家规定，有下列非法经营行为之一，扰乱市场秩序，情节严重的，处五年以下有期徒刑或者拘役，并处或者单处违法所得一倍以上五倍以下罚金；情节特别严重的，处五年以上有期徒刑，并处违法所得一倍以上五倍以下罚金或者没收财产：

（一）未经许可经营法律、行政法规规定的专营、专卖物品或者其他限制买卖的物品的；

（二）买卖进出口许可证、进出口原产地证明以及其他法律、行政法规规定的经营许可证或者批准文件的；

（三）未经国家有关主管部门批准非法经营证券、期货、保险业务的，或者非法从事资金支付结算业务的；

（四）其他严重扰乱市场秩序的非法经营行为。

第二百六十六条 诈骗公私财物，数额较大的，处三年以下有期徒刑、拘役或者管制，并处或者单处罚金；数额巨大或者有其他严重情节的，处三年以上十年以下有期徒刑，并处罚金；数额特别巨大或者有其他特别严重情节的，处十年以上有期徒刑或者无期徒刑，并处罚金或者没收财产。本法另有规定的，依照规定。

第二百八十七条 利用计算机实施金融诈骗、盗窃、贪污、挪用公款、窃取国家秘密或者其他犯罪的，依照本法有关规定定罪处罚。

第三百零三条 以营利为目的，聚众赌博或者以赌博为业的，处三年以下有期徒刑、拘役或者管制，并处罚金。

开设赌场的，处五年以下有期徒刑、拘役或者管制，并处罚金；情节严重的，处五年以上十年以下有期徒刑，并处罚金。

组织中华人民共和国公民参与国（境）外赌博，数额巨大或者有其他严重情节的，依照前款的规定处罚。

第三百零七条之一 以捏造的事实提起民事诉讼，妨害司法秩序或者严重侵害他人合法权益的，处三年以下有期徒刑、拘役或者管制，并处或者单处罚金；情节严重的，处三年以上七年以下有期徒刑，并处罚金。

单位犯前款罪的，对单位判处罚金，并对其直接负责的主管人员和其他直接责任人员，依照前款的规定处罚。

有第一款行为，非法占有他人财产或者逃避合法债务，又构成其他犯罪的，依照处罚较重的规定定罪从重处罚。

司法工作人员利用职权，与他人共同实施前三款行为的，从重处罚；同时构成其他犯罪的，依照处罚较重的规定定罪从重处罚。

第三百四十七条 走私、贩卖、运输、制造毒品,无论数量多少,都应当追究刑事责任,予以刑事处罚。

走私、贩卖、运输、制造毒品,有下列情形之一的,处十五年有期徒刑、无期徒刑或者死刑,并处没收财产:

(一)走私、贩卖、运输、制造鸦片一千克以上、海洛因或者甲基苯丙胺五十克以上或者其他毒品数量大的;

(二)走私、贩卖、运输、制造毒品集团的首要分子;

(三)武装掩护走私、贩卖、运输、制造毒品的;

(四)以暴力抗拒检查、拘留、逮捕,情节严重的;

(五)参与有组织的国际贩毒活动的。

走私、贩卖、运输、制造鸦片二百克以上不满一千克、海洛因或者甲基苯丙胺十克以上不满五十克或者其他毒品数量较大的,处七年以上有期徒刑,并处罚金。

走私、贩卖、运输、制造鸦片不满二百克、海洛因或者甲基苯丙胺不满十克或者其他少量毒品的,处三年以下有期徒刑、拘役或者管制,并处罚金;情节严重的,处三年以上七年以下有期徒刑,并处罚金。

单位犯第二款、第三款、第四款罪的,对单位判处罚金,并对其直接负责的主管人员和其他直接责任人员,依照各该款的规定处罚。

利用、教唆未成年人走私、贩卖、运输、制造毒品,或者向未成年人出售毒品的,从重处罚。

对多次走私、贩卖、运输、制造毒品,未经处理的,毒品数量累计计算。

中华人民共和国治安管理处罚法(节选)

(2005年8月28日第十届全国人民代表大会常务委员会第十七次会议通过,2012年10月26日修正)

第七十条 以营利为目的,为赌博提供条件的,或者参与赌博赌资较大的,处五日以下拘留或者五百元以下罚款;情节严重的,处十日以上十五日以下拘留,并处五百元以上三千元以下罚款。

中华人民共和国民事诉讼法(节选)

(1991 年 4 月 9 日第七届全国人民代表大会第四次会议通过,2021 年 12 月 24 日第四次修正)

第十三条 民事诉讼应当遵循诚信原则。

当事人有权在法律规定的范围内处分自己的民事权利和诉讼权利。

第二十二条 对公民提起的民事诉讼,由被告住所地人民法院管辖;被告住所地与经常居住地不一致的,由经常居住地人民法院管辖。

对法人或者其他组织提起的民事诉讼,由被告住所地人民法院管辖。

同一诉讼的几个被告住所地、经常居住地在两个以上人民法院辖区的,各该人民法院都有管辖权。

第二十三条 下列民事诉讼,由原告住所地人民法院管辖;原告住所地与经常居住地不一致的,由原告经常居住地人民法院管辖:

(一)对不在中华人民共和国领域内居住的人提起的有关身份关系的诉讼;

(二)对下落不明或者宣告失踪的人提起的有关身份关系的诉讼;

(三)对被采取强制性教育措施的人提起的诉讼;

(四)对被监禁的人提起的诉讼。

第二十四条 因合同纠纷提起的诉讼,由被告住所地或者合同履行地人民法院管辖。

第二十五条 因保险合同纠纷提起的诉讼,由被告住所地或者保险标的物所在地人民法院管辖。

第二十六条 因票据纠纷提起的诉讼,由票据支付地或者被告住所地人民法院管辖。

第三十五条 合同或者其他财产权益纠纷的当事人可以书面协议选择被告住所地、合同履行地、合同签订地、原告住所地、标的物所在地等与争议有实际联系的地点的人民法院管辖,但不得违反本法对级别管辖和专属管辖的规定。

第三十六条 两个以上人民法院都有管辖权的诉讼,原告可以向其中一个人民法院起诉;原告向两个以上有管辖权的人民法院起诉的,由最先立案的人民法院管辖。

第三十七条 人民法院发现受理的案件不属于本院管辖的,应当移送有管辖权的人民法院,受移送的人民法院应当受理。受移送的人民法院认为受移送的案件依照规定不属于本院管辖的,应当报请上级人民法院指定管辖,不得再自行移送。

第五十九条 对当事人双方的诉讼标的,第三人认为有独立请求权的,有权提起诉讼。

对当事人双方的诉讼标的,第三人虽然没有独立请求权,但案件处理结果同他有法律上的利害关系的,可以申请参加诉讼,或者由人民法院通知他参加诉讼。人民法院判决承担民事责任的第三人,有当事人的诉讼权利义务。

前两款规定的第三人,因不能归责于本人的事由未参加诉讼,但有证据证明发生法律效力的判决、裁定、调解书的部分或者全部内容错误,损害其民事权益的,可以自知道或者应当知道其民事权益受到损害之日起六个月内,向作出该判决、裁定、调解书的人民法院提起诉讼。人民法院经审理,诉讼请求成立的,应当改变或者撤销原判决、裁定、调解书;诉讼请求不成立的,驳回诉讼请求。

第六十六条 证据包括:

(一)当事人的陈述;

(二)书证;

(三)物证;

(四)视听资料;

(五)电子数据;

(六)证人证言;

(七)鉴定意见;

(八)勘验笔录。

证据必须查证属实,才能作为认定事实的根据。

第六十七条 当事人对自己提出的主张,有责任提供证据。

当事人及其诉讼代理人因客观原因不能自行收集的证据,或者人民法院认为审理案件需要的证据,人民法院应当调查收集。

人民法院应当按照法定程序,全面地、客观地审查核实证据。

第七十三条 书证应当提交原件。物证应当提交原物。提交原件或者原物确有困难的,可以提交复制品、照片、副本、节录本。

提交外文书证,必须附有中文译本。

第七十四条 人民法院对视听资料，应当辨别真伪，并结合本案的其他证据，审查确定能否作为认定事实的根据。

第七十八条 人民法院对当事人的陈述，应当结合本案的其他证据，审查确定能否作为认定事实的根据。

当事人拒绝陈述的，不影响人民法院根据证据认定案件事实。

第七十九条 当事人可以就查明事实的专门性问题向人民法院申请鉴定。当事人申请鉴定的，由双方当事人协商确定具备资格的鉴定人；协商不成的，由人民法院指定。

当事人未申请鉴定，人民法院对专门性问题认为需要鉴定的，应当委托具备资格的鉴定人进行鉴定。

第一百一十四条 诉讼参与人或者其他人有下列行为之一的，人民法院可以根据情节轻重予以罚款、拘留；构成犯罪的，依法追究刑事责任：

（一）伪造、毁灭重要证据，妨碍人民法院审理案件的；

（二）以暴力、威胁、贿买方法阻止证人作证或者指使、贿买、胁迫他人作伪证的；

（三）隐藏、转移、变卖、毁损已被查封、扣押的财产，或者已被清点并责令其保管的财产，转移已被冻结的财产的；

（四）对司法工作人员、诉讼参加人、证人、翻译人员、鉴定人、勘验人、协助执行的人，进行侮辱、诽谤、诬陷、殴打或者打击报复的；

（五）以暴力、威胁或者其他方法阻碍司法工作人员执行职务的；

（六）拒不履行人民法院已经发生法律效力的判决、裁定的。

人民法院对有前款规定的行为之一的单位，可以对其主要负责人或者直接责任人员予以罚款、拘留；构成犯罪的，依法追究刑事责任。

第一百一十五条 当事人之间恶意串通，企图通过诉讼、调解等方式侵害他人合法权益的，人民法院应当驳回其请求，并根据情节轻重予以罚款、拘留；构成犯罪的，依法追究刑事责任。

第一百一十六条 被执行人与他人恶意串通，通过诉讼、仲裁、调解等方式逃避履行法律文书确定的义务的，人民法院应当根据情节轻重予以罚款、拘留；构成犯罪的，依法追究刑事责任。

第一百二十二条 起诉必须符合下列条件：

（一）原告是与本案有直接利害关系的公民、法人和其他组织；

（二）有明确的被告；

（三）有具体的诉讼请求和事实、理由；

（四）属于人民法院受理民事诉讼的范围和受诉人民法院管辖。

第一百二十六条 人民法院应当保障当事人依照法律规定享有的起诉权利。对符合本法第一百二十二条的起诉，必须受理。符合起诉条件的，应当在七日内立案，并通知当事人；不符合起诉条件的，应当在七日内作出裁定书，不予受理；原告对裁定不服的，可以提起上诉。

第一百二十七条 人民法院对下列起诉，分别情形，予以处理：

（一）依照行政诉讼法的规定，属于行政诉讼受案范围的，告知原告提起行政诉讼；

（二）依照法律规定，双方当事人达成书面仲裁协议申请仲裁、不得向人民法院起诉的，告知原告向仲裁机构申请仲裁；

（三）依照法律规定，应当由其他机关处理的争议，告知原告向有关机关申请解决；

（四）对不属于本院管辖的案件，告知原告向有管辖权的人民法院起诉；

（五）对判决、裁定、调解书已经发生法律效力的案件，当事人又起诉的，告知原告申请再审，但人民法院准许撤诉的裁定除外；

（六）依照法律规定，在一定期限内不得起诉的案件，在不得起诉的期限内起诉的，不予受理；

（七）判决不准离婚和调解和好的离婚案件，判决、调解维持收养关系的案件，没有新情况、新理由，原告在六个月内又起诉的，不予受理。

第一百三十五条 必须共同进行诉讼的当事人没有参加诉讼的，人民法院应当通知其参加诉讼。

中华人民共和国商业银行法（节选）

（1995年5月10日第八届全国人民代表大会常务委员会第十三次会议通过，2015年8月29日第二次修正）

第十一条 设立商业银行，应当经国务院银行业监督管理机构审查批准。

未经国务院银行业监督管理机构批准,任何单位和个人不得从事吸收公众存款等商业银行业务,任何单位不得在名称中使用“银行”字样。

第四十七条 商业银行不得违反规定提高或者降低利率以及采用其他不正当手段,吸收存款,发放贷款。

第四十八条 企业事业单位可以自主选择一家商业银行的营业场所开立一个办理日常转账结算和现金收付的基本账户,不得开立两个以上基本账户。

任何单位和个人不得将单位的资金以个人名义开立账户存储。

第八十一条 未经国务院银行业监督管理机构批准,擅自设立商业银行,或者非法吸收公众存款、变相吸收公众存款,构成犯罪的,依法追究刑事责任;并由国务院银行业监督管理机构予以取缔。

伪造、变造、转让商业银行经营许可证,构成犯罪的,依法追究刑事责任。

第八十三条 有本法第八十一条、第八十二条规定的行为,尚不构成犯罪的,由国务院银行业监督管理机构没收违法所得,违法所得五十万元以上的,并处违法所得一倍以上五倍以下罚款;没有违法所得或者违法所得不足五十万元的,处五十万元以上二百万元以下罚款。

中华人民共和国电子签名法(节选)

(2004年8月28日第十届全国人民代表大会常务委员会第十一次会议通过,2019年4月23日第二次修正)

第三条 民事活动中的合同或者其他文件、单证等文书,当事人可以约定使用或者不使用电子签名、数据电文。

当事人约定使用电子签名、数据电文的文书,不得仅因为其采用电子签名、数据电文的形式而否定其法律效力。

前款规定不适用下列文书:

(一)涉及婚姻、收养、继承等人身关系的;

(二)涉及停止供水、供热、供气等公用事业服务的;

(三)法律、行政法规规定的不适用电子文书的其他情形。

第四条 能够有形地表现所载内容,并可以随时调取查用的数据电文,视为符合法律、法规要求的书面形式。

第五条 符合下列条件的数据电文，视为满足法律、法规规定的原件形式要求：

（一）能够有效地表现所载内容并可供随时调取查用；

（二）能够可靠地保证自最终形成时起，内容保持完整、未被更改。但是，在数据电文上增加背书以及数据交换、储存和显示过程中发生的形式变化不影响数据电文的完整性。

第六条 符合下列条件的数据电文，视为满足法律、法规规定的文件保存要求：

（一）能够有效地表现所载内容并可供随时调取查用；

（二）数据电文的格式与其生成、发送或者接收时的格式相同，或者格式不相同但是能够准确表现原来生成、发送或者接收的内容；

（三）能够识别数据电文的发件人、收件人以及发送、接收的时间。

第七条 数据电文不得仅因为其是以电子、光学、磁或者类似手段生成、发送、接收或者储存的而被拒绝作为证据使用。

第八条 审查数据电文作为证据的真实性，应当考虑以下因素：

（一）生成、储存或者传递数据电文方法的可靠性；

（二）保持内容完整性方法的可靠性；

（三）用以鉴别发件人方法的可靠性；

（四）其他相关因素。

第九条 数据电文有下列情形之一的，视为发件人发送：

（一）经发件人授权发送的；

（二）发件人的信息系统自动发送的；

（三）收件人按照发件人认可的方法对数据电文进行验证后结果相符的。

当事人对前款规定的事项另有约定的，从其约定。

第十三条 电子签名同时符合下列条件的，视为可靠的电子签名：

（一）电子签名制作数据用于电子签名时，属于电子签名人专有；

（二）签署时电子签名制作数据仅由电子签名人控制；

（三）签署后对电子签名的任何改动能够被发现；

（四）签署后对数据电文内容和形式的任何改动能够被发现。

当事人也可以选择使用符合其约定的可靠条件的电子签名。

第十四条 可靠的电子签名与手写签名或者盖章具有同等的法律效力。

储蓄管理条例(节选)

(1992年12月11日国务院第九十七次常务会议通过,2011年1月8日修正,国务院令第588号)

第三条 本条例所称储蓄是指个人将属于其所有的人民币或者外币存入储蓄机构,储蓄机构开具存折或者存单作为凭证,个人凭存折或者存单可以支取存款本金和利息,储蓄机构依照规定支付存款本金和利息的活动。

任何单位和个人不得将公款以个人名义转为储蓄存款。

第四条 本条例所称储蓄机构是指经中国人民银行或其分支机构批准,各银行、信用合作社办理储蓄业务的机构,以及邮政企业依法办理储蓄业务的机构。

第三十四条 违反本条例规定,有下列行为之一的单位和个人,由中国人民银行或其分支机构责令其纠正,并可以根据情节轻重处以罚款、停业整顿、吊销《经营金融业务许可证》;情节严重,构成犯罪的,依法追究刑事责任:

(一)擅自开办储蓄业务的;

(二)擅自设置储蓄机构的;

(三)储蓄机构擅自开办新的储蓄种类的;

(四)储蓄机构擅自办理本条例规定以外的其他金融业务的;

(五)擅自停业或者缩短营业时间的;

(六)储蓄机构采取不正当手段吸收储蓄存款的;

(七)违反国家利率规定,擅自变动储蓄存款利率的;

(八)泄露储户储蓄情况或者未经法定程序代为查询、冻结、划拨储蓄存款的;

(九)其他违反国家储蓄法律、法规和政策的。

违反本条例第三条第二款规定的,依照国家有关规定予以处罚。

防范和处置非法集资条例(节选)

(2020 年 12 月 21 日国务院第 119 次常务会议通过,2021 年 1 月 26 日公布,国务院令第 737 号)

第二条 本条例所称非法集资,是指未经国务院金融管理部门依法许可或者违反国家金融管理规定,以许诺还本付息或者给予其他投资回报等方式,向不特定对象吸收资金的行为。

非法集资的防范以及行政机关对非法集资的处置,适用本条例。法律、行政法规对非法从事银行、证券、保险、外汇等金融业务活动另有规定的,适用其规定。

本条例所称国务院金融管理部门,是指中国人民银行、国务院金融监督管理机构和国务院外汇管理部门。

第三条 本条例所称非法集资人,是指发起、主导或者组织实施非法集资的单位和个人;所称非法集资协助人,是指明知是非法集资而为其提供帮助并获取经济利益的单位和个人。

第四条 国家禁止任何形式的非法集资,对非法集资坚持防范为主、打早打小、综合治理、稳妥处置的原则。

第九条 市场监督管理部门应当加强企业、个体工商户名称和经营范围等商事登记管理。除法律、行政法规和国家另有规定外,企业、个体工商户名称和经营范围中不得包含“金融”、“交易所”、“交易中心”、“理财”、“财富管理”、“股权众筹”等字样或者内容。

县级以上地方人民政府处置非法集资牵头部门、市场监督管理部门等有关部门应当建立会商机制,发现企业、个体工商户名称或者经营范围中包含前款规定以外的其他与集资有关的字样或者内容的,及时予以重点关注。

第十条 处置非法集资牵头部门会同互联网信息内容管理部门、电信主管部门加强对涉嫌非法集资的互联网信息和网站、移动应用程序等互联网应用的监测。经处置非法集资牵头部门组织认定为用于非法集资的,互联网信息内容管理部门、电信主管部门应当及时依法作出处理。

互联网信息服务提供者应当加强对用户发布信息的管理,不得制作、复制、发布、传播涉嫌非法集资的信息。发现涉嫌非法集资的信息,应当保存有关记录,并向处置非法集资牵头部门报告。

第十一条 除国家另有规定外,任何单位和个人不得发布包含集资内容的广告或者以其他方式向社会公众进行集资宣传。

市场监督管理部门会同处置非法集资牵头部门加强对涉嫌非法集资广告的监测。经处置非法集资牵头部门组织认定为非法集资的,市场监督管理部门应当及时依法查处相关非法集资广告。

广告经营者、广告发布者应当依照法律、行政法规查验相关证明文件,核对广告内容。对没有相关证明文件且包含集资内容的广告,广告经营者不得提供设计、制作、代理服务,广告发布者不得发布。

第十六条 对涉嫌非法集资行为,任何单位和个人有权向处置非法集资牵头部门或者其他有关部门举报。

国家鼓励对涉嫌非法集资行为进行举报。处置非法集资牵头部门以及其他有关部门应当公开举报电话和邮箱等举报方式、在政府网站设置举报专栏,接受举报,及时依法处理,并为举报人保密。

第三十条 对非法集资人,由处置非法集资牵头部门处集资金额20%以上1倍以下的罚款。非法集资人为单位的,还可以根据情节轻重责令停产停业,由有关机关依法吊销许可证、营业执照或者登记证书;对其法定代表人或者主要负责人、直接负责的主管人员和其他直接责任人员给予警告,处50万元以上500万元以下的罚款。构成犯罪的,依法追究刑事责任。

第三十一条 对非法集资协助人,由处置非法集资牵头部门给予警告,处违法所得1倍以上3倍以下的罚款;构成犯罪的,依法追究刑事责任。

第三十二条 非法集资人、非法集资协助人不能同时履行所承担的清退集资资金和缴纳罚款义务时,先清退集资资金。

第三十三条 对依照本条例受到行政处罚的非法集资人、非法集资协助人,由有关部门建立信用记录,按照规定将其信用记录纳入全国信用信息共享平台。

第三十四条 互联网信息服务提供者未履行对涉嫌非法集资信息的防范和处置义务的,由有关主管部门责令改正,给予警告,没收违法所得;拒不改正或者情节严重的,处10万元以上50万元以下的罚款,并可以根据情节轻重责令暂停相关业务、停业整顿、关闭网站、吊销相关业务许可证或者吊销营业执照,对直接负责的主管人员和其他直接责任人员处1万元以上10万元以下的罚款。

广告经营者、广告发布者未按照规定查验相关证明文件、核对广告内容的，由市场监督管理部门责令改正，并依照《中华人民共和国广告法》的规定予以处罚。

最高人民法院关于适用《中华人民共和国民事诉讼法》的解释（节选）

（2015年1月30日公布，2022年3月22日修正，法释〔2022〕11号）

第三条 公民的住所地是指公民的户籍所在地，法人或者其他组织的住所地是指法人或者其他组织的主要办事机构所在地。

法人或者其他组织的主要办事机构所在地不能确定的，法人或者其他组织的注册地或者登记地为住所地。

第四条 公民的经常居住地是指公民离开住所地至起诉时已连续居住一年以上的地方，但公民住院就医的地方除外。

第五条 对没有办事机构的个人合伙、合伙型联营体提起的诉讼，由被告注册登记地人民法院管辖。没有注册登记，几个被告又不在同一辖区的，被告住所地的人民法院都有管辖权。

第六条 被告被注销户籍的，依照民事诉讼法第二十三条规定确定管辖；原告、被告均被注销户籍的，由被告居住地人民法院管辖。

第七条 当事人的户籍迁出后尚未落户，有经常居住地的，由该地人民法院管辖；没有经常居住地的，由其原户籍所在地人民法院管辖。

第十八条 合同约定履行地点的，以约定的履行地点为合同履行地。

合同对履行地点没有约定或者约定不明确，争议标的为给付货币的，接收货币一方所在地为合同履行地；交付不动产的，不动产所在地为合同履行地；其他标的，履行义务一方所在地为合同履行地。即时结清的合同，交易行为地为合同履行地。

合同没有实际履行，当事人双方住所地都不在合同约定的履行地的，由被告住所地人民法院管辖。

第十九条 财产租赁合同、融资租赁合同以租赁物使用地为合同履行地。合同对履行地有约定的，从其约定。

第二十条 以信息网络方式订立的买卖合同，通过信息网络交付标的的，以买受人住所地为合同履行地;通过其他方式交付标的的,收货地为合同履行地。合同对履行地有约定的,从其约定。

第二十一条 因财产保险合同纠纷提起的诉讼,如果保险标的物是运输工具或者运输中的货物,可以由运输工具登记注册地、运输目的地、保险事故发生地人民法院管辖。

因人身保险合同纠纷提起的诉讼,可以由被保险人住所地人民法院管辖。

第二十九条 民事诉讼法第三十五条规定的书面协议,包括书面合同中的协议管辖条款或者诉讼前以书面形式达成的选择管辖的协议。

第三十条 根据管辖协议,起诉时能够确定管辖法院的,从其约定;不能确定的,依照民事诉讼法的相关规定确定管辖。

管辖协议约定两个以上与争议有实际联系的地点的人民法院管辖,原告可以向其中一个人民法院起诉。

第三十二条 管辖协议约定由一方当事人住所地人民法院管辖,协议签订后当事人住所地变更的,由签订管辖协议时的住所地人民法院管辖,但当事人另有约定的除外。

第六十六条 因保证合同纠纷提起的诉讼,债权人向保证人和被保证人一并主张权利的,人民法院应当将保证人和被保证人列为共同被告。保证合同约定为一般保证,债权人仅起诉保证人的,人民法院应当通知被保证人作为共同被告参加诉讼;债权人仅起诉被保证人的,可以只列被保证人为被告。

第七十条 在继承遗产的诉讼中,部分继承人起诉的,人民法院应通知其他继承人作为共同原告参加诉讼;被通知的继承人不愿意参加诉讼又未明确表示放弃实体权利的,人民法院仍应将其列为共同原告。

第七十三条 必须共同进行诉讼的当事人没有参加诉讼的,人民法院应当依照民事诉讼法第一百三十五条的规定,通知其参加;当事人也可以向人民法院申请追加。人民法院对当事人提出的申请,应当进行审查,申请理由不成立的,裁定驳回;申请理由成立的,书面通知被追加的当事人参加诉讼。

第九十条 当事人对自己提出的诉讼请求所依据的事实或者反驳对方诉讼请求所依据的事实,应当提供证据加以证明,但法律另有规定的除外。

在作出判决前,当事人未能提供证据或者证据不足以证明其事实主张的,由负有举证证明责任的当事人承担不利的后果。

第九十一条 人民法院应当依照下列原则确定举证证明责任的承担，但法律另有规定的除外：

（一）主张法律关系存在的当事人，应当对产生该法律关系的基本事实承担举证证明责任；

（二）主张法律关系变更、消灭或者权利受到妨害的当事人，应当对该法律关系变更、消灭或者权利受到妨害的基本事实承担举证证明责任。

第九十二条 一方当事人在法庭审理中，或者在起诉状、答辩状、代理词等书面材料中，对于己不利的事实明确表示承认的，另一方当事人无需举证证明。

对于涉及身份关系、国家利益、社会公共利益等应当由人民法院依职权调查的事实，不适用前款自认的规定。

自认的事实与查明的事实不符的，人民法院不予确认。

第一百零四条 人民法院应当组织当事人围绕证据的真实性、合法性以及与待证事实的关联性进行质证，并针对证据有无证明力和证明力大小进行说明和辩论。

能够反映案件真实情况、与待证事实相关联、来源和形式符合法律规定的证据，应当作为认定案件事实的根据。

第一百零五条 人民法院应当按照法定程序，全面、客观地审核证据，依照法律规定，运用逻辑推理和日常生活经验法则，对证据有无证明力和证明力大小进行判断，并公开判断的理由和结果。

第一百零六条 对以严重侵害他人合法权益、违反法律禁止性规定或者严重违背公序良俗的方法形成或者获取的证据，不得作为认定案件事实的根据。

第一百零八条 对负有举证证明责任的当事人提供的证据，人民法院经审查并结合相关事实，确信待证事实的存在具有高度可能性的，应当认定该事实存在。

对一方当事人为反驳负有举证证明责任的当事人所主张事实而提供的证据，人民法院经审查并结合相关事实，认为待证事实真伪不明的，应当认定该事实不存在。

法律对于待证事实所应达到的证明标准另有规定的，从其规定。

第一百零九条 当事人对欺诈、胁迫、恶意串通事实的证明，以及对口头遗嘱或者赠与事实的证明，人民法院确信该待证事实存在的可能性能够排除合理怀疑的，应当认定该事实存在。

第一百一十一条 民事诉讼法第七十三条规定的提交书证原件确有困难,包括下列情形:

(一)书证原件遗失、灭失或者毁损的;

(二)原件在对方当事人控制之下,经合法通知提交而拒不提交的;

(三)原件在他人控制之下,而其有权不提交的;

(四)原件因篇幅或者体积过大而不便提交的;

(五)承担举证证明责任的当事人通过申请人民法院调查收集或者其他方式无法获得书证原件的。

前款规定情形,人民法院应当结合其他证据和案件具体情况,审查判断书证复制品等能否作为认定案件事实的根据。

第一百一十六条 视听资料包括录音资料和影像资料。

电子数据是指通过电子邮件、电子数据交换、网上聊天记录、博客、微博客、手机短信、电子签名、域名等形成或者存储在电子介质中的信息。

存储在电子介质中的录音资料和影像资料,适用电子数据的规定。

最高人民法院关于民事诉讼证据的若干规定(节选)

(2001 年 12 月 21 日公布,2019 年 10 月 14 日修正,法释〔2019〕19 号)

第一条 原告向人民法院起诉或者被告提出反诉,应当提供符合起诉条件的相应的证据。

第二条 人民法院应当向当事人说明举证的要求及法律后果,促使当事人在合理期限内积极、全面、正确、诚实地完成举证。

当事人因客观原因不能自行收集的证据,可申请人民法院调查收集。

第三条 在诉讼过程中,一方当事人陈述的于己不利的事实,或者对于己不利的事实明确表示承认的,另一方当事人无需举证证明。

在证据交换、询问、调查过程中,或者在起诉状、答辩状、代理词等书面材料中,当事人明确承认于己不利的事实的,适用前款规定。

第十一条 当事人向人民法院提供证据,应当提供原件或者原物。如需自己保存证据原件、原物或者提供原件、原物确有困难的,可以提供经人民法院核对无异的复制件或者复制品。

第十四条 电子数据包括下列信息、电子文件：

（一）网页、博客、微博客等网络平台发布的信息。

（二）手机短信、电子邮件、即时通信、通讯群组等网络应用服务的通信信息。

（三）用户注册信息、身份认证信息、电子交易记录、通信记录、登录日志等信息。

（四）文档、图片、音频、视频、数字证书、计算机程序等电子文件。

（五）其他以数字化形式存储、处理、传输的能够证明案件事实的信息。

第十五条 当事人以视听资料作为证据的，应当提供存储该视听资料的原始载体。

当事人以电子数据作为证据的，应当提供原件。电子数据的制作者制作的与原件一致的副本，或者直接来源于电子数据的打印件或其他可以显示、识别的输出介质，视为电子数据的原件。

第二十三条 人民法院调查收集视听资料、电子数据，应当要求被调查人提供原始载体。

提供原始载体确有困难的，可以提供复制件。提供复制件的，人民法院应当在调查笔录中说明其来源和制作经过。

人民法院对视听资料、电子数据采取证据保全措施的，适用前款规定。

第二十七条 人民法院进行证据保全，可以要求当事人或者诉讼代理人到场。

根据当事人的申请和具体情况，人民法院可以采取查封、扣押、录音、录像、复制、鉴定、勘验等方法进行证据保全，并制作笔录。

在符合证据保全目的的情况下，人民法院应当选择对证据持有人利益影响最小的保全措施。

第三十条 人民法院在审理案件过程中认为待证事实需要通过鉴定意见证明的，应当向当事人释明，并指定提出鉴定申请的期间。

符合《最高人民法院关于适用〈中华人民共和国民事诉讼法〉的解释》第九十六条第一款规定情形的，人民法院应当依职权委托鉴定。

第三十一条 当事人申请鉴定，应当在人民法院指定期间内提出，并预交鉴定费用。逾期不提出申请或者不预交鉴定费用的，视为放弃申请。

对需要鉴定的待证事实负有举证责任的当事人，在人民法院指定期间内无正当理由不提出鉴定申请或者不预交鉴定费用,或者拒不提供相关材料,致使待证事实无法查明的,应当承担举证不能的法律后果。

第三十二条 人民法院准许鉴定申请的,应当组织双方当事人协商确定具备相应资格的鉴定人。当事人协商不成的,由人民法院指定。

人民法院依职权委托鉴定的,可以在询问当事人的意见后,指定具备相应资格的鉴定人。

人民法院在确定鉴定人后应当出具委托书,委托书中应当载明鉴定事项、鉴定范围、鉴定目的和鉴定期限。

第三十三条 鉴定开始之前,人民法院应当要求鉴定人签署承诺书。承诺书中应当载明鉴定人保证客观、公正、诚实地进行鉴定,保证出庭作证,如作虚假鉴定应当承担法律责任等内容。

鉴定人故意作虚假鉴定的,人民法院应当责令其退还鉴定费用,并根据情节,依照民事诉讼法第一百一十一条的规定进行处罚。

第三十四条 人民法院应当组织当事人对鉴定材料进行质证。未经质证的材料,不得作为鉴定的根据。

经人民法院准许,鉴定人可以调取证据、勘验物证和现场、询问当事人或者证人。

第六十一条 对书证、物证、视听资料进行质证时,当事人应当出示证据的原件或者原物。但有下列情形之一的除外:

(一)出示原件或者原物确有困难并经人民法院准许出示复制件或者复制品的;

(二)原件或者原物已不存在,但有证据证明复制件、复制品与原件或者原物一致的。

第六十三条 当事人应当就案件事实作真实、完整的陈述。

当事人的陈述与此前陈述不一致的,人民法院应当责令其说明理由,并结合当事人的诉讼能力、证据和案件具体情况进行审查认定。

当事人故意作虚假陈述妨碍人民法院审理的,人民法院应当根据情节,依照民事诉讼法第一百一十一条的规定进行处罚。

第八十五条 人民法院应当以证据能够证明的案件事实为根据依法作出裁判。

审判人员应当依照法定程序，全面、客观地审核证据，依据法律的规定，遵循法官职业道德，运用逻辑推理和日常生活经验，对证据有无证明力和证明力大小独立进行判断，并公开判断的理由和结果。

第八十七条 审判人员对单一证据可以从下列方面进行审核认定：

（一）证据是否为原件、原物，复制件、复制品与原件、原物是否相符；

（二）证据与本案事实是否相关；

（三）证据的形式、来源是否符合法律规定；

（四）证据的内容是否真实；

（五）证人或者提供证据的人与当事人有无利害关系。

第八十八条 审判人员对案件的全部证据，应当从各证据与案件事实的关联程度、各证据之间的联系等方面进行综合审查判断。

第八十九条 当事人在诉讼过程中认可的证据，人民法院应当予以确认。但法律、司法解释另有规定的除外。

当事人对认可的证据反悔的，参照《最高人民法院关于适用〈中华人民共和国民事诉讼法〉的解释》第二百二十九条的规定处理。

第九十条 下列证据不能单独作为认定案件事实的根据：

（一）当事人的陈述；

（二）无民事行为能力人或者限制民事行为能力人所作的与其年龄、智力状况或者精神健康状况不相当的证言；

（三）与一方当事人或者其代理人有利害关系的证人陈述的证言；

（四）存有疑点的视听资料、电子数据；

（五）无法与原件、原物核对的复制件、复制品。

第九十三条 人民法院对于电子数据的真实性，应当结合下列因素综合判断：

（一）电子数据的生成、存储、传输所依赖的计算机系统的硬件、软件环境是否完整、可靠。

（二）电子数据的生成、存储、传输所依赖的计算机系统的硬件、软件环境是否处于正常运行状态，或者不处于正常运行状态时对电子数据的生成、存储、传输是否有影响。

（三）电子数据的生成、存储、传输所依赖的计算机系统的硬件、软件环境是否具备有效的防止出错的监测、核查手段。

(四)电子数据是否被完整地保存、传输、提取,保存、传输、提取的方法是否可靠。

(五)电子数据是否在正常的往来活动中形成和存储。

(六)保存、传输、提取电子数据的主体是否适当。

(七)影响电子数据完整性和可靠性的其他因素。

人民法院认为有必要的,可以通过鉴定或者勘验等方法,审查判断电子数据的真实性。

第九十四条 电子数据存在下列情形的,人民法院可以确认其真实性,但有足以反驳的相反证据的除外:

(一)由当事人提交或者保管的于己不利的电子数据。

(二)由记录和保存电子数据的中立第三方平台提供或者确认的。

(三)在正常业务活动中形成的。

(四)以档案管理方式保管的。

(五)以当事人约定的方式保存、传输、提取的。

电子数据的内容经公证机关公证的,人民法院应当确认其真实性,但有相反证据足以推翻的除外。

最高人民法院关于审理民间借贷案件适用法律若干问题的规定

(2015 年 8 月 6 日公布,2020 年 12 月 29 日修正,法释〔2020〕17 号)

为正确审理民间借贷纠纷案件,根据《中华人民共和国民法典》《中华人民共和国民事诉讼法》《中华人民共和国刑事诉讼法》等相关法律之规定,结合审判实践,制定本规定。

第一条 本规定所称的民间借贷,是指自然人、法人和非法人组织之间进行资金融通的行为。

经金融监管部门批准设立的从事贷款业务的金融机构及其分支机构,因发放贷款等相关金融业务引发的纠纷,不适用本规定。

第二条 出借人向人民法院提起民间借贷诉讼时,应当提供借据、收据、欠条等债权凭证以及其他能够证明借贷法律关系存在的证据。

当事人持有的借据、收据、欠条等债权凭证没有载明债权人，持有债权凭证的当事人提起民间借贷诉讼的，人民法院应予受理。被告对原告的债权人资格提出有事实依据的抗辩，人民法院经审查认为原告不具有债权人资格的，裁定驳回起诉。

第三条 借贷双方就合同履行地未约定或者约定不明确，事后未达成补充协议，按照合同相关条款或者交易习惯仍不能确定的，以接受货币一方所在地为合同履行地。

第四条 保证人为借款人提供连带责任保证，出借人仅起诉借款人的，人民法院可以不追加保证人为共同被告；出借人仅起诉保证人的，人民法院可以追加借款人为共同被告。

保证人为借款人提供一般保证，出借人仅起诉保证人的，人民法院应当追加借款人为共同被告；出借人仅起诉借款人的，人民法院可以不追加保证人为共同被告。

第五条 人民法院立案后，发现民间借贷行为本身涉嫌非法集资等犯罪的，应当裁定驳回起诉，并将涉嫌非法集资等犯罪的线索、材料移送公安或者检察机关。

公安或者检察机关不予立案，或者立案侦查后撤销案件，或者检察机关作出不起诉决定，或者经人民法院生效判决认定不构成非法集资等犯罪，当事人又以同一事实向人民法院提起诉讼的，人民法院应予受理。

第六条 人民法院立案后，发现与民间借贷纠纷案件虽有关联但不是同一事实的涉嫌非法集资等犯罪的线索、材料的，人民法院应当继续审理民间借贷纠纷案件，并将涉嫌非法集资等犯罪的线索、材料移送公安或者检察机关。

第七条 民间借贷纠纷的基本案件事实必须以刑事案件的审理结果为依据，而该刑事案件尚未审结的，人民法院应当裁定中止诉讼。

第八条 借款人涉嫌犯罪或者生效判决认定其有罪，出借人起诉请求担保人承担民事责任的，人民法院应予受理。

第九条 自然人之间的借款合同具有下列情形之一的，可以视为合同成立：

（一）以现金支付的，自借款人收到借款时；

（二）以银行转账、网上电子汇款等形式支付的，自资金到达借款人账户时；

(三)以票据交付的,自借款人依法取得票据权利时;

(四)出借人将特定资金账户支配权授权给借款人的,自借款人取得对该账户实际支配权时;

(五)出借人以与借款人约定的其他方式提供借款并实际履行完成时。

第十条 法人之间、非法人组织之间以及它们相互之间为生产、经营需要订立的民间借贷合同,除存在民法典第一百四十六条、第一百五十三条、第一百五十四条以及本规定第十三条规定的情形外,当事人主张民间借贷合同有效的,人民法院应予支持。

第十一条 法人或者非法人组织在本单位内部通过借款形式向职工筹集资金,用于本单位生产、经营,且不存在民法典第一百四十四条、第一百四十六条、第一百五十三条、第一百五十四条以及本规定第十三条规定的情形,当事人主张民间借贷合同有效的,人民法院应予支持。

第十二条 借款人或者出借人的借贷行为涉嫌犯罪,或者已经生效的裁判认定构成犯罪,当事人提起民事诉讼的,民间借贷合同并不当然无效。人民法院应当依据民法典第一百四十四条、第一百四十六条、第一百五十三条、第一百五十四条以及本规定第十三条之规定,认定民间借贷合同的效力。

担保人以借款人或者出借人的借贷行为涉嫌犯罪或者已经生效的裁判认定构成犯罪为由,主张不承担民事责任的,人民法院应当依据民间借贷合同与担保合同的效力、当事人的过错程度,依法确定担保人的民事责任。

第十三条 具有下列情形之一的,人民法院应当认定民间借贷合同无效:

(一)套取金融机构贷款转贷的;

(二)以向其他营利法人借贷、向本单位职工集资,或者以向公众非法吸收存款等方式取得的资金转贷的;

(三)未依法取得放贷资格的出借人,以营利为目的向社会不特定对象提供借款的;

(四)出借人事先知道或者应当知道借款人借款用于违法犯罪活动仍然提供借款的;

(五)违反法律、行政法规强制性规定的;

(六)违背公序良俗的。

第十四条 原告以借据、收据、欠条等债权凭证为依据提起民间借贷诉讼,被告依据基础法律关系提出抗辩或者反诉，并提供证据证明债权纠纷非民间借贷行为引起的，人民法院应当依据查明的案件事实，按照基础法律关系审理。

当事人通过调解、和解或者清算达成的债权债务协议，不适用前款规定。

第十五条 原告仅依据借据、收据、欠条等债权凭证提起民间借贷诉讼，被告抗辩已经偿还借款的，被告应当对其主张提供证据证明。被告提供相应证据证明其主张后，原告仍应就借贷关系的存续承担举证责任。

被告抗辩借贷行为尚未实际发生并能作出合理说明的，人民法院应当结合借贷金额、款项交付、当事人的经济能力、当地或者当事人之间的交易方式、交易习惯、当事人财产变动情况以及证人证言等事实和因素，综合判断查证借贷事实是否发生。

第十六条 原告仅依据金融机构的转账凭证提起民间借贷诉讼，被告抗辩转账系偿还双方之前借款或者其他债务的，被告应当对其主张提供证据证明。被告提供相应证据证明其主张后，原告仍应就借贷关系的成立承担举证责任。

第十七条 依据《最高人民法院关于适用〈中华人民共和国民事诉讼法〉的解释》第一百七十四条第二款之规定，负有举证责任的原告无正当理由拒不到庭，经审查现有证据无法确认借贷行为、借贷金额、支付方式等案件主要事实的，人民法院对原告主张的事实不予认定。

第十八条 人民法院审理民间借贷纠纷案件时发现有下列情形之一的，应当严格审查借贷发生的原因、时间、地点、款项来源、交付方式、款项流向以及借贷双方的关系、经济状况等事实，综合判断是否属于虚假民事诉讼：

（一）出借人明显不具备出借能力；

（二）出借人起诉所依据的事实和理由明显不符合常理；

（三）出借人不能提交债权凭证或者提交的债权凭证存在伪造的可能；

（四）当事人双方在一定期限内多次参加民间借贷诉讼；

（五）当事人无正当理由拒不到庭参加诉讼，委托代理人对借贷事实陈述不清或者陈述前后矛盾；

（六）当事人双方对借贷事实的发生没有任何争议或者诉辩明显不符合常理；

（七）借款人的配偶或者合伙人、案外人的其他债权人提出有事实依据的异议；

（八）当事人在其他纠纷中存在低价转让财产的情形；

（九）当事人不正当放弃权利；

（十）其他可能存在虚假民间借贷诉讼的情形。

第十九条 经查明属于虚假民间借贷诉讼，原告申请撤诉的，人民法院不予准许，并应当依据民事诉讼法第一百一十二条之规定，判决驳回其请求。

诉讼参与人或者其他人恶意制造、参与虚假诉讼，人民法院应当依据民事诉讼法第一百一十一条、第一百一十二条和第一百一十三条之规定，依法予以罚款、拘留；构成犯罪的，应当移送有管辖权的司法机关追究刑事责任。

单位恶意制造、参与虚假诉讼的，人民法院应当对该单位进行罚款，并可以对其主要负责人或者直接责任人员予以罚款、拘留；构成犯罪的，应当移送有管辖权的司法机关追究刑事责任。

第二十条 他人在借据、收据、欠条等债权凭证或者借款合同上签名或者盖章，但是未表明其保证人身份或者承担保证责任，或者通过其他事实不能推定其为保证人，出借人请求其承担保证责任的，人民法院不予支持。

第二十一条 借贷双方通过网络贷款平台形成借贷关系，网络贷款平台的提供者仅提供媒介服务，当事人请求其承担担保责任的，人民法院不予支持。

网络贷款平台的提供者通过网页、广告或者其他媒介明示或者有其他证据证明其为借贷提供担保，出借人请求网络贷款平台的提供者承担担保责任的，人民法院应予支持。

第二十二条 法人的法定代表人或者非法人组织的负责人以单位名义与出借人签订民间借贷合同，有证据证明所借款项系法定代表人或者负责人个人使用，出借人请求将法定代表人或者负责人列为共同被告或者第三人的，人民法院应予准许。

法人的法定代表人或者非法人组织的负责人以个人名义与出借人订立民间借贷合同，所借款项用于单位生产经营，出借人请求单位与个人共同承担责任的，人民法院应予支持。

第二十三条 当事人以订立买卖合同作为民间借贷合同的担保，借款到期后借款人不能还款，出借人请求履行买卖合同的，人民法院应当按照民间借贷法律关系审理。当事人根据法庭审理情况变更诉讼请求的，人民法院应当准许。

按照民间借贷法律关系审理作出的判决生效后，借款人不履行生效判决确定的金钱债务，出借人可以申请拍卖买卖合同标的物，以偿还债务。就拍卖所得的价款与应偿还借款本息之间的差额，借款人或者出借人有权主张返还或者补偿。

第二十四条 借贷双方没有约定利息，出借人主张支付利息的，人民法院不予支持。

自然人之间借贷对利息约定不明，出借人主张支付利息的，人民法院不予支持。除自然人之间借贷的外，借贷双方对借贷利息约定不明，出借人主张利息的，人民法院应当结合民间借贷合同的内容，并根据当地或者当事人的交易方式、交易习惯、市场报价利率等因素确定利息。

第二十五条 出借人请求借款人按照合同约定利率支付利息的，人民法院应予支持，但是双方约定的利率超过合同成立时一年期贷款市场报价利率四倍的除外。

前款所称"一年期贷款市场报价利率"，是指中国人民银行授权全国银行间同业拆借中心自 2019 年 8 月 20 日起每月发布的一年期贷款市场报价利率。

第二十六条 借据、收据、欠条等债权凭证载明的借款金额，一般认定为本金。预先在本金中扣除利息的，人民法院应当将实际出借的金额认定为本金。

第二十七条 借贷双方对前期借款本息结算后将利息计入后期借款本金并重新出具债权凭证，如果前期利率没有超过合同成立时一年期贷款市场报价利率四倍，重新出具的债权凭证载明的金额可认定为后期借款本金。超过部分的利息，不应认定为后期借款本金。

按前款计算，借款人在借款期间届满后应当支付的本息之和，超过以最初借款本金与以最初借款本金为基数、以合同成立时一年期贷款市场报价利率四倍计算的整个借款期间的利息之和的，人民法院不予支持。

第二十八条 借贷双方对逾期利率有约定的，从其约定，但是以不超过合同成立时一年期贷款市场报价利率四倍为限。

未约定逾期利率或者约定不明的，人民法院可以区分不同情况处理：

（一）既未约定借期内利率，也未约定逾期利率，出借人主张借款人自逾期还款之日起参照当时一年期贷款市场报价利率标准计算的利息承担逾期还款违约责任的，人民法院应予支持；

（二）约定了借期内利率但是未约定逾期利率，出借人主张借款人自逾期还款之日起按照借期内利率支付资金占用期间利息的，人民法院应予支持。

第二十九条 出借人与借款人既约定了逾期利率，又约定了违约金或者其他费用,出借人可以选择主张逾期利息、违约金或者其他费用,也可以一并主张,但是总计超过合同成立时一年期贷款市场报价利率四倍的部分,人民法院不予支持。

第三十条 借款人可以提前偿还借款,但是当事人另有约定的除外。

借款人提前偿还借款并主张按照实际借款期限计算利息的,人民法院应予支持。

第三十一条 本规定施行后,人民法院新受理的一审民间借贷纠纷案件,适用本规定。

2020年8月20日之后新受理的一审民间借贷案件,借贷合同成立于2020年8月20日之前,当事人请求适用当时的司法解释计算自合同成立到2020年8月19日的利息部分的,人民法院应予支持;对于自2020年8月20日到借款返还之日的利息部分,适用起诉时本规定的利率保护标准计算。

本规定施行后,最高人民法院以前作出的相关司法解释与本规定不一致的,以本规定为准。

最高人民法院关于适用《中华人民共和国民法典》婚姻家庭编的解释(节选)

(2020年12月29日公布,法释〔2020〕22号)

第二十五条 婚姻关系存续期间,下列财产属于民法典第一千零六十二条规定的“其他应当归共同所有的财产”:

(一)一方以个人财产投资取得的收益;

(二)男女双方实际取得或者应当取得的住房补贴、住房公积金;

(三)男女双方实际取得或者应当取得的基本养老金、破产安置补偿费。

第三十四条 夫妻一方与第三人串通,虚构债务,第三人主张该债务为夫妻共同债务的,人民法院不予支持。

夫妻一方在从事赌博、吸毒等违法犯罪活动中所负债务,第三人主张该债务为夫妻共同债务的,人民法院不予支持。

第三十六条 夫或者妻一方死亡的,生存一方应当对婚姻关系存续期间的夫妻共同债务承担清偿责任。

第三十七条 民法典第一千零六十五条第三款所称"相对人知道该约定的"，夫妻一方对此负有举证责任。

最高人民法院关于适用《中华人民共和国民法典》有关担保制度的解释(节选)

(2020年12月31日公布,法释〔2020〕28号)

第二条 当事人在担保合同中约定担保合同的效力独立于主合同,或者约定担保人对主合同无效的法律后果承担担保责任,该有关担保独立性的约定无效。主合同有效的,有关担保独立性的约定无效不影响担保合同的效力;主合同无效的,人民法院应当认定担保合同无效,但是法律另有规定的除外。

因金融机构开立的独立保函发生的纠纷,适用《最高人民法院关于审理独立保函纠纷案件若干问题的规定》。

第三条 当事人对担保责任的承担约定专门的违约责任,或者约定的担保责任范围超出债务人应当承担的责任范围,担保人主张仅在债务人应当承担的责任范围内承担责任的,人民法院应予支持。

担保人承担的责任超出债务人应当承担的责任范围,担保人向债务人追偿,债务人主张仅在其应当承担的责任范围内承担责任的,人民法院应予支持;担保人请求债权人返还超出部分的,人民法院依法予以支持。

第四条 有下列情形之一,当事人将担保物权登记在他人名下,债务人不履行到期债务或者发生当事人约定的实现担保物权的情形,债权人或者其受托人主张就该财产优先受偿的,人民法院依法予以支持:

(一)为债券持有人提供的担保物权登记在债券受托管理人名下;

(二)为委托贷款人提供的担保物权登记在受托人名下;

(三)担保人知道债权人与他人之间存在委托关系的其他情形。

第五条 机关法人提供担保的,人民法院应当认定担保合同无效,但是经国务院批准为使用外国政府或者国际经济组织贷款进行转贷的除外。

居民委员会、村民委员会提供担保的,人民法院应当认定担保合同无效,但是依法代行村集体经济组织职能的村民委员会,依照村民委员会组织法规定的讨论决定程序对外提供担保的除外。

第六条 以公益为目的的非营利性学校、幼儿园、医疗机构、养老机构等提供担保的，人民法院应当认定担保合同无效，但是有下列情形之一的除外：

（一）在购入或者以融资租赁方式承租教育设施、医疗卫生设施、养老服务设施和其他公益设施时，出卖人、出租人为担保价款或者租金实现而在该公益设施上保留所有权；

（二）以教育设施、医疗卫生设施、养老服务设施和其他公益设施以外的不动产、动产或者财产权利设立担保物权。

登记为营利法人的学校、幼儿园、医疗机构、养老机构等提供担保，当事人以其不具有担保资格为由主张担保合同无效的，人民法院不予支持。

第七条 公司的法定代表人违反公司法关于公司对外担保决议程序的规定，超越权限代表公司与相对人订立担保合同，人民法院应当依照民法典第六十一条和第五百零四条等规定处理：

（一）相对人善意的，担保合同对公司发生效力；相对人请求公司承担担保责任的，人民法院应予支持。

（二）相对人非善意的，担保合同对公司不发生效力；相对人请求公司承担赔偿责任的，参照适用本解释第十七条的有关规定。

法定代表人超越权限提供担保造成公司损失，公司请求法定代表人承担赔偿责任的，人民法院应予支持。

第一款所称善意，是指相对人在订立担保合同时不知道且不应当知道法定代表人超越权限。相对人有证据证明已对公司决议进行了合理审查，人民法院应当认定其构成善意，但是公司有证据证明相对人知道或者应当知道决议系伪造、变造的除外。

第八条 有下列情形之一，公司以其未依照公司法关于公司对外担保的规定作出决议为由主张不承担担保责任的，人民法院不予支持：

（一）金融机构开立保函或者担保公司提供担保；

（二）公司为其全资子公司开展经营活动提供担保；

（三）担保合同系由单独或者共同持有公司三分之二以上对担保事项有表决权的股东签字同意。

上市公司对外提供担保，不适用前款第二项、第三项的规定。

第九条 相对人根据上市公司公开披露的关于担保事项已经董事会或者股

东大会决议通过的信息，与上市公司订立担保合同，相对人主张担保合同对上市公司发生效力，并由上市公司承担担保责任的，人民法院应予支持。

相对人未根据上市公司公开披露的关于担保事项已经董事会或者股东大会决议通过的信息，与上市公司订立担保合同，上市公司主张担保合同对其不发生效力，且不承担担保责任或者赔偿责任的，人民法院应予支持。

相对人与上市公司已公开披露的控股子公司订立的担保合同，或者相对人与股票在国务院批准的其他全国性证券交易场所交易的公司订立的担保合同，适用前两款规定。

第十条 一人有限责任公司为其股东提供担保，公司以违反公司法关于公司对外担保决议程序的规定为由主张不承担担保责任的，人民法院不予支持。公司因承担担保责任导致无法清偿其他债务，提供担保时的股东不能证明公司财产独立于自己的财产，其他债权人请求该股东承担连带责任的，人民法院应予支持。

第十一条 公司的分支机构未经公司股东（大）会或者董事会决议以自己的名义对外提供担保，相对人请求公司或者其分支机构承担担保责任的，人民法院不予支持，但是相对人不知道且不应当知道分支机构对外提供担保未经公司决议程序的除外。

金融机构的分支机构在其营业执照记载的经营范围内开立保函，或者经有权从事担保业务的上级机构授权开立保函，金融机构或者其分支机构以违反公司法关于公司对外担保决议程序的规定为由主张不承担担保责任的，人民法院不予支持。金融机构的分支机构未经金融机构授权提供保函之外的担保，金融机构或者其分支机构主张不承担担保责任的，人民法院应予支持，但是相对人不知道且不应当知道分支机构对外提供担保未经金融机构授权的除外。

担保公司的分支机构未经担保公司授权对外提供担保，担保公司或者其分支机构主张不承担担保责任的，人民法院应予支持，但是相对人不知道且不应当知道分支机构对外提供担保未经担保公司授权的除外。

公司的分支机构对外提供担保，相对人非善意，请求公司承担赔偿责任的，参照本解释第十七条的有关规定处理。

第十二条 法定代表人依照民法典第五百五十二条的规定以公司名义加入债务的，人民法院在认定该行为的效力时，可以参照本解释关于公司为他人提供担保的有关规则处理。

第十三条 同一债务有两个以上第三人提供担保,担保人之间约定相互追偿及分担份额,承担了担保责任的担保人请求其他担保人按照约定分担份额的,人民法院应予支持;担保人之间约定承担连带共同担保,或者约定相互追偿但是未约定分担份额的,各担保人按照比例分担向债务人不能追偿的部分。

同一债务有两个以上第三人提供担保,担保人之间未对相互追偿作出约定且未约定承担连带共同担保,但是各担保人在同一份合同书上签字、盖章或者按指印,承担了担保责任的担保人请求其他担保人按照比例分担向债务人不能追偿部分的,人民法院应予支持。

除前两款规定的情形外,承担了担保责任的担保人请求其他担保人分担向债务人不能追偿部分的,人民法院不予支持。

第十四条 同一债务有两个以上第三人提供担保,担保人受让债权的,人民法院应当认定该行为系承担担保责任。受让债权的担保人作为债权人请求其他担保人承担担保责任的,人民法院不予支持;该担保人请求其他担保人分担相应份额的,依照本解释第十三条的规定处理。

第十五条 最高额担保中的最高债权额,是指包括主债权及其利息、违约金、损害赔偿金、保管担保财产的费用、实现债权或者实现担保物权的费用等在内的全部债权,但是当事人另有约定的除外。

登记的最高债权额与当事人约定的最高债权额不一致的,人民法院应当依据登记的最高债权额确定债权人优先受偿的范围。

第十六条 主合同当事人协议以新贷偿还旧贷,债权人请求旧贷的担保人承担担保责任的,人民法院不予支持;债权人请求新贷的担保人承担担保责任的,按照下列情形处理:

(一)新贷与旧贷的担保人相同的,人民法院应予支持;

(二)新贷与旧贷的担保人不同,或者旧贷无担保新贷有担保的,人民法院不予支持,但是债权人有证据证明新贷的担保人提供担保时对以新贷偿还旧贷的事实知道或者应当知道的除外。

主合同当事人协议以新贷偿还旧贷,旧贷的物的担保人在登记尚未注销的情形下同意继续为新贷提供担保,在订立新的贷款合同前又以该担保财产为其他债权人设立担保物权,其他债权人主张其担保物权顺位优先于新贷债权人的,人民法院不予支持。

第十七条 主合同有效而第三人提供的担保合同无效，人民法院应当区分不同情形确定担保人的赔偿责任：

（一）债权人与担保人均有过错的，担保人承担的赔偿责任不应超过债务人不能清偿部分的二分之一；

（二）担保人有过错而债权人无过错的，担保人对债务人不能清偿的部分承担赔偿责任；

（三）债权人有过错而担保人无过错的，担保人不承担赔偿责任。

主合同无效导致第三人提供的担保合同无效，担保人无过错的，不承担赔偿责任；担保人有过错的，其承担的赔偿责任不应超过债务人不能清偿部分的三分之一。

第十八条 承担了担保责任或者赔偿责任的担保人，在其承担责任的范围内向债务人追偿的，人民法院应予支持。

同一债权既有债务人自己提供的物的担保，又有第三人提供的担保，承担了担保责任或者赔偿责任的第三人，主张行使债权人对债务人享有的担保物权的，人民法院应予支持。

第十九条 担保合同无效，承担了赔偿责任的担保人按照反担保合同的约定，在其承担赔偿责任的范围内请求反担保人承担担保责任的，人民法院应予支持。

反担保合同无效的，依照本解释第十七条的有关规定处理。当事人仅以担保合同无效为由主张反担保合同无效的，人民法院不予支持。

第二十一条 主合同或者担保合同约定了仲裁条款的，人民法院对约定仲裁条款的合同当事人之间的纠纷无管辖权。

债权人一并起诉债务人和担保人的，应当根据主合同确定管辖法院。

债权人依法可以单独起诉担保人且仅起诉担保人的，应当根据担保合同确定管辖法院。

第二十四条 债权人知道或者应当知道债务人破产，既未申报债权也未通知担保人，致使担保人不能预先行使追偿权的，担保人就该债权在破产程序中可能受偿的范围内免除担保责任，但是担保人因自身过错未行使追偿权的除外。

第二十五条 当事人在保证合同中约定了保证人在债务人不能履行债务或者无力偿还债务时才承担保证责任等类似内容，具有债务人应当先承担责任的意思表示的,人民法院应当将其认定为一般保证。

当事人在保证合同中约定了保证人在债务人不履行债务或者未偿还债务时即承担保证责任、无条件承担保证责任等类似内容,不具有债务人应当先承担责任的意思表示的,人民法院应当将其认定为连带责任保证。

第二十六条 一般保证中,债权人以债务人为被告提起诉讼的,人民法院应予受理。债权人未就主合同纠纷提起诉讼或者申请仲裁,仅起诉一般保证人的,人民法院应当驳回起诉。

一般保证中,债权人一并起诉债务人和保证人的,人民法院可以受理,但是在作出判决时,除有民法典第六百八十七条第二款但书规定的情形外,应当在判决书主文中明确,保证人仅对债务人财产依法强制执行后仍不能履行的部分承担保证责任。

债权人未对债务人的财产申请保全,或者保全的债务人的财产足以清偿债务,债权人申请对一般保证人的财产进行保全的,人民法院不予准许。

第二十七条 一般保证的债权人取得对债务人赋予强制执行效力的公证债权文书后,在保证期间内向人民法院申请强制执行,保证人以债权人未在保证期间内对债务人提起诉讼或者申请仲裁为由主张不承担保证责任的,人民法院不予支持。

第二十八条 一般保证中,债权人依据生效法律文书对债务人的财产依法申请强制执行,保证债务诉讼时效的起算时间按照下列规则确定:

(一)人民法院作出终结本次执行程序裁定,或者依照民事诉讼法第二百五十七条第三项、第五项的规定作出终结执行裁定的,自裁定送达债权人之日起开始计算;

(二)人民法院自收到申请执行书之日起一年内未作出前项裁定的,自人民法院收到申请执行书满一年之日起开始计算,但是保证人有证据证明债务人仍有财产可供执行的除外。

一般保证的债权人在保证期间届满前对债务人提起诉讼或者申请仲裁,债权人举证证明存在民法典第六百八十七条第二款但书规定情形的,保证债务的诉讼时效自债权人知道或者应当知道该情形之日起开始计算。

第二十九条 同一债务有两个以上保证人,债权人以其已经在保证期间内依法向部分保证人行使权利为由,主张已经在保证期间内向其他保证人行使权利的，人民法院不予支持。

同一债务有两个以上保证人，保证人之间相互有追偿权，债权人未在保证期间内依法向部分保证人行使权利，导致其他保证人在承担保证责任后丧失追偿权，其他保证人主张在其不能追偿的范围内免除保证责任的，人民法院应予支持。

第三十条 最高额保证合同对保证期间的计算方式、起算时间等有约定的，按照其约定。

最高额保证合同对保证期间的计算方式、起算时间等没有约定或者约定不明，被担保债权的履行期限均已届满的，保证期间自债权确定之日起开始计算；被担保债权的履行期限尚未届满的，保证期间自最后到期债权的履行期限届满之日起开始计算。

前款所称债权确定之日，依照民法典第四百二十三条的规定认定。

第三十一条 一般保证的债权人在保证期间内对债务人提起诉讼或者申请仲裁后，又撤回起诉或者仲裁申请，债权人在保证期间届满前未再行提起诉讼或者申请仲裁，保证人主张不再承担保证责任的，人民法院应予支持。

连带责任保证的债权人在保证期间内对保证人提起诉讼或者申请仲裁后，又撤回起诉或者仲裁申请，起诉状副本或者仲裁申请书副本已经送达保证人的，人民法院应当认定债权人已经在保证期间内向保证人行使了权利。

第三十二条 保证合同约定保证人承担保证责任直至主债务本息还清时为止等类似内容的，视为约定不明，保证期间为主债务履行期限届满之日起六个月。

第三十三条 保证合同无效，债权人未在约定或者法定的保证期间内依法行使权利，保证人主张不承担赔偿责任的，人民法院应予支持。

第三十四条 人民法院在审理保证合同纠纷案件时，应当将保证期间是否届满、债权人是否在保证期间内依法行使权利等事实作为案件基本事实予以查明。

债权人在保证期间内未依法行使权利的，保证责任消灭。保证责任消灭后，债权人书面通知保证人要求承担保证责任，保证人在通知书上签字、盖章或者按指印，债权人请求保证人继续承担保证责任的，人民法院不予支持，但是债权人有证据证明成立了新的保证合同的除外。

第三十五条 保证人知道或者应当知道主债权诉讼时效期间届满仍然提供保证或者承担保证责任，又以诉讼时效期间届满为由拒绝承担保证责任或者请求返还财产的，人民法院不予支持；保证人承担保证责任后向债务人追偿的，人民法院不予支持,但是债务人放弃诉讼时效抗辩的除外。

第四十三条　当事人约定禁止或者限制转让抵押财产但是未将约定登记,抵押人违反约定转让抵押财产,抵押权人请求确认转让合同无效的,人民法院不予支持;抵押财产已经交付或者登记,抵押权人请求确认转让不发生物权效力的,人民法院不予支持,但是抵押权人有证据证明受让人知道的除外;抵押权人请求抵押人承担违约责任的,人民法院依法予以支持。

当事人约定禁止或者限制转让抵押财产且已经将约定登记,抵押人违反约定转让抵押财产,抵押权人请求确认转让合同无效的,人民法院不予支持;抵押财产已经交付或者登记,抵押权人主张转让不发生物权效力的,人民法院应予支持,但是因受让人代替债务人清偿债务导致抵押权消灭的除外。

第四十四条　主债权诉讼时效期间届满后,抵押权人主张行使抵押权的,人民法院不予支持;抵押人以主债权诉讼时效期间届满为由,主张不承担担保责任的,人民法院应予支持。主债权诉讼时效期间届满前,债权人仅对债务人提起诉讼,经人民法院判决或者调解后未在民事诉讼法规定的申请执行时效期间内对债务人申请强制执行,其向抵押人主张行使抵押权的,人民法院不予支持。

主债权诉讼时效期间届满后,财产被留置的债务人或者对留置财产享有所有权的第三人请求债权人返还留置财产的,人民法院不予支持;债务人或者第三人请求拍卖、变卖留置财产并以所得价款清偿债务的,人民法院应予支持。

主债权诉讼时效期间届满的法律后果,以登记作为公示方式的权利质权,参照适用第一款的规定;动产质权、以交付权利凭证作为公示方式的权利质权,参照适用第二款的规定。

第四十五条　当事人约定当债务人不履行到期债务或者发生当事人约定的实现担保物权的情形,担保物权人有权将担保财产自行拍卖、变卖并就所得的价款优先受偿的,该约定有效。因担保人的原因导致担保物权人无法自行对担保财产进行拍卖、变卖,担保物权人请求担保人承担因此增加的费用的,人民法院应予支持。

当事人依照民事诉讼法有关"实现担保物权案件"的规定,申请拍卖、变卖担保财产,被申请人以担保合同约定仲裁条款为由主张驳回申请的,人民法院经审查后,应当按照以下情形分别处理:

(一)当事人对担保物权无实质性争议且实现担保物权条件已经成就的,应当裁定准许拍卖、变卖担保财产；

（二）当事人对实现担保物权有部分实质性争议的，可以就无争议的部分裁定准许拍卖、变卖担保财产，并告知可以就有争议的部分申请仲裁；

（三）当事人对实现担保物权有实质性争议的，裁定驳回申请，并告知可以向仲裁机构申请仲裁。

债权人以诉讼方式行使担保物权的，应当以债务人和担保人作为共同被告。

第四十六条 不动产抵押合同生效后未办理抵押登记手续，债权人请求抵押人办理抵押登记手续的，人民法院应予支持。

抵押财产因不可归责于抵押人自身的原因灭失或者被征收等导致不能办理抵押登记，债权人请求抵押人在约定的担保范围内承担责任的，人民法院不予支持；但是抵押人已经获得保险金、赔偿金或者补偿金等，债权人请求抵押人在其所获金额范围内承担赔偿责任的，人民法院依法予以支持。

因抵押人转让抵押财产或者其他可归责于抵押人自身的原因导致不能办理抵押登记，债权人请求抵押人在约定的担保范围内承担责任的，人民法院依法予以支持，但是不得超过抵押权能够设立时抵押人应当承担的责任范围。

第四十七条 不动产登记簿就抵押财产、被担保的债权范围等所作的记载与抵押合同约定不一致的，人民法院应当根据登记簿的记载确定抵押财产、被担保的债权范围等事项。

第四十八条 当事人申请办理抵押登记手续时，因登记机构的过错致使其不能办理抵押登记，当事人请求登记机构承担赔偿责任的，人民法院依法予以支持。

第四十九条 以违法的建筑物抵押的，抵押合同无效，但是一审法庭辩论终结前已经办理合法手续的除外。抵押合同无效的法律后果，依照本解释第十七条的有关规定处理。

当事人以建设用地使用权依法设立抵押，抵押人以土地上存在违法的建筑物为由主张抵押合同无效的，人民法院不予支持。

第五十二条 当事人办理抵押预告登记后，预告登记权利人请求就抵押财产优先受偿，经审查存在尚未办理建筑物所有权首次登记、预告登记的财产与办理建筑物所有权首次登记时的财产不一致、抵押预告登记已经失效等情形，导致不具备办理抵押登记条件的，人民法院不予支持；经审查已经办理建筑物所有权首次登记，且不存在预告登记失效等情形的，人民法院应予支持，并应当认定抵押权自预告登记之日起设立。

当事人办理了抵押预告登记，抵押人破产，经审查抵押财产属于破产财产，预告登记权利人主张就抵押财产优先受偿的，人民法院应当在受理破产申请时抵押财产的价值范围内予以支持，但是在人民法院受理破产申请前一年内，债务人对没有财产担保的债务设立抵押预告登记的除外。

第五十三条 当事人在动产和权利担保合同中对担保财产进行概括描述，该描述能够合理识别担保财产的，人民法院应当认定担保成立。

第五十四条 动产抵押合同订立后未办理抵押登记，动产抵押权的效力按照下列情形分别处理：

（一）抵押人转让抵押财产，受让人占有抵押财产后，抵押权人向受让人请求行使抵押权的，人民法院不予支持，但是抵押权人能够举证证明受让人知道或者应当知道已经订立抵押合同的除外；

（二）抵押人将抵押财产出租给他人并移转占有，抵押权人行使抵押权的，租赁关系不受影响，但是抵押权人能够举证证明承租人知道或者应当知道已经订立抵押合同的除外；

（三）抵押人的其他债权人向人民法院申请保全或者执行抵押财产，人民法院已经作出财产保全裁定或者采取执行措施，抵押权人主张对抵押财产优先受偿的，人民法院不予支持；

（四）抵押人破产，抵押权人主张对抵押财产优先受偿的，人民法院不予支持。

第五十六条 买受人在出卖人正常经营活动中通过支付合理对价取得已被设立担保物权的动产，担保物权人请求就该动产优先受偿的，人民法院不予支持，但是有下列情形之一的除外：

（一）购买商品的数量明显超过一般买受人；

（二）购买出卖人的生产设备；

（三）订立买卖合同的目的在于担保出卖人或者第三人履行债务；

（四）买受人与出卖人存在直接或者间接的控制关系；

（五）买受人应当查询抵押登记而未查询的其他情形。

前款所称出卖人正常经营活动，是指出卖人的经营活动属于其营业执照明确记载的经营范围，且出卖人持续销售同类商品。前款所称担保物权人，是指已经办理登记的抵押权人、所有权保留买卖的出卖人、融资租赁合同的出租人。

最高人民法院、最高人民检察院关于办理虚假诉讼刑事案件适用法律若干问题的解释

（2018 年 9 月 26 日公布，法释〔2018〕17 号）

第一条 采取伪造证据、虚假陈述等手段，实施下列行为之一，捏造民事法律关系，虚构民事纠纷，向人民法院提起民事诉讼的，应当认定为刑法第三百零七条之一第一款规定的“以捏造的事实提起民事诉讼”：

（一）与夫妻一方恶意串通，捏造夫妻共同债务的；

（二）与他人恶意串通，捏造债权债务关系和以物抵债协议的；

（三）与公司、企业的法定代表人、董事、监事、经理或者其他管理人员恶意串通，捏造公司、企业债务或者担保义务的；

（四）捏造知识产权侵权关系或者不正当竞争关系的；

（五）在破产案件审理过程中申报捏造的债权的；

（六）与被执行人恶意串通，捏造债权或者对查封、扣押、冻结财产的优先权、担保物权的；

（七）单方或者与他人恶意串通，捏造身份、合同、侵权、继承等民事法律关系的其他行为。

隐瞒债务已经全部清偿的事实，向人民法院提起民事诉讼，要求他人履行债务的，以“以捏造的事实提起民事诉讼”论。

向人民法院申请执行基于捏造的事实作出的仲裁裁决、公证债权文书，或者在民事执行过程中以捏造的事实对执行标的提出异议、申请参与执行财产分配的，属于刑法第三百零七条之一第一款规定的“以捏造的事实提起民事诉讼”。

第二条 以捏造的事实提起民事诉讼，有下列情形之一的，应当认定为刑法第三百零七条之一第一款规定的“妨害司法秩序或者严重侵害他人合法权益”：

（一）致使人民法院基于捏造的事实采取财产保全或者行为保全措施的；

（二）致使人民法院开庭审理，干扰正常司法活动的；

（三）致使人民法院基于捏造的事实作出裁判文书、制作财产分配方案，或者立案执行基于捏造的事实作出的仲裁裁决、公证债权文书的；

（四）多次以捏造的事实提起民事诉讼的；

(五)曾因以捏造的事实提起民事诉讼被采取民事诉讼强制措施或者受过刑事追究的;

(六)其他妨害司法秩序或者严重侵害他人合法权益的情形。

第三条 以捏造的事实提起民事诉讼,有下列情形之一的,应当认定为刑法第三百零七条之一第一款规定的“情节严重”:

(一)有本解释第二条第一项情形,造成他人经济损失一百万元以上的;

(二)有本解释第二条第二项至第四项情形之一,严重干扰正常司法活动或者严重损害司法公信力的;

(三)致使义务人自动履行生效裁判文书确定的财产给付义务或者人民法院强制执行财产权益,数额达到一百万元以上的;

(四)致使他人债权无法实现,数额达到一百万元以上的;

(五)非法占有他人财产,数额达到十万元以上的;

(六)致使他人因为不执行人民法院基于捏造的事实作出的判决、裁定,被采取刑事拘留、逮捕措施或者受到刑事追究的;

(七)其他情节严重的情形。

第四条 实施刑法第三百零七条之一第一款行为,非法占有他人财产或者逃避合法债务,又构成诈骗罪,职务侵占罪,拒不执行判决、裁定罪,贪污罪等犯罪的,依照处罚较重的规定定罪从重处罚。

第五条 司法工作人员利用职权,与他人共同实施刑法第三百零七条之一前三款行为的,从重处罚;同时构成滥用职权罪,民事枉法裁判罪,执行判决、裁定滥用职权罪等犯罪的,依照处罚较重的规定定罪从重处罚。

第六条 诉讼代理人、证人、鉴定人等诉讼参与人与他人通谋,代理提起虚假民事诉讼、故意作虚假证言或者出具虚假鉴定意见,共同实施刑法第三百零七条之一前三款行为的,依照共同犯罪的规定定罪处罚;同时构成妨害作证罪,帮助毁灭、伪造证据罪等犯罪的,依照处罚较重的规定定罪从重处罚。

第七条 采取伪造证据等手段篡改案件事实,骗取人民法院裁判文书,构成犯罪的,依照刑法第二百八十条、第三百零七条等规定追究刑事责任。

第八条 单位实施刑法第三百零七条之一第一款行为的,依照本解释规定的定罪量刑标准,对其直接负责的主管人员和其他直接责任人员定罪处罚,并对单位判处罚金。

第九条 实施刑法第三百零七条之一第一款行为，未达到情节严重的标准，行为人系初犯，在民事诉讼过程中自愿具结悔过，接受人民法院处理决定，积极退赃、退赔的，可以认定为犯罪情节轻微，不起诉或者免予刑事处罚；确有必要判处刑罚的，可以从宽处罚。

司法工作人员利用职权，与他人共同实施刑法第三百零七条之一第一款行为的，对司法工作人员不适用本条第一款规定。

第十条 虚假诉讼刑事案件由虚假民事诉讼案件的受理法院所在地或者执行法院所在地人民法院管辖。有刑法第三百零七条之一第四款情形的，上级人民法院可以指定下级人民法院将案件移送其他人民法院审判。

第十一条 本解释所称裁判文书，是指人民法院依照民事诉讼法、企业破产法等民事法律作出的判决、裁定、调解书、支付令等文书。

第十二条 本解释自2018年10月1日起施行。

最高人民法院、最高人民检察院关于办理赌博刑事案件具体应用法律若干问题的解释

（2005年5月11日公布，法释〔2005〕3号）

第一条 以营利为目的，有下列情形之一的，属于刑法第三百零三条规定的“聚众赌博”：

（一）组织3人以上赌博，抽头渔利数额累计达到5000元以上的；

（二）组织3人以上赌博，赌资数额累计达到5万元以上的；

（三）组织3人以上赌博，参赌人数累计达到20人以上的；

（四）组织中华人民共和国公民10人以上赴境外赌博，从中收取回扣、介绍费的。

第二条 以营利为目的，在计算机网络上建立赌博网站，或者为赌博网站担任代理，接受投注的，属于刑法第三百零三条规定的“开设赌场”。

第三条 中华人民共和国公民在我国领域外周边地区聚众赌博、开设赌场，以吸引中华人民共和国公民为主要客源，构成赌博罪的，可以依照刑法规定追究刑事责任。

第四条 明知他人实施赌博犯罪活动，而为其提供资金、计算机网络、通讯、

费用结算等直接帮助的,以赌博罪的共犯论处。

第五条 实施赌博犯罪,有下列情形之一的,依照刑法第三百零三条的规定从重处罚:

(一)具有国家工作人员身份的;

(二)组织国家工作人员赴境外赌博的;

(三)组织未成年人参与赌博,或者开设赌场吸引未成年人参与赌博的。

第六条 未经国家批准擅自发行、销售彩票,构成犯罪的,依照刑法第二百二十五条第(四)项的规定,以非法经营罪定罪处罚。

第七条 通过赌博或者为国家工作人员赌博提供资金的形式实施行贿、受贿行为,构成犯罪的,依照刑法关于贿赂犯罪的规定定罪处罚。

第八条 赌博犯罪中用作赌注的款物、换取筹码的款物和通过赌博赢取的款物属于赌资。通过计算机网络实施赌博犯罪的,赌资数额可以按照在计算机网络上投注或者赢取的点数乘以每一点实际代表的金额认定。

赌资应当依法予以追缴;赌博用具、赌博违法所得以及赌博犯罪分子所有的专门用于赌博的资金、交通工具、通讯工具等,应当依法予以没收。

最高人民法院关于适用《中华人民共和国刑事诉讼法》的解释(节选)

(2012 年 12 月 20 日公布,2021 年 1 月 26 日修正,法释〔2021〕1 号)

第一百七十六条 被告人非法占有、处置被害人财产的,应当依法予以追缴或者责令退赔。被害人提起附带民事诉讼的,人民法院不予受理。追缴、退赔的情况,可以作为量刑情节考虑。

最高人民法院、最高人民检察院关于办理诈骗刑事案件具体应用法律若干问题的解释

(2011 年 3 月 1 日公布,法释〔2011〕7 号)

第一条 诈骗公私财物价值三千元至一万元以上、三万元至十万元以上、五

十万元以上的，应当分别认定为刑法第二百六十六条规定的“数额较大”、“数额巨大”、“数额特别巨大”。

各省、自治区、直辖市高级人民法院、人民检察院可以结合本地区经济社会发展状况，在前款规定的数额幅度内，共同研究确定本地区执行的具体数额标准，报最高人民法院、最高人民检察院备案。

第二条 诈骗公私财物达到本解释第一条规定的数额标准，具有下列情形之一的，可以依照刑法第二百六十六条的规定酌情从严惩处：

（一）通过发送短信、拨打电话或者利用互联网、广播电视、报刊杂志等发布虚假信息，对不特定多数人实施诈骗的；

（二）诈骗救灾、抢险、防汛、优抚、扶贫、移民、救济、医疗款物的；

（三）以赈灾募捐名义实施诈骗的；

（四）诈骗残疾人、老年人或者丧失劳动能力人的财物的；

（五）造成被害人自杀、精神失常或者其他严重后果的。

诈骗数额接近本解释第一条规定的“数额巨大”、“数额特别巨大”的标准，并具有前款规定的情形之一或者属于诈骗集团首要分子的，应当分别认定为刑法第二百六十六条规定的“其他严重情节”、“其他特别严重情节”。

第三条 诈骗公私财物虽已达到本解释第一条规定的“数额较大”的标准，但具有下列情形之一，且行为人认罪、悔罪的，可以根据刑法第三十七条、刑事诉讼法第一百四十二条的规定不起诉或者免予刑事处罚：

（一）具有法定从宽处罚情节的；

（二）一审宣判前全部退赃、退赔的；

（三）没有参与分赃或者获赃较少且不是主犯的；

（四）被害人谅解的；

（五）其他情节轻微、危害不大的。

第四条 诈骗近亲属的财物，近亲属谅解的，一般可不按犯罪处理。

诈骗近亲属的财物，确有追究刑事责任必要的，具体处理也应酌情从宽。

第五条 诈骗未遂，以数额巨大的财物为诈骗目标的，或者具有其他严重情节的，应当定罪处罚。

利用发送短信、拨打电话、互联网等电信技术手段对不特定多数人实施诈骗，诈骗数额难以查证，但具有下列情形之一的，应当认定为刑法第二百六十六条规定的"其他严重情节"，以诈骗罪（未遂）定罪处罚：

（一）发送诈骗信息五千条以上的；

（二）拨打诈骗电话五百人次以上的；

（三）诈骗手段恶劣、危害严重的。

实施前款规定行为，数量达到前款第（一）、（二）项规定标准十倍以上的，或者诈骗手段特别恶劣、危害特别严重的，应当认定为刑法第二百六十六条规定的"其他特别严重情节"，以诈骗罪（未遂）定罪处罚。

第六条 诈骗既有既遂，又有未遂，分别达到不同量刑幅度的，依照处罚较重的规定处罚；达到同一量刑幅度的，以诈骗罪既遂处罚。

第七条 明知他人实施诈骗犯罪，为其提供信用卡、手机卡、通讯工具、通讯传输通道、网络技术支持、费用结算等帮助的，以共同犯罪论处。

第八条 冒充国家机关工作人员进行诈骗，同时构成诈骗罪和招摇撞骗罪的，依照处罚较重的规定定罪处罚。

第九条 案发后查封、扣押、冻结在案的诈骗财物及其孳息，权属明确的，应当发还被害人；权属不明确的，可按被骗款物占查封、扣押、冻结在案的财物及其孳息总额的比例发还被害人，但已获退赔的应予扣除。

第十条 行为人已将诈骗财物用于清偿债务或者转让给他人，具有下列情形之一的，应当依法追缴：

（一）对方明知是诈骗财物而收取的；

（二）对方无偿取得诈骗财物的；

（三）对方以明显低于市场的价格取得诈骗财物的；

（四）对方取得诈骗财物系源于非法债务或者违法犯罪活动的。他人善意取得诈骗财物的，不予追缴。

第十一条 以前发布的司法解释与本解释不一致的，以本解释为准。

最高人民法院关于依法妥善审理民间借贷案件的通知（节选）

（2018 年 8 月 1 日公布，法〔2018〕215 号）

一、加大对借贷事实和证据的审查力度。"套路贷"诈骗等犯罪设局者具备知识型犯罪特征，善于通过虚增债权债务、制造银行流水痕迹、故意失联制造违约等方式，形成证据链条闭环，并借助民事诉讼程序实现非法目的。因此，人民法院在审理民间借贷纠纷案件中，除根据《最高人民法院关于审理民间借贷案件适用法律若干问题的规定》第十五条、第十六条规定，对借据、收据、欠条等债权凭证及银行流水等款项交付凭证进行审查外，还应结合款项来源、交易习惯、经济能力、财产变化情况、当事人关系以及当事人陈述等因素综合判断借贷的真实情况。有违法犯罪等合理怀疑，代理人对案件事实无法说明的，应当传唤当事人本人到庭，就有关案件事实接受询问。要适当加大调查取证力度，查明事实真相。

二、严格区分民间借贷行为与诈骗等犯罪行为。人民法院在审理民间借贷纠纷案件中，要切实提高对“套路贷”诈骗等犯罪行为的警觉，加强对民间借贷行为与诈骗等犯罪行为的甄别，发现涉嫌违法犯罪线索、材料的，要及时按照《最高人民法院关于在审理经济纠纷案件中涉及经济犯罪嫌疑若干问题的规定》和《最高人民法院关于审理民间借贷案件适用法律若干问题的规定》依法处理。民间借贷行为本身涉及违法犯罪的，应当裁定驳回起诉，并将涉嫌犯罪的线索、材料移送公安机关或检察机关，切实防范犯罪分子将非法行为合法化，利用民事判决堂而皇之侵占被害人财产。刑事判决认定出借人构成“套路贷”诈骗等犯罪的，人民法院对已按普通民间借贷纠纷作出的生效判决，应当及时通过审判监督程序予以纠正。

最高人民法院关于审理买卖合同纠纷案件适用法律问题的解释（节选）

（2012 年 5 月 10 日公布，2020 年 12 月 23 日修正，法释〔2020〕17 号）

第十八条 买卖合同对付款期限作出的变更，不影响当事人关于逾期付款违约金的约定，但该违约金的起算点应当随之变更。

买卖合同约定逾期付款违约金，买受人以出卖人接受价款时未主张逾期付款违约金为由拒绝支付该违约金的，人民法院不予支持。

买卖合同约定逾期付款违约金，但对账单、还款协议等未涉及逾期付款责任，出卖人根据对账单、还款协议等主张欠款时请求买受人依约支付逾期付款违约金的，人民法院应予支持，但对账单、还款协议等明确载有本金及逾期付款利息数额或者已经变更买卖合同中关于本金、利息等约定内容的除外。

买卖合同没有约定逾期付款违约金或者该违约金的计算方法，出卖人以买受人违约为由主张赔偿逾期付款损失，违约行为发生在2019年8月19日之前的，人民法院可以中国人民银行同期同类人民币贷款基准利率为基础，参照逾期罚息利率标准计算；违约行为发生在2019年8月20日之后的，人民法院可以违约行为发生时中国人民银行授权全国银行间同业拆借中心公布的一年期贷款市场报价利率(LPR)标准为基础，加计30－50%计算逾期付款损失。

最高人民法院关于适用《中华人民共和国民法典》时间效力的若干规定

(2020年12月29日公布，法释〔2020〕15号)

根据《中华人民共和国立法法》《中华人民共和国民法典》等法律规定，就人民法院在审理民事纠纷案件中有关适用民法典时间效力问题作出如下规定。

一、一般规定

第一条 民法典施行后的法律事实引起的民事纠纷案件，适用民法典的规定。

民法典施行前的法律事实引起的民事纠纷案件，适用当时的法律、司法解释的规定，但是法律、司法解释另有规定的除外。

民法典施行前的法律事实持续至民法典施行后，该法律事实引起的民事纠纷案件，适用民法典的规定，但是法律、司法解释另有规定的除外。

第二条 民法典施行前的法律事实引起的民事纠纷案件，当时的法律、司法解释有规定，适用当时的法律、司法解释的规定，但是适用民法典的规定更有利于保护民事主体合法权益，更有利于维护社会和经济秩序，更有利于弘扬社会主义核心价值观的除外。

第三条 民法典施行前的法律事实引起的民事纠纷案件，当时的法律、司法解释没有规定而民法典有规定的，可以适用民法典的规定，但是明显减损当事人合法权益、增加当事人法定义务或者背离当事人合理预期的除外。

第四条 民法典施行前的法律事实引起的民事纠纷案件，当时的法律、司法解释仅有原则性规定而民法典有具体规定的，适用当时的法律、司法解释的规定，但是可以依据民法典具体规定进行裁判说理。

第五条 民法典施行前已经终审的案件,当事人申请再审或者按照审判监督程序决定再审的,不适用民法典的规定。

二、溯及适用的具体规定

第六条 《中华人民共和国民法总则》施行前,侵害英雄烈士等的姓名、肖像、名誉、荣誉,损害社会公共利益引起的民事纠纷案件,适用民法典第一百八十五条的规定。

第七条 民法典施行前,当事人在债务履行期限届满前约定债务人不履行到期债务时抵押财产或者质押财产归债权人所有的,适用民法典第四百零一条和第四百二十八条的规定。

第八条 民法典施行前成立的合同,适用当时的法律、司法解释的规定合同无效而适用民法典的规定合同有效的,适用民法典的相关规定。

第九条 民法典施行前订立的合同,提供格式条款一方未履行提示或者说明义务,涉及格式条款效力认定的,适用民法典第四百九十六条的规定。

第十条 民法典施行前,当事人一方未通知对方而直接以提起诉讼方式依法主张解除合同的,适用民法典第五百六十五条第二款的规定。

第十一条 民法典施行前成立的合同,当事人一方不履行非金钱债务或者履行非金钱债务不符合约定,对方可以请求履行,但是有民法典第五百八十条第一款第一项、第二项、第三项除外情形之一,致使不能实现合同目的,当事人请求终止合同权利义务关系的,适用民法典第五百八十条第二款的规定。

第十二条 民法典施行前订立的保理合同发生争议的,适用民法典第三编第十六章的规定。

第十三条 民法典施行前,继承人有民法典第一千一百二十五条第一款第四项和第五项规定行为之一,对该继承人是否丧失继承权发生争议的,适用民法典第一千一百二十五条第一款和第二款的规定。

民法典施行前,受遗赠人有民法典第一千一百二十五条第一款规定行为之一,对受遗赠人是否丧失受遗赠权发生争议的,适用民法典第一千一百二十五条第一款和第三款的规定。

第十四条 被继承人在民法典施行前死亡,遗产无人继承又无人受遗赠,其兄弟姐妹的子女请求代位继承的,适用民法典第一千一百二十八条第二款和第三款的规定,但是遗产已经在民法典施行前处理完毕的除外。

第十五条 民法典施行前,遗嘱人以打印方式立的遗嘱,当事人对该遗嘱效力发生争议的,适用民法典第一千一百三十六条的规定,但是遗产已经在民法典施行前处理完毕的除外。

第十六条 民法典施行前,受害人自愿参加具有一定风险的文体活动受到损害引起的民事纠纷案件,适用民法典第一千一百七十六条的规定。

第十七条 民法典施行前,受害人为保护自己合法权益采取扣留侵权人的财物等措施引起的民事纠纷案件,适用民法典第一千一百七十七条的规定。

第十八条 民法典施行前,因非营运机动车发生交通事故造成无偿搭乘人损害引起的民事纠纷案件,适用民法典第一千二百一十七条的规定。

第十九条 民法典施行前,从建筑物中抛掷物品或者从建筑物上坠落的物品造成他人损害引起的民事纠纷案件,适用民法典第一千二百五十四条的规定。

三、衔接适用的具体规定

第二十条 民法典施行前成立的合同,依照法律规定或者当事人约定该合同的履行持续至民法典施行后,因民法典施行前履行合同发生争议的,适用当时的法律、司法解释的规定;因民法典施行后履行合同发生争议的,适用民法典第三编第四章和第五章的相关规定。

第二十一条 民法典施行前租赁期限届满,当事人主张适用民法典第七百三十四条第二款规定的,人民法院不予支持;租赁期限在民法典施行后届满,当事人主张适用民法典第七百三十四条第二款规定的,人民法院依法予以支持。

第二十二条 民法典施行前,经人民法院判决不准离婚后,双方又分居满一年,一方再次提起离婚诉讼的,适用民法典第一千零七十九条第五款的规定。

第二十三条 被继承人在民法典施行前立有公证遗嘱,民法典施行后又立有新遗嘱,其死亡后,因该数份遗嘱内容相抵触发生争议的,适用民法典第一千一百四十二条第三款的规定。

第二十四条 侵权行为发生在民法典施行前,但是损害后果出现在民法典施行后的民事纠纷案件,适用民法典的规定。

第二十五条 民法典施行前成立的合同,当时的法律、司法解释没有规定且当事人没有约定解除权行使期限,对方当事人也未催告的,解除权人在民法典施行前知道或者应当知道解除事由,自民法典施行之日起一年内不行使的,人民法院应当依法认定该解除权消灭;解除权人在民法典施行后知道或者应当知道解除事由的，适用民法典第五百六十四条第二款关于解除权行使期限的规定。

第二十六条 当事人以民法典施行前受胁迫结婚为由请求人民法院撤销婚姻的，撤销权的行使期限适用民法典第一千零五十二条第二款的规定。

第二十七条 民法典施行前成立的保证合同，当事人对保证期间约定不明确，主债务履行期限届满至民法典施行之日不满二年，当事人主张保证期间为主债务履行期限届满之日起二年的，人民法院依法予以支持；当事人对保证期间没有约定，主债务履行期限届满至民法典施行之日不满六个月，当事人主张保证期间为主债务履行期限届满之日起六个月的，人民法院依法予以支持。

四、附则

第二十八条 本规定自2021年1月1日起施行。

本规定施行后，人民法院尚未审结的一审、二审案件适用本规定。

最高人民法院关于审理民事案件适用诉讼时效制度若干问题的规定

（2008年8月21日公布，2020年12月29日修正，法释〔2020〕17号）

第一条 当事人可以对债权请求权提出诉讼时效抗辩，但对下列债权请求权提出诉讼时效抗辩的，人民法院不予支持：

（一）支付存款本金及利息请求权；

（二）兑付国债、金融债券以及向不特定对象发行的企业债券本息请求权；

（三）基于投资关系产生的缴付出资请求权；

（四）其他依法不适用诉讼时效规定的债权请求权。

第二条 当事人未提出诉讼时效抗辩，人民法院不应对诉讼时效问题进行释明。

第三条 当事人在一审期间未提出诉讼时效抗辩，在二审期间提出的，人民法院不予支持，但其基于新的证据能够证明对方当事人的请求权已过诉讼时效期间的情形除外。

当事人未按照前款规定提出诉讼时效抗辩，以诉讼时效期间届满为由申请再审或者提出再审抗辩的，人民法院不予支持。

第四条 未约定履行期限的合同，依照民法典第五百一十条、第五百一十一条的规定,可以确定履行期限的,诉讼时效期间从履行期限届满之日起计算;不能确定履行期限的,诉讼时效期间从债权人要求债务人履行义务的宽限期届满之日起计算,但债务人在债权人第一次向其主张权利之时明确表示不履行义务的,诉讼时效期间从债务人明确表示不履行义务之日起计算。

第五条 享有撤销权的当事人一方请求撤销合同的,应适用民法典关于除斥期间的规定。对方当事人对撤销合同请求权提出诉讼时效抗辩的,人民法院不予支持。

合同被撤销,返还财产、赔偿损失请求权的诉讼时效期间从合同被撤销之日起计算。

第六条 返还不当得利请求权的诉讼时效期间,从当事人一方知道或者应当知道不当得利事实及对方当事人之日起计算。

第七条 管理人因无因管理行为产生的给付必要管理费用、赔偿损失请求权的诉讼时效期间,从无因管理行为结束并且管理人知道或者应当知道本人之日起计算。

本人因不当无因管理行为产生的赔偿损失请求权的诉讼时效期间,从其知道或者应当知道管理人及损害事实之日起计算。

第八条 具有下列情形之一的,应当认定为民法典第一百九十五条规定的"权利人向义务人提出履行请求",产生诉讼时效中断的效力:

(一)当事人一方直接向对方当事人送交主张权利文书,对方当事人在文书上签名、盖章、按指印或者虽未签名、盖章、按指印但能够以其他方式证明该文书到达对方当事人的;

(二)当事人一方以发送信件或者数据电文方式主张权利,信件或者数据电文到达或者应当到达对方当事人的;

(三)当事人一方为金融机构,依照法律规定或者当事人约定从对方当事人账户中扣收欠款本息的;

(四)当事人一方下落不明,对方当事人在国家级或者下落不明的当事人一方住所地的省级有影响的媒体上刊登具有主张权利内容的公告的,但法律和司法解释另有特别规定的,适用其规定。

前款第(一)项情形中,对方当事人为法人或者其他组织的,签收人可以是其法定代表人、主要负责人、负责收发信件的部门或者被授权主体;对方当事人为自然人的,签收人可以是自然人本人、同住的具有完全行为能力的亲属或者被授权主体。

第九条 权利人对同一债权中的部分债权主张权利,诉讼时效中断的效力及于剩余债权,但权利人明确表示放弃剩余债权的情形除外。

第十条 当事人一方向人民法院提交起诉状或者口头起诉的,诉讼时效从提交起诉状或者口头起诉之日起中断。

第十一条 下列事项之一,人民法院应当认定与提起诉讼具有同等诉讼时效中断的效力:

(一)申请支付令;

(二)申请破产、申报破产债权;

(三)为主张权利而申请宣告义务人失踪或死亡;

(四)申请诉前财产保全、诉前临时禁令等诉前措施;

(五)申请强制执行;

(六)申请追加当事人或者被通知参加诉讼;

(七)在诉讼中主张抵销;

(八)其他与提起诉讼具有同等诉讼时效中断效力的事项。

第十二条 权利人向人民调解委员会以及其他依法有权解决相关民事纠纷的国家机关、事业单位、社会团体等社会组织提出保护相应民事权利的请求,诉讼时效从提出请求之日起中断。

第十三条 权利人向公安机关、人民检察院、人民法院报案或者控告,请求保护其民事权利的,诉讼时效从其报案或者控告之日起中断。

上述机关决定不立案、撤销案件、不起诉的,诉讼时效期间从权利人知道或者应当知道不立案、撤销案件或者不起诉之日起重新计算;刑事案件进入审理阶段,诉讼时效期间从刑事裁判文书生效之日起重新计算。

第十四条 义务人作出分期履行、部分履行、提供担保、请求延期履行、制定清偿债务计划等承诺或者行为的,应当认定为民法典第一百九十五条规定的“义务人同意履行义务”。

第十五条 对于连带债权人中的一人发生诉讼时效中断效力的事由,应当认定对其他连带债权人也发生诉讼时效中断的效力。

对于连带债务人中的一人发生诉讼时效中断效力的事由,应当认定对其他连带债务人也发生诉讼时效中断的效力。

第十六条 债权人提起代位权诉讼的,应当认定对债权人的债权和债务人的债权均发生诉讼时效中断的效力。

第十七条 债权转让的,应当认定诉讼时效从债权转让通知到达债务人之日起中断。

债务承担情形下,构成原债务人对债务承认的,应当认定诉讼时效从债务承担意思表示到达债权人之日起中断。

第十八条 主债务诉讼时效期间届满,保证人享有主债务人的诉讼时效抗辩权。

保证人未主张前述诉讼时效抗辩权,承担保证责任后向主债务人行使追偿权的,人民法院不予支持,但主债务人同意给付的情形除外。

第十九条 诉讼时效期间届满,当事人一方向对方当事人作出同意履行义务的意思表示或者自愿履行义务后,又以诉讼时效期间届满为由进行抗辩的,人民法院不予支持。

当事人双方就原债务达成新的协议,债权人主张义务人放弃诉讼时效抗辩权的,人民法院应予支持。

超过诉讼时效期间,贷款人向借款人发出催收到期贷款通知单,债务人在通知单上签字或者盖章,能够认定借款人同意履行诉讼时效期间已经届满的义务的,对于贷款人关于借款人放弃诉讼时效抗辩权的主张,人民法院应予支持。

第二十条 本规定施行后,案件尚在一审或者二审阶段的,适用本规定;本规定施行前已经终审的案件,人民法院进行再审时,不适用本规定。

第二十一条 本规定施行前本院作出的有关司法解释与本规定相抵触的,以本规定为准。

最高人民法院关于依法严厉打击集资诈骗和非法吸收公众存款犯罪活动的通知

(2004 年 11 月 15 日公布,法〔2004〕240 号)

近年来,一些地方集资诈骗、非法吸收公众存款犯罪活动十分猖獗,大案要案接连发生,严重扰乱金融市场秩序,侵犯公民、法人和其他组织的合法权益。为了切实维护国家金融市场秩序和社会政治稳定，现就人民法院充分发挥审判职能作用，依法严厉打击集资诈骗和非法吸收公众存款犯罪活动的有关问题通知如下：

一、充分认识集资诈骗和非法吸收公众存款犯罪的严重社会危害性，切实加强对这类犯罪案件的审判工作。当前，各种形式的非法集资犯罪活动，手段更加狡黠，欺骗性更强，导致大量人民群众上当受骗。不少集资诈骗和非法吸收公众存款犯罪案件，涉案金额特别巨大，受害人员范围广，给公民和法人以及其他组织造成巨额财产损失，严重破坏金融市场秩序，由此导致的群体性事件屡有发生，严重影响社会政治稳定。各级人民法院一定要从贯彻“三个代表”重要思想，树立和落实科学发展观，落实“司法为民”要求的高度，进一步提高对集资诈骗和非法吸收公众存款犯罪案件审判工作重要性的认识，全面发挥人民法院刑事审判职能作用，为有效遏制集资诈骗和非法吸收公众存款犯罪活动，规范金融市场秩序提供有力司法保障。

二、坚决贯彻依法严惩集资诈骗和非法吸收公众存款犯罪的方针，加大对集资诈骗和非法吸收公众存款犯罪的打击力度。金融犯罪一直是我国整顿和规范市场经济秩序工作的打击重点，集资诈骗和非法吸收公众存款犯罪案件，是金融犯罪刑事审判工作的重中之重。集资诈骗和非法吸收公众存款犯罪发案较多的地区，人民法院要积极配合有关部门，开展严厉打击这类犯罪的专项行动，切实维护金融市场秩序和社会政治稳定。对集资诈骗和非法吸收公众存款的犯罪活动，一定要贯彻依法严惩的方针，保持对犯罪的高压态势，以有效震慑不法分子，保护人民群众利益。一旦案件起诉后，即应尽快开庭，及时审结。对集资诈骗数额特别巨大并且给国家和人民利益造成特别重大损失，罪行极其严重的犯罪分子，依法应该判处死刑的，要坚决判处死刑，决不手软。在对犯罪分子判处主刑的同时，要依法适用财产刑，并加大赃款赃物的追缴力度，不让犯罪分子在经济上获取非法利益。对集资诈骗和非法吸收公众存款共同犯罪案件中的主犯，一定要依法从严惩处。

三、坚持审判工作法律效果和社会效果有机统一，积极参与金融市场经济秩序的综合治理。各级人民法院在审判集资诈骗和非法吸收公众存款犯罪案件工作中，要把依法审判与法制宣传有机结合起来。注意通过依法公开宣判、新闻媒体宣传等各种行之有效的形式，揭露犯罪骗局，教育广大群众，提高公民防骗意识。要妥善处理涉及众多被害人的犯罪案件，注意追缴犯罪分子的违法所得，及时将被骗的集资款返还被害人，配合地方党委和政府做好案件的善后工作，尽量将犯罪造成的不良后果降到最低限度，确保社会稳定。对办案过程中发现有关部门和单位在资金管理制度和环节上存在的漏洞和隐患，要及时提出司法建议，以做到防患于未然。

四、深入调查研究，及时解决审判这类案件中的疑难问题。各高级人民法院对于近期受理的集资诈骗和非法吸收公众存款大要案的审理情况，要及时报告我院。审理集资诈骗和非法吸收公众存款犯罪案件政策性强，涉及法律适用问题疑难，各高级人民法院对在审判工作中遇到的新情况、新问题，要认真研究，提出意见，加强指导，及时报告我院。

最高人民法院、最高人民检察院、公安部关于办理非法集资刑事案件适用法律若干问题的意见

（2014 年 3 月 25 日公布，公通字〔2014〕16 号）

为解决近年来公安机关、人民检察院、人民法院在办理非法集资刑事案件中遇到的问题，依法惩治非法吸收公众存款、集资诈骗等犯罪，根据刑法、刑事诉讼法的规定，结合司法实践，现就办理非法集资刑事案件适用法律问题提出以下意见：

一、关于行政认定的问题

行政部门对于非法集资的性质认定，不是非法集资刑事案件进入刑事诉讼程序的必经程序。行政部门未对非法集资作出性质认定的，不影响非法集资刑事案件的侦查、起诉和审判。

公安机关、人民检察院、人民法院应当依法认定案件事实的性质，对于案情复杂、性质认定疑难的案件，可参考有关部门的认定意见，根据案件事实和法律规定作出性质认定。

二、关于"向社会公开宣传"的认定问题

《最高人民法院关于审理非法集资刑事案件具体应用法律若干问题的解释》第一条第一款第二项中的"向社会公开宣传"，包括以各种途径向社会公众传播吸收资金的信息，以及明知吸收资金的信息向社会公众扩散而予以放任等情形。

三、关于"社会公众"的认定问题

下列情形不属于《最高人民法院关于审理非法集资刑事案件具体应用法律若干问题的解释》第一条第二款规定的"针对特定对象吸收资金"的行为,应当认定为向社会公众吸收资金:

(一)在向亲友或者单位内部人员吸收资金的过程中,明知亲友或者单位内部人员向不特定对象吸收资金而予以放任的;

(二)以吸收资金为目的,将社会人员吸收为单位内部人员,并向其吸收资金的。

四、关于共同犯罪的处理问题

为他人向社会公众非法吸收资金提供帮助,从中收取代理费、好处费、返点费、佣金、提成等费用,构成非法集资共同犯罪的,应当依法追究刑事责任。能够及时退缴上述费用的,可依法从轻处罚;其中情节轻微的,可以免除处罚;情节显著轻微、危害不大的,不作为犯罪处理。

五、关于涉案财物的追缴和处置问题

向社会公众非法吸收的资金属于违法所得。以吸收的资金向集资参与人支付的利息、分红等回报,以及向帮助吸收资金人员支付的代理费、好处费、返点费、佣金、提成等费用,应当依法追缴。集资参与人本金尚未归还的,所支付的回报可予折抵本金。

将非法吸收的资金及其转换财物用于清偿债务或者转让给他人,有下列情形之一的,应当依法追缴:

(一)他人明知是上述资金及财物而收取的;

(二)他人无偿取得上述资金及财物的;

(三)他人以明显低于市场的价格取得上述资金及财物的;

(四)他人取得上述资金及财物系源于非法债务或者违法犯罪活动的;

(五)其他依法应当追缴的情形。

查封、扣押、冻结的易贬值及保管、养护成本较高的涉案财物,可以在诉讼终结前依照有关规定变卖、拍卖。所得价款由查封、扣押、冻结机关予以保管,待诉讼终结后一并处置。

查封、扣押、冻结的涉案财物,一般应在诉讼终结后,返还集资参与人。涉案财物不足全部返还的,按照集资参与人的集资额比例返还。

六、关于证据的收集问题

办理非法集资刑事案件中,确因客观条件的限制无法逐一收集集资参与人的言词证据的,可结合已收集的集资参与人的言词证据和依法收集并查证属实的书面合同、银行账户交易记录、会计凭证及会计账簿、资金收付凭证、审计报告、互联网电子数据等证据,综合认定非法集资对象人数和吸收资金数额等犯罪事实。

七、关于涉及民事案件的处理问题

对于公安机关、人民检察院、人民法院正在侦查、起诉、审理的非法集资刑事案件,有关单位或者个人就同一事实向人民法院提起民事诉讼或者申请执行涉案财物的,人民法院应当不予受理,并将有关材料移送公安机关或者检察机关。

人民法院在审理民事案件或者执行过程中,发现有非法集资犯罪嫌疑的,应当裁定驳回起诉或者中止执行,并及时将有关材料移送公安机关或者检察机关。

公安机关、人民检察院、人民法院在侦查、起诉、审理非法集资刑事案件中,发现与人民法院正在审理的民事案件属同一事实,或者被申请执行的财物属于涉案财物的,应当及时通报相关人民法院。人民法院经审查认为确属涉嫌犯罪的,依照前款规定处理。

八、关于跨区域案件的处理问题

跨区域非法集资刑事案件,在查清犯罪事实的基础上,可以由不同地区的公安机关、人民检察院、人民法院分别处理。

对于分别处理的跨区域非法集资刑事案件,应当按照统一制定的方案处置涉案财物。

国家机关工作人员违反规定处置涉案财物,构成渎职等犯罪的,应当依法追究刑事责任。

最高人民法院、最高人民检察院、公安部
关于办理非法集资刑事案件若干问题的意见

(2019年1月30日公布,高检会〔2019〕2号)

为依法惩治非法吸收公众存款、集资诈骗等非法集资犯罪活动,维护国家金融管理秩序,保护公民、法人和其他组织合法权益,根据刑法、刑事诉讼法等法律规定,结合司法实践,现就办理非法吸收公众存款、集资诈骗等非法集资刑事案件

有关问题提出以下意见：

一、关于非法集资的“非法性”认定依据问题

人民法院、人民检察院、公安机关认定非法集资的“非法性”，应当以国家金融管理法律法规作为依据。对于国家金融管理法律法规仅作原则性规定的，可以根据法律规定的精神并参考中国人民银行、中国银行保险监督管理委员会、中国证券监督管理委员会等行政主管部门依照国家金融管理法律法规制定的部门规章或者国家有关金融管理的规定、办法、实施细则等规范性文件的规定予以认定。

二、关于单位犯罪的认定问题

单位实施非法集资犯罪活动，全部或者大部分违法所得归单位所有的，应当认定为单位犯罪。

个人为进行非法集资犯罪活动而设立的单位实施犯罪的，或者单位设立后，以实施非法集资犯罪活动为主要活动的，不以单位犯罪论处，对单位中组织、策划、实施非法集资犯罪活动的人员应当以自然人犯罪依法追究刑事责任。

判断单位是否以实施非法集资犯罪活动为主要活动，应当根据单位实施非法集资的次数、频度、持续时间、资金规模、资金流向、投入人力物力情况、单位进行正当经营的状况以及犯罪活动的影响、后果等因素综合考虑认定。

三、关于涉案下属单位的处理问题

办理非法集资刑事案件中，人民法院、人民检察院、公安机关应当全面查清涉案单位，包括上级单位（总公司、母公司）和下属单位（分公司、子公司）的主体资格、层级、关系、地位、作用、资金流向等，区分情况依法作出处理。

上级单位已被认定为单位犯罪，下属单位实施非法集资犯罪活动，且全部或者大部分违法所得归下属单位所有的，对该下属单位也应当认定为单位犯罪。上级单位和下属单位构成共同犯罪的，应当根据犯罪单位的地位、作用，确定犯罪单位的刑事责任。

上级单位已被认定为单位犯罪，下属单位实施非法集资犯罪活动，但全部或者大部分违法所得归上级单位所有的，对下属单位不单独认定为单位犯罪。下属单位中涉嫌犯罪的人员，可以作为上级单位的其他直接责任人员依法追究刑事责任。

上级单位未被认定为单位犯罪，下属单位被认定为单位犯罪的，对上级单位中组织、策划、实施非法集资犯罪的人员，一般可以与下属单位按照自然人与单位

共同犯罪处理。

上级单位与下属单位均未被认定为单位犯罪的,一般以上级单位与下属单位中承担组织、领导、管理、协调职责的主管人员和发挥主要作用的人员作为主犯,以其他积极参加非法集资犯罪的人员作为从犯,按照自然人共同犯罪处理。

四、关于主观故意的认定问题

认定犯罪嫌疑人、被告人是否具有非法吸收公众存款的犯罪故意,应当依据犯罪嫌疑人、被告人的任职情况、职业经历、专业背景、培训经历、本人因同类行为受到行政处罚或者刑事追究情况以及吸收资金方式、宣传推广、合同资料、业务流程等证据,结合其供述,进行综合分析判断。

犯罪嫌疑人、被告人使用诈骗方法非法集资,符合《最高人民法院关于审理非法集资刑事案件具体应用法律若干问题的解释》第四条规定的,可以认定为集资诈骗罪中"以非法占有为目的"。

办案机关在办理非法集资刑事案件中,应当根据案件具体情况注意收集运用涉及犯罪嫌疑人、被告人的以下证据:是否使用虚假身份信息对外开展业务;是否虚假订立合同、协议;是否虚假宣传,明显超出经营范围或者夸大经营、投资、服务项目及盈利能力;是否吸收资金后隐匿、销毁合同、协议、账目;是否传授或者接受规避法律、逃避监管的方法,等等。

五、关于犯罪数额的认定问题

非法吸收或者变相吸收公众存款构成犯罪,具有下列情形之一的,向亲友或者单位内部人员吸收的资金应当与向不特定对象吸收的资金一并计入犯罪数额:

(一)在向亲友或者单位内部人员吸收资金的过程中,明知亲友或者单位内部人员向不特定对象吸收资金而予以放任的;

(二)以吸收资金为目的,将社会人员吸收为单位内部人员,并向其吸收资金的;

(三)向社会公开宣传,同时向不特定对象、亲友或者单位内部人员吸收资金的。

非法吸收或者变相吸收公众存款的数额,以行为人所吸收的资金全额计算。集资参与人收回本金或者获得回报后又重复投资的数额不予扣除,但可以作为量刑情节酌情考虑。

六、关于宽严相济刑事政策把握问题

办理非法集资刑事案件，应当贯彻宽严相济刑事政策，依法合理把握追究刑事责任的范围，综合运用刑事手段和行政手段处置和化解风险，做到惩处少数、教育挽救大多数。要根据行为人的客观行为、主观恶性、犯罪情节及其地位、作用、层级、职务等情况，综合判断行为人的责任轻重和刑事追究的必要性，按照区别对待原则分类处理涉案人员，做到罚当其罪、罪责刑相适应。

重点惩处非法集资犯罪活动的组织者、领导者和管理人员，包括单位犯罪中的上级单位（总公司、母公司）的核心层、管理层和骨干人员，下属单位（分公司、子公司）的管理层和骨干人员，以及其他发挥主要作用的人员。

对于涉案人员积极配合调查、主动退赃退赔、真诚认罪悔罪的，可以依法从轻处罚；其中情节轻微的，可以免除处罚；情节显著轻微、危害不大的，不作为犯罪处理。

七、关于管辖问题

跨区域非法集资刑事案件按照《国务院关于进一步做好防范和处置非法集资工作的意见》（国发〔2015〕59号）确定的工作原则办理。如果合并侦查、诉讼更为适宜的，可以合并办理。

办理跨区域非法集资刑事案件，如果多个公安机关都有权立案侦查的，一般由主要犯罪地公安机关作为案件主办地，对主要犯罪嫌疑人立案侦查和移送审查起诉；由其他犯罪地公安机关作为案件分办地根据案件具体情况，对本地区犯罪嫌疑人立案侦查和移送审查起诉。

管辖不明或者有争议的，按照有利于查清犯罪事实、有利于诉讼的原则，由其共同的上级公安机关协调确定或者指定有关公安机关作为案件主办地立案侦查。需要提请批准逮捕、移送审查起诉、提起公诉的，由分别立案侦查的公安机关所在地的人民检察院、人民法院受理。

对于重大、疑难、复杂的跨区域非法集资刑事案件，公安机关应当在协调确定或者指定案件主办地立案侦查的同时，通报同级人民检察院、人民法院。人民检察院、人民法院参照前款规定，确定主要犯罪地作为案件主办地，其他犯罪地作为案件分办地，由所在地的人民检察院、人民法院负责起诉、审判。

本条规定的“主要犯罪地”，包括非法集资活动的主要组织、策划、实施地，集资行为人的注册地、主要营业地、主要办事机构所在地，集资参与人的主要所在地等。

八、关于办案工作机制问题

案件主办地和其他涉案地办案机关应当密切沟通协调,协同推进侦查、起诉、审判、资产处置工作,配合有关部门最大限度追赃挽损。

案件主办地办案机关应当统一负责主要犯罪嫌疑人、被告人涉嫌非法集资全部犯罪事实的立案侦查、起诉、审判,防止遗漏犯罪事实;并应就全案处理政策、追诉主要犯罪嫌疑人、被告人的证据要求及诉讼时限、追赃挽损、资产处置等工作要求,向其他涉案地办案机关进行通报。其他涉案地办案机关应当对本地区犯罪嫌疑人、被告人涉嫌非法集资的犯罪事实及时立案侦查、起诉、审判,积极协助主办地处置涉案资产。

案件主办地和其他涉案地办案机关应当建立和完善证据交换共享机制。对涉及主要犯罪嫌疑人、被告人的证据,一般由案件主办地办案机关负责收集,其他涉案地提供协助。案件主办地办案机关应当及时通报接收涉及主要犯罪嫌疑人、被告人的证据材料的程序及要求。其他涉案地办案机关需要案件主办地提供证据材料的,应当向案件主办地办案机关提出证据需求,由案件主办地收集并依法移送。无法移送证据原件的,应当在移送复制件的同时,按照相关规定作出说明。

九、关于涉案财物追缴处置问题

办理跨区域非法集资刑事案件,案件主办地办案机关应当及时归集涉案财物,为统一资产处置做好基础性工作。其他涉案地办案机关应当及时查明涉案财物,明确其来源、去向、用途、流转情况,依法办理查封、扣押、冻结手续,并制作详细清单,对扣押款项应当设立明细账,在扣押后立即存入办案机关唯一合规账户,并将有关情况提供案件主办地办案机关。

人民法院、人民检察院、公安机关应当严格依照刑事诉讼法和相关司法解释的规定,依法移送、审查、处理查封、扣押、冻结的涉案财物。对审判时尚未追缴到案或者尚未足额退赔的违法所得,人民法院应当判决继续追缴或者责令退赔,并由人民法院负责执行,处置非法集资职能部门、人民检察院、公安机关等应当予以配合。

人民法院对涉案财物依法作出判决后,有关地方和部门应当在处置非法集资职能部门统筹协调下,切实履行协作义务,综合运用多种手段,做好涉案财物清运、财产变现、资金归集、资金清退等工作,确保最大限度减少实际损失。

根据有关规定，查封、扣押、冻结的涉案财物，一般应在诉讼终结后返还集资参与人。涉案财物不足全部返还的，按照集资参与人的集资额比例返还。退赔集资参与人的损失一般优先于其他民事债务以及罚金、没收财产的执行。

十、关于集资参与人权利保障问题

集资参与人，是指向非法集资活动投入资金的单位和个人，为非法集资活动提供帮助并获取经济利益的单位和个人除外。

人民法院、人民检察院、公安机关应当通过及时公布案件进展、涉案资产处置情况等方式，依法保障集资参与人的合法权利。集资参与人可以推选代表人向人民法院提出相关意见和建议；推选不出代表人的，人民法院可以指定代表人。人民法院可以视案件情况决定集资参与人代表人参加或者旁听庭审，对集资参与人提起附带民事诉讼等请求不予受理。

十一、关于行政执法与刑事司法衔接问题

处置非法集资职能部门或者有关行政主管部门，在调查非法集资行为或者行政执法过程中，认为案情重大、疑难、复杂的，可以商请公安机关就追诉标准、证据固定等问题提出咨询或者参考意见；发现非法集资行为涉嫌犯罪的，应当按照《行政执法机关移送涉嫌犯罪案件的规定》等规定，履行相关手续，在规定的期限内将案件移送公安机关。

人民法院、人民检察院、公安机关在办理非法集资刑事案件过程中，可商请处置非法集资职能部门或者有关行政主管部门指派专业人员配合开展工作，协助查阅、复制有关专业资料，就案件涉及的专业问题出具认定意见。涉及需要行政处理的事项，应当及时移交处置非法集资职能部门或者有关行政主管部门依法处理。

十二、关于国家工作人员相关法律责任问题

国家工作人员具有下列行为之一，构成犯罪的，应当依法追究刑事责任：

（一）明知单位和个人所申请机构或者业务涉嫌非法集资，仍为其办理行政许可或者注册手续的；

（二）明知所主管、监管的单位有涉嫌非法集资行为，未依法及时处理或者移送处置非法集资职能部门的；

（三）查处非法集资过程中滥用职权、玩忽职守、徇私舞弊的；

（四）徇私舞弊不向司法机关移交非法集资刑事案件的；

（五）其他通过职务行为或者利用职务影响，支持、帮助、纵容非法集资的。

最高人民法院关于非法集资刑事案件性质认定问题的通知

(2011 年 8 月 18 日公布,法〔2011〕262 号)

为依法、准确、及时审理非法集资刑事案件,现就非法集资性质认定的有关问题通知如下:

一、行政部门对于非法集资的性质认定,不是非法集资案件进入刑事程序的必经程序。行政部门未对非法集资作出性质认定的,不影响非法集资刑事案件的审判。

二、人民法院应当依照刑法和《最高人民法院关于审理非法集资刑事案件具体应用法律若干问题的解释》等有关规定认定案件事实的性质,并认定相关行为是否构成犯罪。

三、对于案情复杂、性质认定疑难的案件,人民法院可以在有关部门关于是否符合行业技术标准的行政认定意见的基础上,根据案件事实和法律规定作出性质认定。

四、非法集资刑事案件的审判工作涉及领域广、专业性强,人民法院在审理此类案件当中要注意加强与有关行政主(监)管部门以及公安机关、人民检察院的配合。审判工作中遇到重大问题难以解决的,请及时报告最高人民法院。

最高人民法院关于审理非法集资刑事案件具体应用法律若干问题的解释

(2010 年 12 月 13 日公布,2022 年 2 月 23 日修正,法释〔2022〕5 号)

为依法惩治非法吸收公众存款、集资诈骗等非法集资犯罪活动,根据《中华人民共和国刑法》的规定,现就审理此类刑事案件具体应用法律的若干问题解释如下:

第一条 违反国家金融管理法律规定,向社会公众(包括单位和个人)吸收资金的行为,同时具备下列四个条件的,除刑法另有规定的以外,应当认定为刑法第一百七十六条规定的“非法吸收公众存款或者变相吸收公众存款”:

（一）未经有关部门依法许可或者借用合法经营的形式吸收资金；

（二）通过网络、媒体、推介会、传单、手机信息等途径向社会公开宣传；

（三）承诺在一定期限内以货币、实物、股权等方式还本付息或者给付回报；

（四）向社会公众即社会不特定对象吸收资金。

未向社会公开宣传，在亲友或者单位内部针对特定对象吸收资金的，不属于非法吸收或者变相吸收公众存款。

第二条 实施下列行为之一，符合本解释第一条第一款规定的条件的，应当依照刑法第一百七十六条的规定，以非法吸收公众存款罪定罪处罚：

（一）不具有房产销售的真实内容或者不以房产销售为主要目的，以返本销售、售后包租、约定回购、销售房产份额等方式非法吸收资金的；

（二）以转让林权并代为管护等方式非法吸收资金的；

（三）以代种植（养殖）、租种植（养殖）、联合种植（养殖）等方式非法吸收资金的；

（四）不具有销售商品、提供服务的真实内容或者不以销售商品、提供服务为主要目的，以商品回购、寄存代售等方式非法吸收资金的；

（五）不具有发行股票、债券的真实内容，以虚假转让股权、发售虚构债券等方式非法吸收资金的；

（六）不具有募集基金的真实内容，以假借境外基金、发售虚构基金等方式非法吸收资金的；

（七）不具有销售保险的真实内容，以假冒保险公司、伪造保险单据等方式非法吸收资金的；

（八）以网络借贷、投资入股、虚拟币交易等方式非法吸收资金的；

（九）以委托理财、融资租赁等方式非法吸收资金的；

（十）以提供“养老服务”、投资“养老项目”、销售“老年产品”等方式非法吸收资金的；

（十一）利用民间“会”“社”等组织非法吸收资金的；

（十二）其他非法吸收资金的行为。

第三条 非法吸收或者变相吸收公众存款，具有下列情形之一的，应当依法追究刑事责任：

（一）非法吸收或者变相吸收公众存款数额在100万元以上的；

(二)非法吸收或者变相吸收公众存款对象 150 人以上的;

(三)非法吸收或者变相吸收公众存款,给存款人造成直接经济损失数额在 50 万元以上的。

非法吸收或者变相吸收公众存款数额在 50 万元以上或者给存款人造成直接经济损失数额在 25 万元以上,同时具有下列情节之一的,应当依法追究刑事责任:

(一)曾因非法集资受过刑事追究的;

(二)二年内曾因非法集资受过行政处罚的;

(三)造成恶劣社会影响或者其他严重后果的。

第四条 非法吸收或者变相吸收公众存款,具有下列情形之一的,应当认定为刑法第一百七十六条规定的"数额巨大或者有其他严重情节":

(一)非法吸收或者变相吸收公众存款数额在 500 万元以上的;

(二)非法吸收或者变相吸收公众存款对象 500 人以上的;

(三)非法吸收或者变相吸收公众存款,给存款人造成直接经济损失数额在 250 万元以上的。

非法吸收或者变相吸收公众存款数额在 250 万元以上或者给存款人造成直接经济损失数额在 150 万元以上,同时具有本解释第三条第二款第三项情节的,应当认定为"其他严重情节"。

第五条 非法吸收或者变相吸收公众存款,具有下列情形之一的,应当认定为刑法第一百七十六条规定的"数额特别巨大或者有其他特别严重情节":

(一)非法吸收或者变相吸收公众存款数额在 5000 万元以上的;

(二)非法吸收或者变相吸收公众存款对象 5000 人以上的;

(三)非法吸收或者变相吸收公众存款,给存款人造成直接经济损失数额在 2500 万元以上的。

非法吸收或者变相吸收公众存款数额在 2500 万元以上或者给存款人造成直接经济损失数额在 1500 万元以上,同时具有本解释第三条第二款第三项情节的,应当认定为"其他特别严重情节"。

第六条 非法吸收或者变相吸收公众存款的数额,以行为人所吸收的资金全额计算。在提起公诉前积极退赃退赔,减少损害结果发生的,可以从轻或者减轻处罚;在提起公诉后退赃退赔的,可以作为量刑情节酌情考虑。

非法吸收或者变相吸收公众存款，主要用于正常的生产经营活动，能够在提起公诉前清退所吸收资金，可以免予刑事处罚；情节显著轻微危害不大的，不作为犯罪处理。

对依法不需要追究刑事责任或者免予刑事处罚的，应当依法将案件移送有关行政机关。

第七条 以非法占有为目的，使用诈骗方法实施本解释第二条规定所列行为的，应当依照刑法第一百九十二条的规定，以集资诈骗罪定罪处罚。

使用诈骗方法非法集资，具有下列情形之一的，可以认定为“以非法占有为目的”：

（一）集资后不用于生产经营活动或者用于生产经营活动与筹集资金规模明显不成比例，致使集资款不能返还的；

（二）肆意挥霍集资款，致使集资款不能返还的；

（三）携带集资款逃匿的；

（四）将集资款用于违法犯罪活动的；

（五）抽逃、转移资金、隐匿财产，逃避返还资金的；

（六）隐匿、销毁账目，或者搞假破产、假倒闭，逃避返还资金的；

（七）拒不交代资金去向，逃避返还资金的；

（八）其他可以认定非法占有目的的情形。

集资诈骗罪中的非法占有目的，应当区分情形进行具体认定。行为人部分非法集资行为具有非法占有目的的，对该部分非法集资行为所涉集资款以集资诈骗罪定罪处罚；非法集资共同犯罪中部分行为人具有非法占有目的，其他行为人没有非法占有集资款的共同故意和行为的，对具有非法占有目的的行为人以集资诈骗罪定罪处罚。

第八条 集资诈骗数额在10万元以上的，应当认定为“数额较大”；数额在100万元以上的，应当认定为“数额巨大”。

集资诈骗数额在50万元以上，同时具有本解释第三条第二款第三项情节的，应当认定为刑法第一百九十二条规定的“其他严重情节”。

集资诈骗的数额以行为人实际骗取的数额计算，在案发前已归还的数额应予扣除。行为人为实施集资诈骗活动而支付的广告费、中介费、手续费、回扣，或者用于行贿、赠与等费用，不予扣除。行为人为实施集资诈骗活动而支付的利息，除本金未归还可予折抵本金以外,应当计入诈骗数额。

第九条 犯非法吸收公众存款罪,判处三年以下有期徒刑或者拘役,并处或者单处罚金的,处五万元以上一百万元以下罚金;判处三年以上十年以下有期徒刑的,并处十万元以上五百万元以下罚金;判处十年以上有期徒刑的,并处五十万元以上罚金。

犯集资诈骗罪,判处三年以上七年以下有期徒刑的,并处十万元以上五百万元以下罚金;判处七年以上有期徒刑或者无期徒刑的,并处五十万元以上罚金或者没收财产。

第十条 未经国家有关主管部门批准,向社会不特定对象发行、以转让股权等方式变相发行股票或者公司、企业债券,或者向特定对象发行、变相发行股票或者公司、企业债券累计超过200人的,应当认定为刑法第一百七十九条规定的“擅自发行股票或者公司、企业债券”。构成犯罪的,以擅自发行股票、公司、企业债券罪定罪处罚。

第十一条 违反国家规定,未经依法核准擅自发行基金份额募集基金,情节严重的,依照刑法第二百二十五条的规定,以非法经营罪定罪处罚。

第十二条 广告经营者、广告发布者违反国家规定,利用广告为非法集资活动相关的商品或者服务作虚假宣传,具有下列情形之一的,依照刑法第二百二十二条的规定,以虚假广告罪定罪处罚:

(一)违法所得数额在10万元以上的;

(二)造成严重危害后果或者恶劣社会影响的;

(三)二年内利用广告作虚假宣传,受过行政处罚二次以上的;

(四)其他情节严重的情形。

明知他人从事欺诈发行证券,非法吸收公众存款,擅自发行股票、公司、企业债券,集资诈骗或者组织、领导传销活动等集资犯罪活动,为其提供广告等宣传的,以相关犯罪的共犯论处。

第十三条 通过传销手段向社会公众非法吸收资金,构成非法吸收公众存款罪或者集资诈骗罪,同时又构成组织、领导传销活动罪的,依照处罚较重的规定定罪处罚。

第十四条 单位实施非法吸收公众存款、集资诈骗犯罪的,依照本解释规定的相应自然人犯罪的定罪量刑标准,对单位判处罚金,并对其直接负责的主管人员和其他直接责任人员定罪处罚。

第十五条 此前发布的司法解释与本解释不一致的,以本解释为准。

最高人民检察院、公安部
关于公安机关管辖的刑事案件立案追诉标准的规定(一)(节选)

(2008年6月25日公布,公通字〔2008〕36号)

第四十三条 以营利为目的,聚众赌博,涉嫌下列情形之一的,应予立案追诉:

(一)组织三人以上赌博,抽头渔利数额累计五千元以上的;

(二)组织三人以上赌博,赌资数额累计五万元以上;

(三)组织三人以上赌博,参赌人数累计二十人以上的;

(四)组织中华人民共和国公民十人以上赴境外赌博,从中收取回扣、介绍费的;

(五)其他聚众赌博应予追究刑事责任的情形。

以营利为目的,以赌博为业的,应予立案追诉。

赌博犯罪中用作赌注的款物、换取筹码的款物和通过赌博赢取的款物属于赌资。通过计算机网络实施赌博犯罪的,赌资数额可以按照在计算机网络上投注或者赢取的点数乘以每一点实际代表的金额认定。

第四十四条 开设赌场的,应予立案追诉。

在计算机网络上建立赌博网站,或者为赌博网站担任代理,接受投注的,属于本条规定的“开设赌场”。

最高人民法院、最高人民检察院、公安部、司法部
关于办理非法放贷刑事案件若干问题的意见

(2019年7月23日公布,法发〔2019〕24号)

一、违反国家规定,未经监管部门批准,或者超越经营范围,以营利为目的,经常性地向社会不特定对象发放贷款,扰乱金融市场秩序,情节严重的,依照刑法第

二百二十五条第(四)项的规定，以非法经营罪定罪处罚。

前款规定中的“经常性地向社会不特定对象发放贷款”，是指2年内向不特定多人(包括单位和个人)以借款或其他名义出借资金10次以上。

贷款到期后延长还款期限的，发放贷款次数按照1次计算。

二、以超过36%的实际年利率实施符合本意见第一条规定的非法放贷行为，具有下列情形之一的，属于刑法第二百二十五条规定的“情节严重”，但单次非法放贷行为实际年利率未超过36%的，定罪量刑时不得计入：

(一)个人非法放贷数额累计在200万元以上的，单位非法放贷数额累计在1000万元以上的；

(二)个人违法所得数额累计在80万元以上的，单位违法所得数额累计在400万元以上的；

(三)个人非法放贷对象累计在50人以上的，单位非法放贷对象累计在150人以上的；

(四)造成借款人或者其近亲属自杀、死亡或者精神失常等严重后果的。

具有下列情形之一的，属于刑法第二百二十五条规定的“情节特别严重”：

(一)个人非法放贷数额累计在1000万元以上的，单位非法放贷数额累计在5000万元以上的；

(二)个人违法所得数额累计在400万元以上的，单位违法所得数额累计在2000万元以上的；

(三)个人非法放贷对象累计在250人以上的，单位非法放贷对象累计在750人以上的；

(四)造成多名借款人或者其近亲属自杀、死亡或者精神失常等特别严重后果的。

三、非法放贷数额、违法所得数额、非法放贷对象数量接近本意见第二条规定的“情节严重”“情节特别严重”的数额、数量起点标准，并具有下列情形之一的，可以分别认定为“情节严重”“情节特别严重”：

(一)2年内因实施非法放贷行为受过行政处罚2次以上的；

(二)以超过72%的实际年利率实施非法放贷行为10次以上的。

前款规定中的“接近”，一般应当掌握在相应数额、数量标准的80%以上。

四、仅向亲友、单位内部人员等特定对象出借资金，不得适用本意见第一条的

规定定罪处罚。但具有下列情形之一的,定罪量刑时应当与向不特定对象非法放贷的行为一并处理:

(一)通过亲友、单位内部人员等特定对象向不特定对象发放贷款的;

(二)以发放贷款为目的,将社会人员吸收为单位内部人员,并向其发放贷款的;

(三)向社会公开宣传,同时向不特定多人和亲友、单位内部人员等特定对象发放贷款的。

五、非法放贷数额应当以实际出借给借款人的本金金额认定。非法放贷行为人以介绍费、咨询费、管理费、逾期利息、违约金等名义和以从本金中预先扣除等方式收取利息的,相关数额在计算实际年利率时均应计入。

非法放贷行为人实际收取的除本金之外的全部财物,均应计入违法所得。

非法放贷行为未经处理的,非法放贷次数和数额、违法所得数额、非法放贷对象数量等应当累计计算。

六、为从事非法放贷活动,实施擅自设立金融机构、套取金融机构资金高利转贷、骗取贷款、非法吸收公众存款等行为,构成犯罪的,应当择一重罪处罚。

为强行索要因非法放贷而产生的债务,实施故意杀人、故意伤害、非法拘禁、故意毁坏财物、寻衅滋事等行为,构成犯罪的,应当数罪并罚。

纠集、指使、雇佣他人采用滋扰、纠缠、哄闹、聚众造势等手段强行索要债务,尚不单独构成犯罪,但实施非法放贷行为已构成非法经营罪的,应当按照非法经营罪的规定酌情从重处罚。

以上规定的情形,刑法、司法解释另有规定的除外。

七、有组织地非法放贷,同时又有其他违法犯罪活动,符合黑社会性质组织或者恶势力、恶势力犯罪集团认定标准的,应当分别按照黑社会性质组织或者恶势力、恶势力犯罪集团侦查、起诉、审判。

黑恶势力非法放贷的,据以认定“情节严重”“情节特别严重”的非法放贷数额、违法所得数额、非法放贷对象数量起点标准,可以分别按照本意见第二条规定中相应数额、数量标准的50%确定;同时具有本意见第三条第一款规定情形的,可以分别按照相应数额、数量标准的40%确定。

八、本意见自2019年10月21日起施行。对于本意见施行前发生的非法放贷行为,依照《最高人民法院关于准确理解和适用刑法中“国家规定”的有关问题的通知》(法发〔2011〕155 号)的规定办理。

最高人民法院关于在审理经济纠纷案件中涉及经济犯罪嫌疑若干问题的规定(节选)

(1998 年 4 月 21 日公布,2020 年 12 月 23 日修正,法释〔2020〕17 号)

第一条 同一自然人、法人或非法人组织因不同的法律事实,分别涉及经济纠纷和经济犯罪嫌疑的,经济纠纷案件和经济犯罪嫌疑案件应当分开审理。

第十一条 人民法院作为经济纠纷受理的案件,经审理认为不属经济纠纷案件而有经济犯罪嫌疑的,应当裁定驳回起诉,将有关材料移送公安机关或检察机关。

第十二条 人民法院已立案审理的经济纠纷案件,公安机关或检察机关认为有经济犯罪嫌疑,并说明理由附有关材料函告受理该案的人民法院的,有关人民法院应当认真审查。经过审查,认为确有经济犯罪嫌疑的,应当将案件移送公安机关或检察机关,并书面通知当事人,退还案件受理费;如认为确属经济纠纷案件的,应当依法继续审理,并将结果函告有关公安机关或检察机关。

最高人民法院印发《关于修改〈民事案件案由规定〉的决定》的通知(节选)

(2008 年 2 月 4 日公布,2020 年 12 月 29 日修正,法〔2020〕346 号)

五、适用修改后的《案由规定》应当注意的问题

2. 关于个案案由的变更。人民法院在民事立案审查阶段,可以根据原告诉讼请求涉及的法律关系性质,确定相应的个案案由;人民法院受理民事案件后,经审理发现当事人起诉的法律关系与实际诉争的法律关系不一致的,人民法院结案时应当根据法庭查明的当事人之间实际存在的法律关系的性质,相应变更个案案由。当事人在诉讼过程中增加或者变更诉讼请求导致当事人诉争的法律关系发生变更的,人民法院应当相应变更个案案由。